——以泉州家事审判为视角

家事审判理论与实务研究

陈慧瑛 / 主编
郑玲玲　贺张翡 / 副主编

中国民主法制出版社
全国百佳图书出版单位

图书在版编目（CIP）数据

家事审判理论与实务研究：以泉州家事审判为视角/陈慧瑛主编．—北京：中国民主法制出版社，2021.1

ISBN 978-7-5162-2508-0

Ⅰ．①家…　Ⅱ．①陈…　Ⅲ．①亲属法—审判—研究—中国　Ⅳ．①D923.904

中国版本图书馆 CIP 数据核字（2021）第 023207 号

图书出品人：刘海涛
出 版 统 筹：乔先彪
责 任 编 辑：逯卫光

书名/家事审判理论与实务研究——以泉州家事审判为视角
作者/陈慧瑛　主编
郑玲玲　贺张翡　副主编

出版·发行/中国民主法制出版社
地址/北京市丰台区右安门外玉林里 7 号（100069）
电话/（010）63055259（总编室）　63058068　63057714（营销中心）
传真/（010）63055259
http：// www. npcpub. com
E-mail：mzfz@ npcpub. com
经销/新华书店
开本/16 开　710 毫米×1000 毫米
印张/19.25　**字数**/280 千字
版本/2021 年 7 月第 1 版　2021 年 7 月第 1 次印刷
印刷/北京天宇万达印刷有限公司

书号/ISBN 978-7-5162-2508-0
定价/68.00 元

序

家和万事兴，家安天下和。婚姻家庭关系既是法律关系，又是伦理关系，家事审判事关社会、国家的利益，裁判结果亦长久地影响社会和家庭生活。

习近平总书记强调要“注重家庭、注重家教、注重家风”“重视家庭文明建设”，对建设“爱国爱家、相亲相爱、向上向善、共建共享的社会主义家庭文明新风尚”作出了一系列重要指示。为我们深化家事审判改革、服务家庭文明建设指引了方向。

家事纠纷的基础是人身关系，其背后有着复杂的社会关系。古语有云：“清官难断家务事。”在传统民事审判体制下，攻防性的诉讼活动不利于争议的解决，更不利于修补、改善婚姻关系、家庭关系。如何更好地化解家事纠纷？2015 年伊始，泉州法院开始不断摸索，逐渐积累了一些具有鲜明特色的家事审判经验，精心淬炼“家 + 闽南文化”家事审判泉州样本。

实现法治文化和地域文化的良性互动。家事纠纷往往植根于当地的风土人情，区域内的民风民俗亦存在差异。恰当考虑当地民俗习惯，关注公序良俗，实现情、理、法相融，与当事人产生共鸣，更能被评价为公正。泉州法院尝试融合法律、道德、闽南家规祖训、民俗典故等，编写《家事审判道德文化导本》，建设全国法院首家家事文化馆，讲好闽南家事法治故事，传播优秀家规祖训教义，以闽南文化宣导促进纠纷化解，实现法律效果和社会效果的统一。

实现法治文化和传统文化的有机融合。朱苏力教授指出："中国的法治之路必须注重利用中国本土的资源，注重中国法律文化的传统和实际。"传统社会诉讼外纠纷解决方式的多样化，将大量民事纠纷及时予以解决。泉州法院努力回归传统，挖掘传统多元纠纷解决方式的现代价值，促进社会自治组织解决纠纷，创设了"宗亲调解""惠女调解"等。同时，善用传统"和""合"的方式，将中华传统家庭美德等融入家事审判与调解之中，巧断家务事，化解纠纷，达到"和""合"的最终效果。

实现法治建设和法律移植的吸收借鉴。域外多设立专门的家事法院或家事法庭，适用专门的家事审理程序。泉州法院在借鉴域外专业化审判、调解经验的基础上，因地制宜，在依职权主动调查、完善家事辅助人员制度等方面先行先试。借鉴我国台湾地区的家事调查官、德国的青少年局、美国的"最佳利益律师"等制度，立足本地司法实践，合理对家事调查员、未成年人权益保护代表人进行职责定位，建立健全家事审判方式和工作机制改革联席会议制度，完善家事审判社会化工作格局，成效斐然。

家庭和顺，社会和谐，任重道远。

是为序。

泉州市中级人民法院院长　陈　明

2020 年 3 月

前　言

孟子曰：“天下之本在国，国之本在家，家之本在身。”

家是李白举头望去的那一轮明月，是张继夜半入心的那一片钟声，是万千游子心底的那一抹乡愁。

家庭是人生最初的课堂，家风是人生最早的教材。家庭和睦才能培育良善的家风，进而汇聚成正向的民风和社风。

习近平总书记深刻指出，不论时代发生多大变化，不论生活格局发生多大变化，我们都要重视家庭建设，注重家庭、注重家教、注重家风。家庭和顺、社会和谐，我们为之孜孜以求。

化解家事纠纷，培育良善家风，既依赖国家法制的完备，也离不开对中华传统家庭美德的弘扬与传承，离不开对本土家文化资源的挖掘与运用。

泉州作为我国首批历史文化名城，首个“东亚文化之都”，是闽南文化的核心区、富集区、代表区，以“和合”、亲善、包容为精髓的文化积淀历久弥新，以家规祖训、衍派传芳、民俗典故、闽南俚语等为代表的“家文化”本土资源灿若星汉，其中蕴藏着原初而质朴的思想观念、人文精神、道德规范，为我们妥善化解家事纠纷提供了丰富而宝贵的智慧密码。

泉州法院扎根得天独厚的闽南家事文化底蕴，自2015年以来，全面推开具有闽南特色的家事审判机制和工作方式改革，着力构建“家+闽南文化”特色家事审判机制——设立家事审判庭，精心布置家事法庭，将中华传统家庭美德、泉州民间历史故事、闽南风土人情等融入家事审判与调解之中，通过以文教义、以德化人、传承善俗、传播美德，激励人们孝老爱亲、向上向善，促进案结、事了、人和。

经过几年来的探索与实践，泉州法院“家+闽南文化”家事审判机制不断推陈出新、丰富完善，实现案件审理与文化传承、乡情民俗有机融合，地域文化与传统文化、法治文化良性互动，家事审判“泉州经验”正行稳而致远。

目 录

附录 文书设计：泉州家事审判配套机制改革

第一章 应运而生：家事审判泉州样本的探索历程

打造“家+闽南文化”家事审判的泉州样本
——泉州家事审判工作概况

近年来，福建省泉州市中级人民法院（本书简称泉州中院）在全省率先全面推开家事审判机制和工作方式改革，将案件审理与家庭文化传承、家庭文明建设有机融合，将修复性司法理念贯穿家事审判全过程，精心淬炼“家+闽南文化”的家事审判泉州样本，改革经验获最高人民法院充分肯定并推广，创新做法和典型案件得到新华社、中央电视台等主流媒体相继报道。2017 年最高人民法院在泉州召开全国部分法院家事审判方式和工作机制改革试点工作推进会，2018 年泉州中院家事审判工作和创新机制在《人民法院报》上大幅刊登推广，2019 年全省法院少年审判工作新闻发布会上多处肯定和推广泉州中院涉少审判经验，2018 年至 2019 年改革试点法院鲤城区法院获评全国法院家事审判工作先进集体、全国维护妇女儿童权益先进集体、全国巾帼建功先进集体、全国法院先进集体。

一、构建专业化、规范化的家事审判机构

（一）设立专门家事审判机构

家事案件集中管辖，探索家事审判与少年审判融合审理模式，实现创新机制共享。2015 年上半年，泉州两级法院在全省率先完成家事审判庭设立的全覆盖，泉州中院、鲤城法院、惠安法院、德化法院将少年审判纳入家事审判，实现审理机制的融合推进。

（二）精配专业审判队伍

选配家事审判经验丰富、业务素质精良、沟通协调能力强、富有爱心耐心的审判人员组成专业审判团队，女法官占比 60% 以上，充分发挥女性在案件审理中细致、亲和、易于沟通的优势。如德化法院选派具备国家二

级心理咨询师资格的女法官担任家事法官。

（三）构筑专业化审判设施

以闽南文化为总基调，建设专业化、规范化的家事审判法庭和家事诉调中心。诉调中心包含家事调解室，家事纠纷特邀调解员、家事调查员、陪审员工作室，心理疏导室，亲子活动区等功能区域，构成集案件审理、心理调适、多元调解等于一体的柔性服务平台。部分基层法院联合妇联、社区等打造集案件审理、信访受理、普法咨询、法律援助、心理疏导、人民调解、帮扶救助于一体的基层维权服务平台。如鲤城法院在全省率先成立社区“家事纠纷服务站”，将家事服务梳理为调处纠纷、协助维权、普法宣传、心理辅导、法律咨询五种类型，全力打造“十分钟家事纠纷化解圈”。

（四）制定规范化工作流程

为保证家事审判工作常态化、制度化和规范化发展，2015—2019 年，泉州中院相继制定出台了《家事案件审判工作实施意见》《家事案件审理工作规范》《家事纠纷诉讼指南》《家事调查员工作规程》《家事纠纷特邀调解员工作规程》《未成年人权益保护代表人工作规程》等文件，规范两级法院家事审判合议庭及相关家事辅助人员的工作职责、立案范围、审理流程，完善财产诚信申报机制、反家庭暴力人身保护令等机制，为全市法院进行家事审判提供统一的裁判方法和标准。

二、创设精细化、本土化的新型审判模式

牢固树立“和”“合”的家事审判理念，创设以“和”“合”为核心的审理机制，大力倡导“和为贵”“合为上”的家风家教。将法律条文的刚性和法官情怀的柔性相结合，将法理、人伦、亲情、祖训、习俗等有机植入审判与调解，做好“法外”文章，做足庭外功夫，做细调解工作，努力促进案结、事了、人和、风正。

（一）激活“家”的文化资源

1. 布局家庭化审判场所。建设闽南“古厝式”家事法庭，营造家庭化的温馨解纷氛围，疏解对立情绪。在泉州中院指导下，全市基层法院普遍建立各具特色的“家庭化”家事法庭。如永春法院家事法庭，运用《夫妻劝和歌》等元素，促进修复夫妻感情，唤起家庭责任感。

2. 打造家事审判文化宣导机制。遴选闽南家规祖训、衍派传芳、民俗典故等本土素材，新建家事文化长廊、家事审判展厅，编写《家事审判道德文化导本》，讲好闽南家事法治故事，启迪当事人对家庭、婚姻、亲情等价值的正向认知。

3. 裁判结果关照公序良俗。在裁判理据上，探索援引和适用本地习惯、宗教、民族或地方风俗、共同生活准则等特殊规范，针对个别情况作出妥善处理。如安溪法院将李光地家诫等闽南家训融入裁判文书说理，增强法官决断"家务事"的说服力和感染力。

4. 突出本土化调解。重视宗亲文化，整合宗亲力量，激发宗亲调解纠纷的潜能，通过宗亲调处，促进亲情回归。将闽南"茶桌调解法""司法功夫茶"等地方特色文化引入家事审判，让泡茶、品茶的过程成为弥合裂痕、修复亲情的"疗程"。各基层法院纷纷探索具有地域特色的工作机制，如惠安法院与司法局等联合建设"惠女调解室"，建立独具特色的家事纠纷综合协调解决机制。

（二）供给"巧"的断案程序

1. 创设财产诚信申报制度。引导当事人如实申报共同财产，遏制隐藏、转移、变卖共同财产等不诚信行为，促进诚信诉讼、财产公平分割。

2. 施行人身安全保护令制度。联合公安、民政、妇联等，成立反家暴协调小组，构建协调联动反家暴机制，强化对无民事行为能力人、限制民事行为能力人遭受或者疑似遭受家庭暴力开展强制报告工作，切实保护被家暴当事人人身、财产权益。

3. 设置婚姻冷静期。准确区分危机婚姻与死亡婚姻，精准分析夫妻感情状态，把握调处时机，同时给当事人提供改正错误、重归于好的时间和空间。

4. 强化法院依职权主动调查。通过聘请家事调查员等辅助人员，走访邻居、亲属、社区、工作单位等方式，了解当事人的婚姻状况、生活状态、未成年人的抚养状况及纠纷背景，透析案件全貌。

5. 出具离婚证明书制度。告知当事人在解除婚姻关系的判决书或调解书生效后，可向法院申请开具离婚证明书。离婚证明书既满足当事人办理日常事务所需，也能充分保护当事人隐私。

（三）着力“修”的制度创新

倡导修复性司法，发挥家事审判的诊断、修复、治疗作用，力促夫妻和好、亲情和睦、家庭和美、家风和善。

1. 聘任家事纠纷特邀调解员。聘任具备解决家事纠纷专门知识或经验并熟悉本地风俗习惯的家事纠纷调处人员，对当事人进行感情修复和情绪疏导，修补、改善原有的家庭、婚姻、亲情关系。

2. 心理辅导干预制度。经当事人同意，心理咨询师在审前、判前、判后介入进行心理干预，为当事人、未成年人提供心理咨询矫治，为离婚案件提供婚姻质量评估，协助法院更好地诊断、修复婚姻家庭关系。洛江法院利用洛江区家庭心理帮扶中心（仰恩大学心理咨询室）、学生志愿服务团队开展心理疏导、关爱帮扶等活动，消除家庭成员的对立，缓和矛盾。

3. 未成年人权益保护代表人机制。泉州中院在全省率先探索建立未成年人权益保护代表人制度，由民政局、司法局、共青团、妇联、关工委等指派合适人员担任未成年人权益保护代表人，参与涉少案件的调查、开庭、调解、执行，为维护未成年人的合法权益发声出力，夯实未成年子女利益最大化的制度保障。强化未成年人受到侵害的强制报告制度，建立健全未成年人心理疏导、判后回访帮扶、子女“共同抚养”、父母强制教育、家暴未成年人临时监护措施等机制。

三、创设多元化、人性化的家事延伸服务

突出“调”的多元聚力。紧紧依靠党委、政法委的领导，凝心聚力，推动形成“党委领导、政府尽责、法院牵头、社会参与”的家事纠纷化解工作格局。

（一）成立家事审判联席会议制度

在市委政法委的领导和支持下，泉州中院在全省率先与市委政法委、市公安局、市检察院、市教育局、市民政局、市司法局、市卫健委、市文旅局、市总工会、团市委、市妇联、市关工委等13个单位和部门，建立家事审判方式和工作机制改革联席会议，健全完善行政力量、司法力量、社会力量相结合的新型家事纠纷综合协调解决机制。如德化法院与德化县政法委、公安局、司法局、民政局、妇联建立了家事纠纷多元化解中心，广

泛凝聚社会合力共同化解家事纠纷。

（二） 开展审判援助一体化建设

与市妇联开展家事审判援助中心一体化建设，同市县两级妇联深化在家事调查、纠纷调处、司法确认、业务指导、联合维权、法治宣传、法律咨询等7大领域的合作共建，被列入2018年市“社会化治理活动年”重点项目。与市委政法委、市妇联、市公安局、市检察院、市司法局等部门共建“妇女援助中心”，让家事纠纷中通常处于弱势一方甚至遭遇家庭暴力等问题的妇女获得诉讼指导、心理疏导、人身保护等，2017—2019年均被列入为民办实事项目。各基层法院纷纷开展审判援助一体化建设，如石狮法院与石狮市妇联、“阳光太太”等爱心团体共建家事多元化解平台及维权一体化基地。

（三） 创建 “法官+网格员” 新型家事纠纷调处模式

整合专家、宗亲、乡贤、社区等调解力量，构建市、县、乡、村四级联动的“法官+网格员”新型家事纠纷调处模式，借助“大家庭”之力，多元化解“小家庭”纠纷。

（四） 健全爱心帮扶、 案后跟踪回访制度

与市妇联、市爱心团队建立联动机制，从普法、心理疏导等方面精准帮扶“空巢老人”“留守儿童”等弱势群体，及时了解当事人的生活和感情恢复情况，对存在的问题和困难，尽可能地予以帮助解决。

（五） 设立专业法官工作室

以家事法官冠名设立工作室，依托工作室开展预约调解、诉讼指导、心理关怀、妇女救助等多元服务，发挥“名法官”的品牌效应。如泉港法院设立叶绿萱法官工作室，借助专业法官的影响力，打造诉调衔接、司法为民服务、普法教育宣传三位一体的工作平台。

四、推动社会化、长效化的社会治理模式

（一） 实现家事审判与党风建设、廉政建设相融合

将家风、家教的宣导与廉政文化建设相融合，督促加强自身家庭建设，用亲情筑牢拒腐防线，让家庭成为廉政港湾。2019年，鲤城法院建成专门的家事文化馆，以展览、视频等形式传承文都泉州优良家事文化，将

家风、家教的宣导与党风建设、廉政文化建设相融合。

（二） 实现司法裁判功能与社会治理功能相结合

将家事审判职能从纠纷调处向源头预防、家事服务延伸，健全婚姻家庭纠纷排查调处工作，加强和创新社会治理、平安建设工作。建立家事审判联席会议制度，形成预防化解婚姻家庭纠纷的整体合力，健全防范社会风险的综合机制，完善家庭成员司法保护措施。2019 年 6 月，市中院与市委政法委、市妇联、市司法局建立村（社区）级家事纠纷调解室，助力“平安家庭”创建，推动社会治安综合治理协管员、网格员、人民调解员、妇女代表、调解志愿者等对“平安家庭”未达标户全面开展入户走访。以防范婚姻家庭纠纷激化引发命案为重点，着重对婚姻关系发生变动的、存在家暴隐患的、已向有关部门反映婚姻失败、情感失和、家庭暴力、生活困难等人员进行排查和化解。

（三） 实现案件审理与家庭文明建设相促进

回应社会关切，强化以案释法，定期发布典型案例，弘扬孝老爱亲文化。2018 年以来，泉州中院通过微信公众号向社会发布涉夫妻债务司法认定十大典型案例、维护妇女权益典型案例、维护未成年人权益典型案例，引导公众正确认识和处理家事纠纷。注重通过主流媒体传播闽南家庭好故事，宣传好家风，促进家风和善、家庭和睦、社会和谐。新华社、《人民法院报》等国家级主流媒体相继报道泉州家事审判经验，中央电视台《今日说法》《庭审现场》《夕阳红》栏目以及省、市电视台报道泉州家事审判典型案例，推动形成向上向善的社会主义家庭文明新风尚。

泉州市中级人民法院家事审判团队

2020 年 3 月

家事纠纷“家里解”
——福建泉州法院家事审判方式和工作机制改革的探索与实践①

各位领导，各位来宾：

值此全国部分法院家事审判方式和工作机制改革试点工作推进会在泉州召开之际，我谨代表泉州两级法院全体干警，对各位领导、各位来宾表示热烈的欢迎！借此机会，我简要介绍泉州法院推进家事审判方式和工作机制改革的主要情况，请各位领导和来宾给予指导。

家是最小国，国是千万家，家庭是国家和社会的细胞。针对家事纠纷极其鲜明的身份性、伦理性、复杂性、私密性、地方性和一定程度的“非理性”，泉州法院高度重视家事纠纷的审理，把家事审判置于民事审判的基础地位，把家事审判方式和工作机制改革作为推进司法改革创新和品牌创建的先导工程，着力构建家事纠纷“家里解”的“泉州模式”。2015 年初，泉州法院全面启动家事审判改革。到 2015 年底，中院及辖区 11 个基层法院均设立了家事法庭或家事审判庭。自 2015 年 3 月泉州中院家事审判庭成立以来，全市法院共审结家事案件 13267 件，其中调解 5290 件，撤诉 3081 件，调撤率 63.1%，高出民商事案件调撤率均值约 10 个百分点。相关工作获中央电视台《今日说法》栏目报道，入选全省妇联工作 2015 年“十大新闻”，被评为泉州市直机关十佳巾帼服务品牌。泉州中院民一庭也因此获评泉州市三八红旗集体，被授予福建省“五一巾帼标兵岗”。2015 年 5 月，福建省高院在泉州召开“传家风、促家睦、反家暴”新闻发布会。2016 年上半年，泉州中院、石狮法院入选全省家事审判改革试点法院，鲤城法院入选全国家事审判改革试点法院。

① 全国部分法院家事审判方式和工作机制改革试点工作推进会泉州市中级人民法院发言稿。

一、重构审判区域：营造“家庭式”解纷氛围

以“和”为主旋律，以“闽南红砖厝”为主基调，以“家”的氛围营造为着力点，融合法律、道德、民俗典故等形成独特司法建筑理念，重新设计与改造审判区域，建设“家庭化”的审判场所，让当事人走进家事法庭，能感受家的氛围、重拾家的温馨。创新家事法庭的布置，尽量采用会议桌（圆桌）开庭、会客厅调解，用会议桌、沙发代替传统的审判台，用“丈夫”“妻子”等台签代替“原告”“被告”台签，彰显家事纠纷主体亲情特质，疏解对立情绪。设立环境清雅、格调清新的家事调解室、亲子陪护室、心理疏导与咨询评估室等功能区域，搭建集案件审理、心理调适、多元调解等于一体的柔性服务平台。

二、创新审判方式：供给“家务事”巧断程序

引入财产诚信申报机制。针对愈加复杂的离婚财产分割等纠纷，于庭前向当事人送达《家事案件财产申报表》，要求当事人如实申报家庭财产，并告知法律后果。申报材料经证据交换，另一方提出对方存在隐藏、转移、变卖共同财产等情形并提供初步线索的，合议庭或承办法官及时协调执行部门通过“点对点”网络查控系统进行财产查询，查询反馈结果可作为认定夫妻共同财产并予以分割的重要依据。建立财产诚信申报制度和法院依职权查控财产制度，有利于遏制家事诉讼中的不诚信行为，保证夫妻或家庭共有财产的公平处理。

强化法院主动调查职权。重视庭外调查取证的司法功能和家事调查员的协助取证功能，从社区、妇联、教育机构等人员中聘任一批家事调查员，通过走访亲属、邻居、社区等了解当事人的婚姻状况、生活事实等家庭情况，形成书面调查报告，作为案件事实认定的重要证据，防止诉讼机会主义影响对当事人一方或其他家庭成员合法权益的有效保护。

设置审理特殊期限制度。对于婚姻案件，在立案登记前或者立案后尚未开庭审理前，经征得双方当事人同意，在审限外设置一定的期限作为“离婚冷静期”或“婚姻观察期”，并作为合议庭判断夫妻能否和好的重要

考量因素，正确处理保护婚姻自由与维护家庭稳定的关系。

开辟法律援助快速通道。针对家事纠纷当事人之间的实际地位和诉讼能力往往极不平等的特点，对于经济困难、文化程度较低、身患残疾、遭受家庭暴力等当事人，依其申请或经征询其意愿，及时协调当地法律援助机构指派人员参加诉讼。泉州中院与妇联合作成立妇女援助中心，整合法院、公安、检察、司法、妇联、社工、志愿者等各类资源，让家事纠纷中通常处于弱势一方甚至遭遇家庭暴力等问题的妇女获得诉讼指导、心理疏导、人身保护等帮助。目前该中心建设已被列入2017年泉州市政府“为民办实事项目”，市财政拨出专款扶持所有县市区的妇女援助中心建设。

三、联结社会力量：构筑“大家庭”解纷格局

贯彻调解优先和全面、全程、全员“三全”调解原则，完善家事纠纷新型综合协调解决机制。聘请具备解决家事纠纷专门知识或经验并熟悉本地风俗习惯的人大代表、政协委员、人民陪审员及妇联代表等担任特邀家事调解员，建立特邀调解员库，协助法院调解家事纠纷。2016年4月，泉州中院与妇联联合设立家事纠纷调解室，每天均有家事法官、妇联“金牌调解员”等工作人员值班接访，至今共调解家事纠纷276件，提供心理咨询139件。

四、植入传统元素：激活“家文化”感化效应

泉州法院扎根泉州作为历史文化名城、东亚文化之都的深厚底蕴，巧妙地将泉州民间历史故事、闽南地区风土人情运用于家事审判之中，实现案件审理与文化传承、区域特点、乡情民俗等有机融合，形成“亲、和、睦、诚”的温情审理方式。

一是打造家事审判文化宣导机制。选取中华传统家庭美德、闽南俚语、衍派宗谱及民俗典故，建设家事文化长廊，编写《家事审判道德文化导本》，讲好闽南家事法治故事，传播优秀家规祖训教义，启迪家事案件当事人对家庭、婚姻、亲情等价值的正向认知。

二是突出家事审判的本土化特色。在调解机制上，植入地方文化基因，结合闽南风俗习惯，推行富有闽南特色的“茶桌调解法”“谚语调解法”“宗族调解法”“金牌媒人调停法”等调解方法，以泡“司法功夫茶”“拉家常”式的调解方式，促进当事人感情修复和情绪疏导，最终消除对立、实现和解。在裁判理据上，探索援引和适用本地习惯、宗教、民族或地方风俗、共同生活准则等特殊规范，针对个别情况作出恰当处理，体现家事审判对公序良俗的关照。

虽然泉州法院在家事审判方式和工作机制改革方面进行了积极探索和实践，但与最高人民法院、福建省高级人民法院的要求还有一定差距，我们将以本次会议召开为新的契机和起点，认真贯彻落实最高人民法院、福建省高级人民法院工作部署，爱拼敢赢、加压奋进，努力打造家事审判的“泉州样本”，为全国法院家事审判改革的顺利推进作出有益贡献！谢谢大家！

福建省泉州市中级人民法院

2017 年 2 月 17 日

第二章　问题导向：家事审判学术研讨与完善进路

制度改革与司法关怀：家事审判的泉州样本
——以“和合包容”闽南文化为契合点的家事审判专业化改革

郑玲玲、郑昭文（福建省泉州市中级人民法院）

摘　要：家事领域的精神特质企盼家事审判专业化，传统的诉讼规则不利于家事诉讼目的的实现，以“和合包容”为内核的闽南文化助推家事审判改革孕育成长。立足审判实践的理性考量和情感关照，不断追寻家事纠纷司法裁判功能的妥当定位，泉州法院革故鼎新，以“和合包容”的闽南文化为契合点，积极推行家事审判专业化改革，通过植入闽南传统元素，不断创新审判方式，延伸司法裁判功能，构筑了具有闽南特色家事纠纷化解的新格局。一是拓宽解纷场域，建构闽南“大家庭”解纷范式；二是追寻实质正义，以适度的职权探知达司法人文关怀之目标；三是洞悉纠纷特质，设置审理期限特别制度，提升解纷效果；四是延伸司法功能，引入心理调适工作方法，修复愈合创伤；五是倡导诚信理念，设立财产诚信申报机制，弘扬优良风气。植根于闽南文化土壤的泉州家事审判改革，提升了家事审判的解纷效果，彰显了司法的人文关怀，促进了当事人诚信诉讼，保护了弱势群体的利益，丰富了社会治理模式。

关键词：家事审判　泉州样本　和合包容　闽南文化

引　言

以时序为经，地域为纬，纵横交错，让我们把时空坐标定格在公元

2015年的福建泉州，一同走进泉州家事审判的场域。走进泉州市中级人民法院家事法庭，就像走进了闽南传统特色民居，手工制作的灯笼高高悬挂，象征红红火火，幸福光明，寓意添丁进财，平安吉祥。徜徉家文化长廊，一股古朴的温润感油然而生，一幅幅根据闽南典故雕刻而成的生活画卷映入眼帘，无不彰显着母慈子孝、夫唱妇随、兄友弟恭的良好家风。这样的场域，这样的用心，唯愿还原家应有的面貌，一个遮风挡雨，洗心涤虑，抚伤慰藉的温暖港湾。以“和”为主旋律，构筑清心如意的茶桌调解，温馨呵护的亲子陪伴区，即使是审判席，也是没有棱角、象征团圆的圆桌。这样的方法，这样的布置，企盼在“和合”的氛围中，新时代的泉州家事法官能够帮助一个个命运共同体打开彼此心结，修复愈合创伤，弘扬优良风气。良好的心愿和美好的期盼下，泉州家事审判改革于2015年初拉开了序幕。

一、泉州家事审判专业化改革的背景动因

中华文化源远流长，灿若繁星，泉州位居我国东南一隅，形成了独特的闽南文化，历经斗转星移、岁月更迭，流传至今。近年来，随着个人权利意识的觉醒，乃至张扬，原本稳定的家庭关系遭受了不小的冲击。2010—2014年，泉州家事案件的受理数居高不下，呈现上升趋势，人民群众日益增长的家事审判需求亟待回应。然而，传统的对抗、辩论式的当事人主义诉讼规则及与之配套的软硬件设施显然与情理交融的家事领域格格不入。家承载着人类最美好的情感寄托，应当赋予家事审判有别于一般民事诉讼的精神特质和特别规则。2015年初，泉州市中级人民法院及时洞察了这一本质和趋势，准确把握家事审判独特的司法规律，勇于创新，先试先行，积极开展家事审判专业化改革的探索，通过与“和合包容”为精神内核的闽南文化深入融合，走出一条富有特色的家事审判改革道路。

（一）内发动力：家事领域的精神特质企盼家事审判专业化

家于个人而言，不仅是住所，而且是心灵的栖息之所，有人曾把家比喻成“心灵的绿洲”。家于社会而言，不仅是基础，而且是人类文明的精神支柱，有人曾把家比喻为“社会的细胞”。古今中外都有关于家的精神特质的认知和感悟。例如，美国思想家、文学家爱默生指出：“家庭是父

亲的王国，母亲的世界，儿童的乐园”，从个人与家庭关系的角度深刻地揭示了家的内涵。而《礼记·大学》蕴含的“正心、修身、齐家、治国、平天下”的哲理，从个体出发，由此及彼，进一步从家庭与社会关系的角度论证了家庭的重要地位。家事领域具有身份属性、情感寄托、安全保护等精神特质，决定了家事法的调整对象具有特殊性。“婚姻家庭法折射的是一个国家的伦理。”① 因此，家事法及相关制度的创设应当遵循关爱家庭成员、守护家庭幸福、维护社会和谐的逻辑起点。家事审判以司法的形式介入家庭纠纷，应当秉持以人为本的价值理念，给予司法的人文关怀。家事纠纷爆发的原因大体可归纳为以下两种：一种是家庭成员不愿忍受逆来顺受、委曲求全的挣脱；另一种是由于缺乏理解、不够包容、不负责任的思想放纵导致的锱铢必较。对于前者，理应成全，但考虑设计一整套行之有效的专业化审判方法和工作机制，把遭受情感挫折的当事人的伤害减至最小。对于后者，法院当起到一个引导回归的作用，弥合伤痕，治愈伤痛，促进家庭团圆，维护社会和谐。通过家事审判专业化的改革，一改传统司法冷若冰霜的面貌，相信不少家庭矛盾是可以通过家事审判予以修复、治愈的。

（二）制度需求：传统的诉讼规则不利于家事诉讼目的实现

很长一段时期，我国民事诉讼规则统一适用对抗式的当事人辩论主义。家庭是以婚姻、血缘或者收养情感关系为纽带建立的基本社会单位，家事纠纷基于特定的身份关系而产生。严格适用辩论主义的诉讼规则，意味着家庭成员必须对簿公堂，通过激烈的辩论，决一胜负。实则在家事审判的阵地上，辩论主义最有可能导致的结果是两败俱伤。经过严厉的互相谴责，家事案件当事人可能遭受情感上的“二次伤害”。由此可见，在婚姻家庭方面，审判有着不能承受之重。尊重当事人的处分原则也是目前审理民事案件的基本理念，法官依职权干预诉讼的法定权限被高度限缩。这一规则的运行在家事审判领域的弊端体现为：当家事案件的当事人由于缺乏法律专业知识和诉讼技巧而面临败诉的风险，法官也只能束手无策。尤其是家事纠纷中特有的老、弱、妇、孺群体，更难适应当事人处分原则。如果在家事审判中一味因循上述规则，在很多案件中将导致不利后果：既

① 赵玉：《司法视域下夫妻财产制的价值转向》，载《中国法学》2016年第1期，第227页。

违背立法者寄予家事领域幸福和睦的伦理期许，又偏离司法者守护公平维护正义的初衷。不仅无法实现民事诉讼保障权利的基本目的，解决家事纠纷的直接目的，而且案结事不了，并由此产生一系列社会问题，也无法实现民事诉讼维护社会秩序的最终目的。英国法学家哈特指出："当评判一项法律制度的价值之际，正义理念最为频繁。"① 因此，应当设计有别于一般民事诉讼的家事审判诉讼规则，在遵循程序正义的框架下，兼顾实质正义，真正通过妥当的家事审判来完善司法正义。

（三）文化培植：闽南文化土壤助推家事审判改革孕育成长

文化是社会历史的积淀。任何一项法律制度都离不开思想观念和文化传统的烙印。泉州是我国著名的历史文化名城，闽南文化"和合包容""家和万事兴"的传统理念世代传承，对家事审判专业化改革产生积极的影响。第一，闽南文化继承了中华民族的传统美德，保留着敦厚仁爱、敬老慈幼、重德尚礼的内在品质，恪守着对真善美的价值追求。第二，闽南文化具有深厚的历史底蕴和鲜明的地方特色。以海上丝绸之路起点为标志的发展轨迹，带来了民族、宗教等文化的大融合，形成了"和合包容"的闽南文化内核。第三，"和合包容"的闽南文化传递的是这样一种理念，即家庭是个小社会，身为家庭命运共同体的一员，不仅享受着爱与关怀，而且意味着适当的克制、奉献和责任。在家事审判改革进程中，可以通过对闽南传统文化的宣扬，起到道德教化的作用，进而帮助家庭成员化解彼此的矛盾纠纷。第四，闽南文化对传统道德的延续，来源于当地民众的主动认同和自觉接受，不视为制约发展的束缚，而成为深入骨髓的一种精神。第五，宗亲文化在闽南地区较为发达，这与其作为我国台湾地区人口主要祖籍地的地缘因素和情感因素息息相关。② 宗亲，以姓氏为区分的同宗亲属。由其组成的团体，也即宗亲会，承担着调解纠纷、解决争端、保护和支持同族成员，保持彼此间的融洽相处、精诚团结的职能。因此，如何植根于当地的文化土壤，结合闽南风土人情，运用乡规民约、公序良

---

① 张文显：《法哲学范畴研究》，中国政法大学出版社 2001 年版，第 179 页。

② 我国台湾地区的人口大多来自中国大陆，我国台湾地区与中国大陆一衣带水，两岸人民血浓于水，台湾同胞对中国大陆有着深厚的宗亲感情和念祖情结，不少世界性宗亲会的总会会址都设在我国台湾地区，每年都会有不少台湾同胞回乡谒祖，寻根问祖。闽南地区是著名侨乡，因此宗亲文化在闽南地区较为发达。

俗，探索符合家事审判规律的工作方法和工作制度，成为泉州家事审判专业化改革的又一动因。

二、泉州家事审判专业化改革的理论根基

泉州家事审判专业化改革在现行法律规定的框架内，突破传统的思维定式，进行审判规则体系的重新架构，形成贯穿诉讼全程的家事审判运行新机制，这是泉州法院在经过深入调研论证后的总结和创新，具有深厚的理论根基。

（一）解纷方式的革新：多元化纠纷解决机制下的协同治理模式

多元化纠纷解决机制，是指一个包括协商、调解、仲裁、诉讼等方式在内，能够满足社会主体多样化需求的程序体系和动态调整系统。[①] 20 世纪中期以来，西方国家以“接近正义”为目标的民事司法改革进入了第三阶段，并迅速与 ADR 运动汇聚为建构多元化纠纷解决机制的潮流。[②] 多元化纠纷解决机制体现了法院“从高台治理走向圆桌治理的演变”。需要明确，“圆桌治理客观上脱离了国家中心主义对社会控制权力的垄断，逐渐从法院中心的一元单边治理机制转向法院发起、参与的多元多边共治机制。在治理技术的外部形态上实现从规训向调节之变。”[③] 多元化纠纷解决机制一方面能够克服单纯依赖民事诉讼带来的程序复杂、周期冗长、成本高昂的弊端，有利于自力救济、私力救济及公力救济优势互补，灵活高效地解决矛盾纠纷；另一方面也传递了现代纠纷解决理念由对抗向对话转变的信息，有利于纠纷的彻底化解。家事审判承担着保护当事人人格利益、安全利益和情感利益的职责，独具温和、柔软的气质，多元化纠纷解决机制的作用在家事审判领域尤为凸显。

（二）实质正义的追寻：职权探知主义对诉讼原则的修正

家事诉讼被有些学者归入人事诉讼的研究范畴，用于处理基于身份关

① 齐树洁：《民事诉讼法》（第四版），中国人民大学出版社 2015 年版，第 6 页。

② 范愉：《纠纷解决的理论与实践》，清华大学出版社 2007 年版，第 95 页。

③ 吴良志：《法院审判外衍生治理行为实证研究——从司法建议、白皮书到备忘录》，载《司法体制改革与民商事法律适用问题研究——全国法院第 26 届学术讨论会论文集》，人民法院出版社 2015 年版，第 19 页。

系引发的争讼。人事诉讼程序较一般民事诉讼程序更具公益性。在人事诉讼程序中，辩论主义被予以禁锢，广泛适用职权探知等非讼法理，法官可以根据需要进行证据调查和收集，事实认定可以斟酌当事人未提出的事实主张和证据方法，有利于实体真实的发现。① 职权探知主义是与辩论主义相对的概念，具体是指法官应当设法获取和证明对裁判具有显著意义的事实，也即法官应当依职权彻底审查所有的所需事实和证据，法院对判决的事实基础负完全的责任。② 我国民事诉讼法的基本原则经历由法院包揽证据的收集和调查任务的超职权主义，到案件审理所需的资料和诉讼过程均由当事人主导的当事人主义的发展进程。目前，辩论主义与处分原则共同构成当事人主义，成为我国民事诉讼法的两大基本原则。由于家事审判具有特殊性，有必要在尊重辩论主义和处分原则的前提下，引入适当的职权探知主义。一是有利于实现实质正义，保护弱势群体；二是有利于提高诉讼效率，发现客观真实；三是有利于彻底化解纠纷，保障社会公益。

（三）纠纷特质的洞察：以合理的速度完善司法正义

英国沃尔夫勋爵在《接近正义的最终报告》中提出，民主国家新一轮司法制度改革的目标为更加注重当事人的实质平等和纠纷解决的结果公正，更加注重以合理的成本和合理的速度来完善司法正义。③ 在家事案件审理期间的设置上，为达到解纷效果，许多国家均作出特别的规定，如《法国民法典》在离婚案件的审理程序和期限上关注解纷结果的公正，规定无论是一方要求离婚还是双方协议离婚，法官均应当进行和解，和解是强制性步骤，即使当事人不愿意也必须进行。一般情况下，法官在调解时应当给予当事人不超过 8 天的考虑期，如果法官认为必要，还可将考虑期延长至最多 6 个月，并应当在考虑期内进行新的和解尝试。④ 审理期限的特别设置（也称冷静期）通常是指法院在收到当事人离婚申请后，为当事人指定一定时间的冷静期，以便让双方当事人就婚姻关系的状况、造成婚姻危机的原因，以及能否拯救濒临破裂的婚姻关系、子女生活的安排等问

---

① 郭美松：《人事诉讼程序研究》，西南政法大学 2005 年博士学位论文，第 4 页。

② ［德］奥特马·尧厄尼希：《民事诉讼法》（第 27 版），周翠译，法律出版社 2003 年版，第 123—124 页。

③ 袁媛：《“柔性司法”核心思想的确立——探讨中国国情语境下的司法制度变革》，载《法制与经济（中旬刊）》2013 年第 9 期，第 25 页。

④ 冯安石：《我国诉讼离婚标准研究》，中国社会科学院研究生院 2011 年硕士学位论文，第 27 页。

题进行思考和反思。[①]“冷静期”的设置，一方面为法官争取更多的时间，深入调查家事案件的事实问题，修复受损的家庭关系，治愈当事人的心理创伤，彻底解决矛盾纠纷；另一方面为离婚诉讼当事人提供三思而后行的机会，避免冲动离婚的产生。审理期限的特别设置还可进一步扩展到家事案件审理期限的适当放宽。家事纠纷的特点决定了家事审判的职能需要向诉前和诉后两端延伸。无论是诉前或诉后的延伸，均以“上工治未病”的理念，或对家事纠纷进行积极的预防，或避免家事纠纷可能存在的反复性，尽可能将矛盾化解在萌芽状态，尽可能彻底化解纠纷，愈合创伤。这些延伸服务的开展，都离不开时间的预留和保障。

（四）人文关怀的贯穿：儿童利益最大化原则

联合国前秘书长科菲·安南指出：“没有什么信任比这个世界给孩子的信任更神圣；没有什么责任比确保孩子的权利得到尊重、确保孩子的幸福得到保护、确保孩子的生活免遭恐惧和匮乏更重要的了。人类进步的传承植根于对孩子权利的实现。”[②]其言语之实质便是儿童利益最大化原则。儿童利益最大化原则是指：“关于儿童的一切行为，不论是由公私社会福利机构、法院、行政当局或立法机构执行，均应以儿童的最大利益为一种首要考虑。”[③]儿童利益最大化原则的确立，主要由儿童身心发展不够成熟，因而是社会的弱势群体，以及儿童利益具有显著的公益性两个方面决定。儿童利益最大化原则体现在家事审判中，法院主动依职权考量儿童的最佳利益，即使父母通过协商对儿童的监护、抚养、探望等事项达成一致意见，也不能排除法院对“儿童最大利益”的审查。[④]在家事审判中运用儿童利益最大化原则，尊重儿童的个体价值，关照儿童的思想情绪，有利于儿童健康成长，并树立正确的人生观、价值观。

（五）裁判功能的周全：家事诉讼的诚信原则

民事诉讼中的诚实信用原则，是指法院、当事人及其他诉讼参与人在

---

① 陈莉、向前：《英国家事审判制度及其启示》，载《法律适用》2016 年第 11 期，第 117 页。

② 这是联合国前秘书长科菲·安南在联合国第 55 届大会上，针对世界日益严峻的儿童问题的发言。参见金林祥主编：《20 世纪中国教育学科的发展与反思》，上海教育出版社 2000 年版，第 10 页。

③ 1989 年《儿童权利公约》第 3 条第 1 款。

④ 陈爱武：《家事诉讼与儿童利益保护》，载《北方法学》2016 年第 6 期，第 129 页。

审理民事案件和进行民事诉讼时应当公正、诚实和善意。[①] 民事诉讼法的诚实信用原则来源于民法中诚实信用原则的确立和适用。“《瑞士民法典》将诚实信用从法国、德国债法中的权利义务领域推广适用于一般权利义务领域，很自然地影响到了民事诉讼法领域对这一原则的适用。”[②] 我国2012年修改后的民事诉讼法第13条第1款规定：“民事诉讼应当遵循诚实信用原则。”从诚实信用原则对当事人的适用角度看，要求当事人行使诉讼权利时，应当如实陈述客观事实，不应违背诉讼权利设置的目的，以达到拖延诉讼或给对方当事人造成损害的企图。相对于社会而言，家庭是一个私密、封闭的场所，家事案件在事实审理方面具有复杂性的特点，自古以来就有“清官难断家务事”的论断，因此诚实信用原则在家事审判领域的作用举足轻重。

三、泉州家事审判专业化改革的机制创新

党的十八届五中全会明确了“创新、协调、绿色、开放、共享”五大发展理念，其中创新居于首位。习近平总书记指出，必须把创新作为引领发展的第一动力。泉州法院为破解审判难题，革故鼎新，不断创新审判方式，优化工作机制，继革命性地创造出“跨域·连锁·直通”式诉讼服务平台，紧锣密鼓地推行家事审判专业化改革，以“和合包容”的闽南文化为契合点，构筑闽南特色家事纠纷化解的新格局。

（一）拓宽解纷场域：建构闽南大家庭解纷范式

从主体层面看，“众擎易举，独力难支”，已探索形成多层面、广辐射、有侧重的解纷队伍。以“和合”为理念，以“大家庭”为视角，以“自力和借力”相联手。闽南大家庭的解纷主体以专业的家事审判团队为主导核心，以特邀家事调解员为固定的协助力量，家事调查员、心理咨询专家为固定的配合力量，宗亲、乡贤、媒人等社会力量为机动的协助力量，群策群力，共同参与家事纠纷化解。在家事审判团队的打造方面，以审判机构的专业化建设为依托，配备专业的审判人才。2015年3月5日，泉州市中级人民法院家事审判庭正式成立，2015年5月，全市11个基层

① 齐树洁：《民事诉讼法》（第四版），中国人民大学出版社2015年版，第58页。

② 张卫平：《民事诉讼中的诚实信用原则》，载《法律科学（西北政法大学学报）》2012年第6期，第154页。

法院全部完成家事审判庭的创设，其中泉州市鲤城区人民法院家事审判庭拥有独立编制。泉州设有专门的家事法官55人，其中资深审判员占50%以上，女性法官占60%以上。在家事调解员的遴选方面，聘请具备解决家事纠纷专门知识或经验并熟悉本地风俗习惯的人大代表、政协委员及妇联代表等担任特邀家事调解员，建立特邀调解员库，协助法院调解家事纠纷。在家事调查员的选取方面，聘请具有社工、教育、心理学等专业背景的基层组织工作人员担任家事调查员，承担向法院出具调查报告，并提出纠纷解决建议的职责。目前，泉州法院家事审判庭共聘请家事调查员123名。在心理咨询专家的引入方面，泉州部分法院与专业心理咨询机构达成合作协议，由机构指定专人负责家事案件当事人的心理疏导；或聘请具有国家职业资格的心理咨询师，协助法院对当事人进行心理疏导。目前，泉州法院家事审判庭共聘任心理咨询（辅导）专家12名。在宗亲、乡贤、媒人等社会力量的邀请方面，主要从传统文化和本土特色的角度出发，注重对其道德品质进行考量，灵活针对案件情况和实效邀请参与化解。

从制度层面看，“不以规矩，难成方圆”，着力打造规则详尽、统一有序、协同配合的闽南大家庭解纷规范。家事审判的专业化不仅体现在审判机构和审判人员的专业化，而且体现在审判程序的专业化。为保证家事审判工作常态化、制度化和规范化发展，泉州法院于家事审判庭设立之初就出台了《家事案件审判工作实施意见》《家事案件审理工作规范》《关于设立反家庭暴力合议庭的实施意见》《家事纠纷诉讼指南》等文件，并与妇联等单位联合印发《关于开展涉及妇女儿童权益纠纷调解工作的若干意见》《关于家事纠纷诉调衔接工作的若干意见》。2017年初，在全面总结改革经验的基础上，泉州中院出台统一规范的《关于全面推进家事审判方式和工作机制改革工作的实施意见》。通过制定上述工作规范，明确家事审判合议庭的工作职责、立案范围、审理流程，规定家事审判的原则及法院进行家事审判时与妇联等机构的协调衔接，为全市法院家事审判提供统一的裁判方法和标准，为独具特色的家事纠纷处理机制提供有力的制度支持，为家事审判工作取得良好成效夯实基础。

从方法层面看，“植根本土，契合文化”，形成独特的闽南大家庭解纷方法。可以说，契合闽南传统文化，尊重公序良俗，注重道德感化是闽南大家庭解纷方法独辟的蹊径。一是营造家庭式解纷氛围。泉州法院以

“和”为主旋律，以“闽南红砖厝”为主基调，以“家”的氛围营造为着力点，创造性地将法律、道德、典故等元素融为一体，形成独特的司法建筑设计理念，改造传统审判区域，建设“家庭化”的审判场所，让当事人走进家事法庭，能感受家的温馨、重拾温暖回忆。创新家事法庭的布置，用会议桌（圆桌）代替传统的审判台，用“丈夫”“妻子”等台签代替“原告”“被告”台签，进行会客厅调解，彰显家事纠纷主体的亲情特质，疏解对立情绪。设立环境优雅、格调清新的家事调解室、亲子陪护室、心理疏导与咨询评估室等功能区域，搭建集案件审理、多元调解、心理调适等功能为一体的审判综合服务平台。二是形成系列特色调解法。泉州法院植根地方文化土壤，结合闽南风俗习惯，总结提炼出富有闽南特色的“茶桌调解法”“谚语调解法”“宗族调解法”“金牌媒人调停法”等调解方法，以泡“司法功夫茶”“拉家常”式的调解方式，促进当事人感情修复和情绪疏导，最终消除对立、实现和解。泉州法院灵活运用系列特色调解法的同时，积极探索援引特殊裁判理据，尊重本地民众的风俗习惯、宗教信仰、乡规民约等规范，针对个别情况作出恰当处理，体现家事审判对公序良俗的关照。三是创新家事文化宣导机制。泉州法院在家事审判过程中注重传导正确的价值观，精心选取中华传统家庭美德、闽南俚语、衍派宗谱及民俗典故，建设家事文化长廊，编写《家事审判道德文化导本》，传播优秀家规祖训的思想内核。通过宣扬敬老慈幼、谦恭礼让、和睦相处的传统美德，启迪家事案件当事人对家庭、婚姻、亲情等价值的正向认知，引导人们向往和追求遵规矩、守道德的生活，传播向上向善的强大正能量。

（二）灵活解纷机制：开辟职权探知的发展空间

职权探知主义在家事审判领域的运用，在于通过适当的能动司法，彰显司法的人文关怀。泉州法院紧紧扣住职权探知主义在家事审判领域的发展脉搏，积极探索适当的职权探知主义发展空间。一是规范行使法官释明权。为补强弱势当事人诉讼能力的不足，泉州法院家事审判庭强化对家事案件中法官释明权的规范行使。在负有举证责任的一方当事人因疏漏、误解或对法律理解不清等原因，对相关案件事实不能提供证据，或者提供的证据不足以证明案件事实，面临败诉风险时，家事法官在尊重另一方当事人知情权的前提下，公开行使释明权。通过解释法律、引导当事人举证，促进当事人了解彼此的诉讼意图，平衡当事人的举证能力。二是引入家事调查员工作机制。为减少对抗式诉讼模式对弱势当事人诉讼能力制约的不利因素，泉州法院家事审判庭强化依职权主动调查职责，借鉴我国台湾地区家事法院家事调查官的做法，专门聘请具有社工、教育、心理学等专业背景的基层组织工作人员担任家事调查员，由其根据法院的委托和指派对需要调查的事项，进行事前、事中、事后的详尽调查。通过走访亲属、邻居、社区、工作单位等方式了解当事人的婚姻状况、未成年人的抚养状况等生活事实，探寻案件的全貌，向法院出具书面调查报告，并提出纠纷解决建议，为法院处理家事纠纷提供重要参考。三是建立家事法律援助制度。针对家事纠纷当事人之间的实际地位和诉讼能力往往极不平等的特点，对于经济困难、文化程度较低、身患残疾、遭受家庭暴力等困难的当事人，依其申请或经征询其意愿，及时协调当地法律援助机构指派人员参加诉讼。泉州市中级人民法院与妇联合作成立妇女援助中心，整合法院、公安、检察、司法、妇联、社工、志愿者等各类资源，让家事纠纷中通常处于弱势一方甚至遭遇家庭暴力的妇女获得诉讼指导、心理疏导、人身保护等帮助。目前，该中心建设已被列入 2017 年泉州市政府“为民办实事项目”，市财政拨出专款扶持所有县市区的妇女援助中心建设。

（三） 关注解纷效果： 设置审理期限的特别制度

尽管我国规定了“首次判决不予离婚，经过 6 个月的法定期限后再次提起离婚诉讼，法院一般准予其离婚”的“二次离婚诉讼规则”①。但若能借鉴世界上许多国家行之有效的经验做法，增设离婚冷静期，在法定审限内适当放宽审理周期，同时强化与调解程序的结合，将较好地衡平离婚自由与公平正义这两个重要法律价值的关系。基于此，泉州法院设置了审理期限的特别制度。一是设置离婚冷静期。对于婚姻案件，在立案登记前或者立案后尚未开庭审理前，经征得双方当事人同意，在审限外设置一定的期限作为“离婚冷静期”或“婚姻观察期”，并作为合议庭判断夫妻能否和好的重要考量因素，正确处理保护婚姻自由与维护家庭稳定的关系。二是延伸审判职能。为了实现家事审判彻底解决矛盾纠纷，还原家庭良好常态，促进社会健康发展的最终目的，泉州法院对涉及家庭暴力等紧迫情形

---

① 刘敏：《二次离婚诉讼审判规则的实证研究》，载《法商研究》2012 年第 6 期，第 80 页。

之外的家事案件，不予强调审理周期远远低于法定审限的审判理念，创设了人性化的家事审判延伸服务机制。诉前以预防化解为主，构建诉前调解机制，把纠纷及时化解在萌芽状态。诉后以关注走向为要旨，做到案后跟踪回访，落实帮扶措施，旨在实现司法裁判功能外，进一步发挥其修复情感、愈合创伤、走向和谐的引领功能。

（四）温暖解纷氛围：引入心理调适的工作方法

未成年人可能遭受基于离婚、家庭暴力、抚养权、探视权等家事纠纷带来的心理创伤，在家事审判中引入心理调适的工作方法，对于家事案件的当事人尤其是未成年人的心理疏导和情感修复具有至关重要的作用。对儿童运用心理调适，也是实现儿童利益最大化原则的具体体现。联合国1989年通过的《儿童权利公约》将儿童利益最大化原则确立为国际儿童保护的根本准则，回应了在儿童利益与社会利益、成人利益产生冲突时，应当如何权衡抉择的难题。包括我国在内的大部分缔约国均以此原则为基础，重构或创设了本国的儿童权益保护立法。然而，无论是国内还是国外的儿童权益保护立法都将这一原则渗透的重点落脚在实体法和少年刑事司法层面，鲜有从儿童民事程序方面予以论及。[①] 为实现儿童利益最大化原则，充分保护未成年人的身心健康，泉州法院家事审判庭积极引入心理调适的工作方法，为未成年人创造心理调适的条件，主要通过以下方式实现：一是运用在审判场所的设计和布置方面，通过“圆桌审判”给予未成年人非讼、圆融的直观感受；通过融入闽南特色文化元素，引导未成年人的情感认同；通过粉红色等治愈色系的硬件设施配置，将色彩心理学对人的影响拓展到家事审判领域。二是运用在心理咨询资源的提供方面，选取部分家事纠纷，由具有心理咨询师资格的法官对未成年人进行心理疏导。此外，通过与专业心理咨询机构达成合作协议，由其指派心理咨询师，或者直接聘请具有国家职业资格的心理咨询师，协助法院对未成年人进行心理疏导。具体做法有：借助刑事审判建立的心理咨询师人才库，实现心理疏导人才资源共享。在立案时向当事人发放“心理疏导工作联系函”，建议并引导其接受心理咨询师的帮助。泉州法院通过引入心理调适的工作方

① 何燕：《家事诉讼中未成年人利益最大化原则研究》，南京师范大学2016年博士学位论文，第1页。

法，对家事案件当事人及未成年子女开展心理疏导和干预，引导其树立正确的世界观、人生观、价值观，帮助受害方消除心理障碍，促进其身心健康。

（五）善破解纷瓶颈：设立财产诚信申报机制

在家事审判中设立财产诚信申报机制是诚实信用原则在民事诉讼中的具体应用。诚实信用原则是道德规范植入法律规范的具体体现，旨在通过引导、规范人们的诉讼行为，提升整个社会的诚信度。虽然我国2012年修改后的民事诉讼法首次将诚实信用原则在诉讼法领域明文化、法定化，但囿于该原则的抽象性，以及目前具体制度规定和判例机制的缺失，诚实信用原则作用的发挥受到掣肘。在家事案件中，诸如离婚、分家析产、继承等均涉及夫妻共同财产或家庭共有财产的分割。在当今社会，夫妻共同财产或家庭共有财产除了传统的金钱、房产外，还涉及公司股票、股权、债权等无形资产，有关夫妻共同财产或家庭共有财产的分割日益复杂，家事案件的审理难度不断增大。为寻求诚实信用原则在家事审判领域的有效运转，泉州法院探索设立了家事案件财产申报的审理机制，即于庭前向当事人送达《家事案件财产申报表》，要求当事人如实申报家庭财产，并释明法律后果。申报材料经证据交换，另一方提出对方存在隐藏、转移、变卖共同财产等情形并提供初步线索的，家事审判合议庭或承办法官及时协调执行部门通过“点对点”网络查控系统进行财产查询，查询反馈结果可作为认定夫妻共同财产并予以分割的重要依据。建立财产诚信申报制度和法院依职权查控财产制度，有利于遏制家事诉讼中的不诚信行为，保证夫妻或家庭共有财产的公平处理。

四、泉州家事审判专业化改革的现实成效

任何一项改革的成败，都离不开对其产生效果的评价。泉州法院自2015年3月成立家事审判庭以来，专注家事审判专业化的探索，并取得诸多成效。一年多来，最高人民法院景汉朝副院长、最高人民法院政治部副主任董文濮，福建省高级人民法院马新岚院长、政治部主任王汉宏，市委书记郑新聪，市委常委温惠榕、林锦明等领导先后莅临现场视察指导。泉州法院的家事审判工作被福建省委办公厅《八闽快讯》等媒体报道。《泉

州家事纠纷实现专业化审理》荣登省妇联十大新闻之列，泉州市中级人民法院民一庭也因此被福建省总工会授予“省五一巾帼标兵岗”荣誉称号，被泉州市妇联授予“市巾帼文明岗”荣誉称号。2015 年 5 月 28 日，泉州市中级人民法院在全省法院推进反家暴工作电视电话会议上对家事审判工作做经验介绍，同日，福建省高级人民法院还在泉州市鲤城区人民法院召开“传家风、促家睦、反家暴”新闻发布会，新华网、中国新闻网、《福建日报》、福建电视台、福建人民广播电台等 12 家新闻媒体到场采访报道，取得良好的社会反响。泉州法院运用家事审判专项机制审理的许多案件得到社会的高度评价，个别案例还作为典型案例在中央电视台《今日说法》栏目中播出。泉州家事审判专业化改革有序推进，并由此总结提升出家事审判的泉州经验，受到最高人民法院的重视和肯定。2017 年 2 月 17—18 日，全国部分法院家事审判方式和工作机制改革试点工作推进会将在泉州召开，我们期待与全国各地兄弟法院共同交流家事审判改革的理念思路与探索实践。泉州家事审判专业化改革的现实成效主要如下：

（一） 效率和效果的双重兼顾

泉州家事审判秉承“温情注入审判，司法关护家园”的审判理念，以闽南文化“和合包容”的内核为契合点，将法律权威的刚性与纠纷化解的柔性、中华传统美德与地方特色文化有机结合，探索符合家事案件社会性、伦理性的家事纠纷审判方式，圆满化解了数以万计的家事纠纷。在家事纠纷日趋复杂，审理难度不断增大的情况下，依然保持结案数逐年递增的良好态势。2015 年 3 月至今，泉州法院共审结家事案件 13267 件，其中调解 5290 件，撤诉 3081 件，调撤率 63. 1%，高出同期民商事案件调撤率均值约 10 个百分点。家事纠纷的妥善化解，调和了当事人的家庭关系，抚平了当事人的心灵创伤，促进了社会的和谐发展。相关的案例不胜枚举，且以《泉州家事审判道德文化导本》的运用为例。泉州的王阿婆育有二子三女，老来体弱多病，需人赡养，对于赡养义务的承担，众子女无法协商一致。老人一气之下，将子女告上法庭，要求其共同承担赡养义务。承办该案的家事合议庭认识到，赡养问题不宜通过法律的刚性判决予以解决，若能通过道德教化，使子女发自真心地体贴长辈，细致周到地照顾长辈，王阿婆老有所养的实现将形神具备。有鉴于此，合议庭积极联系当事人所在村镇干部、法律援助中心、妇联干部等多方合力调解，在调解中向当事人赠送并讲解《泉州家事审判道德文化导本》，引导当事人理解导本收录的闽南俚语及家规祖训，规劝王家子女感悟羊有跪乳之恩，鸦有反哺之义，强调赡养父母是传统美德，更是子女应尽的法律义务，子女不仅应当为父母提供物质保障，更应当给予其精神慰藉。王家子女在合议庭的引导下，通过换位思考，增进相互理解，互相体谅难处，最终达成圆满的调解协议。案后经回访，调解协议履行顺利，一家人又和好如初。

（二）人文关怀和情感修复的双重关照

泉州家事审判庭在案件审理过程中注重情感、伦理、人际关系的调整和修复，切合家事案件当事人特殊的心理、情感需求，使家事案件当事人在遭遇情感挫折时能够充分感受到司法的人文关怀。以专业心理咨询师协助家事审判庭对当事人进行心理疏导为例，泉州的小兰（化名）今年8岁，由于父母离婚，被卷入一场争夺直接抚养权的风波。承办该案的家事合议庭认识到，抚养权案件应当从未成年人利益最大化的原则出发，充分尊重未成年人的意愿，综合考量与未成年人的情感联系、双方当事人的经济能力等因素，而后进行裁断。鉴于未成年人心智发展不够成熟的特点，家事法官考虑为其提供心理咨询师的帮助。家事法官在征询小兰同意之后，与某实验小学教师，同时也是心理咨询师的朱老师一同前往小兰的住所地，对其进行心理辅导，了解其真实意愿，促使该抚养权纠纷顺利解决。心理咨询师协助家事法官对当事人进行心理疏导，不仅能够减轻未成年人因为家事纠纷遭受的心理创伤，而且能够帮助未成年人树立正确的世界观、人生观、价值观，不断健康成长。家事审判的人文关怀得以彰显，治愈功能得以发挥。

（三）诚信诉讼和良好风气的双重导向

诚实信用是实现社会和谐的内在要求，该原则已被我国2012年修改后的民事诉讼法确立为基本原则。泉州家事审判改革牢牢把握这一主旨，创设了财产诚信申报机制。以泉州家事案件财产申报机制的运行为例，吴某广与吴某霞经相亲认识，婚后冲突不断，继而貌合神离，直至最终感情完全破裂。吴某广为此提起诉讼，请求判决准予二人离婚。双方均表示同意离婚，但对夫妻共同财产分割问题争执不下。由于双方共同建置的财产较多，且有部分没有办理权属登记的财产仅在吴某广一人掌控之下，吴某广极力否认，吴某霞根本无法举证证明这些财产确实存在。由于双方结怨较深，互不相让，调解工作一度陷入困局。承办该案的家事合议庭认识到，如欲突破该案的审理瓶颈，宜启动家事案件财产申报机制，由双方对夫妻共同财产予以确认。家事合议庭要求双方分别填写《家事案件财产申报表》，同时明确告知双方当事人不予如实申报的法律后果，法院对隐瞒不报的一方可以少分或不分，并可依照法律规定予以制裁。最终，双方当事人均如实申报了夫妻共同财产，并将申报表作为证据提交法庭。合议庭据此查清双方婚姻关系存续期间的事实真相，包括房产、金器、现金、存款、个体工商户资产及对外债权债务等情况。后经邀请熟悉双方家庭背景的亲友参与调解，引导当事人充分认识到维护财产安全、兼顾双方利益，防止财产因分割而贬值、毁损的重要性，最终促使双方在共同财产的分割问题上达成调解协议。

（四）保护弱势和震慑家暴的双重效果

泉州家事审判探索设置人身保护裁定执行机制以来，在审理涉及家庭暴力的案件中，根据具体案情需要，依照当事人的申请，强化法官职权探知，及时作出人身保护裁定。同时，做好与公安局等相关执法部门的沟通联络，确保人身安全保护裁定执法到位，取得良好的执行效果，并与妇联合作建立家事案件当事人救助制度，及时对家事受害当事人实施救助，不仅震慑了家庭暴力行为，而且保护了弱势群体的利益。

（五）丰富模式和创新治理的双重驱动

泉州法院立足司法职能，主动作为，通过创新家事案件审判方法，积极与妇联、公安、司法、民政等职能部门协调，推动形成了党委领导、政府支持、法院为主、各职能部门联动、社会力量参与的综合解纷机制，实现了对家事案件的综合治理，丰富了社会治理模式，不仅让人民群众受益，也得到党委政府的认同，并且为家事审判改革提供创新思路和泉州样本。

后　语

家事审判改革与其他诉讼制度改革一样，同样面临对不少传统审判理念和诉讼规则的挑战，人们迫切期待家事审判改革能随即带来翻天覆地的变化，并试图从相应数据上找到依据。然而，如果受制于传统的思维定势，从唯数据论的角度来审视改革的成效，似乎有“只见树木，不见森林”之嫌。在较短时间内通过各种率的考评来衡量家事审判的改革成效，并由此得出成功与否的论断是不够科学、不尽合理的。“风物长宜放眼量”，家事领域的精神特质决定了家事审判改革更适宜采用和风细雨、润物无声的方式有序推进，相信随着改革的不断深化，以“和合包容”为契合点，以道德感化和价值传导为引领的泉州家事审判改革，通过对人潜移默化的影响，终将在家事诉讼制度和家的文化传承方面引发深刻的变革，实现“家国共筑”的梦想。

（此文节选刊登于《中国审判》2017 年第 11 期）

“熨平皱褶”：离婚经济补偿制度的反思与矫正

康艳华（福建省泉州市中级人民法院）

摘要：所谓离婚经济补偿制度，即在实行夫妻分别财产制的前提下，因抚育子女、照料老人、协助另一方工作等付出较多义务的一方，在离婚时有权向另一方请求补偿。由于该条规定过于简单，实践中操作性不强，反而成为当事人维护其合法权益的障碍。特别是如何补偿仍是司法实践的一大难题，学者在肯定其制度价值时，并未过多提及具体的法律适用问题。司法实践困难是亟待解决的问题。该条并非只是保护女性的条款，但实践中家务劳动及协助另一方工作付出较多的多为女性，故本文笔者仅围绕女方权益的保护进行探讨。

笔者对泉州市中级人民法院的相关离婚案件数据进行梳理和实证分析为例，反思该制度的不足造成的夫妻权利义务失衡状态。为破解司法难题，笔者主张在服从、坚持法律的前提下，以实现公正为导向解释法律，根据亚里士多德关于分配正义与矫正正义的理论，探讨如何平衡当事人之间的权利义务关系。同时，在借鉴国外离婚经济补偿制度相关立法的基础上，针对我国当前存在的问题，笔者提出完善该制度的具体意见，望其功能得到最大化发挥。

关键词：离婚　经济补偿　反思　矫正

法律就像是一块编织物，用什么样的编织材料来编这块编织物，是国会的事，但这块编织物不可能总是平平整整的，也会出现皱褶；法官当然不可以改变法律编织物的编织材料，但是他可以，也应当把皱褶熨平。

——［英］阿尔弗雷德·汤普森·丹宁[①]

正义是社会制度的首要价值，正像真理是思想体系的首要价值一样。一种理论，无论它多么精致和简洁，只要它不真实，就必须加以拒绝或修正；同样，某些法律和制度，不管它们如何有效率和有条理，只要它们不正义，就必须加以改造和废除。

——［美］约翰·罗尔斯[②]

离婚救济作为一个新的理念和一项较为完整的制度体系是2001年《中华人民共和国婚姻法》（以下简称《婚姻法》）修正时的重点与亮点。离婚救济制度是法律为离婚过程中权利受到损害的一方提供的权利救济方式，也是为离婚时处于弱势一方提供的法律救助手段。[③] 离婚经济补偿制度是我国《婚姻法》设计的离婚救济制度[④]之一，旨在补偿家务劳动及协助另一方工作等付出较多义务的一方，调整离婚时因分别财产制可能导致的夫妻权益失衡状态。时隔多年，是否正如学者所评价的呢？“书面上的法律”（law in books）是否变为“行动中的法律”（law in action），如何最大限度地发挥其价值，实现公正？本文将一一进行反思与探寻。

---

① 原文出自1949年丹宁在《西福德·考特不动产有限公司诉阿舍尔案》判词中对法律的解释：“我想作个简单的比喻，就是法官应该向自己提出这么个问题：如果立法者自己偶然遇到法律织物上的这种皱褶，他们会怎样把它弄平呢？很简单，法官必须像立法者们那样去做。一个法官绝不可以改变法律织物的编织材料，但是他可以，也应该把皱褶熨平。”——转引自［英］丹宁勋爵著：《法律的训诫》，杨百揆、刘庸安、丁健译，法律出版社2011年版，第16页。

② ［美］约翰·罗尔斯：《正义论》，何怀宏、何包钢、廖申白译，中国社会科学出版社2001年版，第3页。

③ 夏吟兰：《离婚救济制度之实证研究》，载《政法论坛》2003年第6期，第149页。

④ 我国现有的离婚救济制度主要由离婚经济补偿制度、离婚经济帮助制度、离婚损害赔偿制度三个部分组成。离婚经济补偿制度，马忆南教授称之为家务劳动补偿制度，王歌雅教授称之为家务贡献补偿制度。

一、离婚经济补偿制度出现“皱褶”——当事人维权陷入困境导致夫妻间权利义务失衡

（一）离婚经济补偿制度的现状——夫妻间权利义务失衡

笔者对福建省泉州市中级人民法院（以下简称泉州中院）的离婚案件进行实务考察，并梳理了以下数据：

2011—2013 年泉州中院二审离婚案件情况①

年份	受理案件数（件）	结案数（件）	提起经济补偿案件数（件）
2011 年	112	114	0
2012 年	146	147	0
2013 年	149	140	0

三年共受理 407 个离婚案件竟无一例提起经济补偿。泉州中院民一庭挂牌“维护妇女儿童权益合议庭”已多年，对于没能发挥该制度的功能——维护夫妻权益平衡表示很遗憾。有学者进行调查的资料显示，在厦门市某区人民法院自 2001 年 4 月至 2002 年 12 月所审理的 398 件离婚案件中，仅有一位女性当事人提出了该项请求，但最终因夫妻双方根本未实行分别财产制而未获得法院支持。② 2010 年学者分别对北京、上海、哈尔滨三个城市法院 2008 年审结的离婚案卷进行了抽样调查。在阅卷过程中，没有看到有关家务贡献补偿案件的相关记载。家务贡献补偿制度适用的空缺，耐人寻味。③ 泉州中院民一庭审判人员事后跟当事人及代理人聊起，大多数人表示现阶段不大可能实行分别财产制，也不是很愿意实行，习惯了共同生活共同管理财产，分别财产制不利于家庭关系的稳定，还可能影响夫妻感情。即使夫妻双方约定实行分别财产制，也很少会签订书面协议，只是双方有这一合意而已，提起诉讼之后又无法完成举证责任也是徒劳，大多数代理人表示办理了这么多的离婚案件鲜有提起离婚经济补偿的。该制度似乎只停留在书面上。

① 数据来源于司法信息管理系统，结案数包括旧存，所以出现结案数大于收案数的情况。
② 夏吟兰：《离婚救济制度之实证研究》，载《政法论坛》2003 年第 6 期，第 150 页。
③ 王歌雅：《离婚救济制度：实践与反思》，载《法学论坛》2011 年第 2 期，第 33 页。

我们先从一个案件[①]说起。原告张某宗（男方）与被告曾某玲（女方）经朋友介绍认识后于2009年8月17日登记结婚，双方未按民俗举行婚礼，于同年11月3日开始分居。双方于2010年4月5日生育一子，现随女方生活，女方现无工作，在家里的花店打工。女方曾因婚姻纠纷砸破男方家窗户且到男方家门口烧纸钱并与原告家人发生拉扯。男方于2011年5月向法院提起离婚诉讼，原审法院判决准许双方离婚；并判令婚生子由女方抚养教育，男方应支付子女抚养费81200元（该抚养费男方应于判决生效之日起10日内支付4400元，另自2012年起至2027年止每年5月1日分别支付4800元）。女方不服，提起上诉，请求判决双方不准离婚；若须判决离婚，则男方应按每月1000元一次性支付婚生子抚养费20.3万元，并承担共同债务4万元。

该案件并不复杂，案情也很清楚，如何处理才合乎公平公正？合议庭一直在寻找一种恰当的解决纠纷的方法。现有的法律制度下，案件中的女方既不能以离婚经济补偿获得补偿，因为其无法证明夫妻间实行分别财产制；也不能以离婚损害赔偿获得赔偿，因为其无法证明其丈夫与他人同居，尽管他丈夫与他人生育子女；又不能以离婚经济帮助获得适当帮助，因为其无法证明其依靠个人财产和离婚时分得的财产无法维持当地基本生活水平，无法证明其丈夫现有能力提供帮助，虽然她没有工作还得带孩子。这是我们极不愿意看到的，学者评价如此高的制度似乎没有发挥其立法时所设计的效果，为何？作为婚姻共同体的一方在分担责任的同时却无法分享利益，夫妻间权利义务严重失衡。

（二）现状的反思——法律规定实践性不强导致当事人维权陷入困难

离婚经济补偿制度实际上是出于对社会正义的维护，对夫妻之间权利义务失衡状态的矫正。时隔多年，为何无法很好地发挥该制度的价值，平衡夫妻权益？依《婚姻法》第40条规定，只有实现分别财产制的婚姻当事人离婚时才有权提起经济补偿，而我国的法定夫妻财产制是婚后所得共同制，这一冲突势必导致大部分当事人被挡在正义门外，使这一制度形同虚设。

---

① 详见泉州中院（2011）泉民终字第2301号民事判决书。

1. 补偿条件限于分别财产制过于苛刻

（1）分别财产制与现实不符

该制度要求夫妻书面约定婚姻关系存续期间所得的财产归各自所有。但实践中，却不大可行，当下实行夫妻分别财产制尚属超前。

我国的婚姻财产制受传统的“同居共财”宗族思想影响，夫妻间通常是共同生活共同管理家庭财产的。分别财产制可能影响夫妻感情，不利于家庭的稳定。受“男人以社会为主，女人以家庭为主”的传统性别分工模式①的影响，即使是在女性外出工作并撑起半边天的当下，广大女性仍然是家庭主妇，虽然法律允许双方实行分别财产制，但夫妻选择适用这一授权性规定的较少。2010 年学者对北京、上海、哈尔滨三个城市法院 2008 年审结的离婚案卷的抽样调查中，夫妻财产制主要是婚后所得共同制，占案件总数的 90% 以上②。可见，经济补偿制度的这一规定与现实不符，有所超前。仅仅因为没有实行分别财产制就有大部分当事人被挡在正义门外，被剥夺了接近正义的权利。

（2）共同财产制下，权益失衡靠离婚共同财产的分割得不到矫正

数据显示 72.7% 的已婚者认为，与丈夫相比，妻子承担的家务劳动更多；女性承担家庭中“大部分”和“全部”做饭、洗碗、洗衣服、做卫生、照料孩子生活等家务的比例均高于 72.0%，而男性均低于 16.0%。2010 年城乡在业女性工作日用于家务劳动的时间分别为 102 分钟和 143 分钟，男性为 43 分钟和 50 分钟。可见，夫妻关系存续期间生儿育女、操持家务、相夫教子、赡养父母、辅助丈夫甚至是放弃自我提升的机会成为大部分女性共同的生活写照。数据显示已婚女性中，自己名下有房产的占 13.2%，与配偶联名拥有房产的占 28.0%。没有土地的农村妇女占 21%。一旦离婚，等待大多数女性的便是净身出户的下场。女性为家庭所尽的义务与其所享有的权利是极不对等的。

根据《婚姻法》第 17 条的规定，夫妻在婚姻关系存续期间所得的财

① 全国妇联和国家统计局联合组织实施的第三期中国妇女社会地位调查全国主要数据报告（2011.10.21）显示：有 61.6% 的男性和 54.8% 的女性认同“男人应该以社会为主，女人应该以家庭为主”的观点。本文关于妇女社会地位等相关数据的引用均引自该报告。

② 王歌雅：《家务贡献补偿：适用冲突与制度反思》，载《求是学刊》2011 年第 5 期，第 81 页。

产除《婚姻法》第 18 条规定的财产外，归夫妻共同所有。有人会质疑，夫妻实行共同财产制的情形，就肯定了一方的家务劳动对家庭的贡献，双方本来就有分工，离婚时不是可以分割共同财产获得补偿吗？但是离婚时只能就现有的财产而分配，并不能请求以男方的期待权益进行分配，如果共同财产所剩无几，其权益仍然无法得到保障。特别是根据《最高人民法院关于适用〈中华人民共和国婚姻法〉若干问题的解释（三）》的相关规定，一方婚前取得的财产及婚姻关系期间一方从其父母赠与或继承所得的财产，离婚财产分割时，法院会认定为其个人财产，共同财产的分割已经无力矫正夫妻间的权益失衡的状态。

2. 补偿范围限于家务劳动及协助另一方工作，范围窄，限制了权利的行使

《婚姻法》第 40 条规定，以抚育子女、照料老人、协助另一方工作等付出较多义务的，离婚时可提出经济补偿。现实生活中，为照顾家庭而放弃职业发展或者支持对方深造的情形并不鲜见，法律对补偿范围采取列举式的规定，刚性的条文限制了这一部分当事人权利的行使。

（1）发展机会丧失能否提起经济补偿

以牺牲自身的发展机会为由能否提起经济补偿？现行法律并没有明确规定。数据显示，工作与育儿的冲突影响了年轻母亲参与有收入的社会劳动，城镇与农村 25—34 岁有 6 岁以下孩子的母亲在业率为 72.0% 与 79.7%，比同年龄没有年幼子女的女性低 10.9 个百分点与 6.7 个百分点。18.9% 的在业母亲“有时”或“经常”为了家庭放弃个人发展机会，比男性高 6.5 个百分点。这在法律上权利义务是极不对等的，夫妻间本是共同承担义务分享权益的。《婚姻法》坚持男女平等的原则，保障政治、经济、文化、社会和家庭生活等各方面实现夫妻双方平等。倘若不支持机会丧失的补偿如何能维持夫妻权益的平衡？

（2）支持对方深造能否提起经济补偿

一方以自己的收入维持家庭生活，以自己的收入支持对方深造包括接受教育、培训或者考取相关职业证书。无论离婚时对方是否因此获利，其权益得不到补偿，是极不公平的，特别是在婚姻共同体的财产耗尽乃至背负债务的情况下。一个女子把最美好的时光献给了丈夫，她不仅忠诚还勤勉。不但帮助丈夫操持家务，还抚养了可爱的孩子。不仅靠自己维持家

庭，更帮助丈夫寻求发展。法律如何能对其曾经的“付出”予以漠视呢？仅仅补偿抚育子女、照料老人、协助另一方工作等，付出较多义务反而限制了权利的行使。

如果婚姻关系存续期间，家庭财产因为用于一方的学习、工作、职位的提升、专业执照的获得等原因而所剩无几时，那么，另一方（常常是女性）根据现有的法律所能获得的“照顾”将是十分微薄的。西方学者注意到女性往往成为婚姻中被“系统性剥夺的”对象正是基于这一道理。[①]

3. 补偿标准缺乏评价理论，制约了制度的价值发挥

补偿方式、补偿标准不明确，缺少评价理论，价值衡量标准不清晰，即使可以主张权利，如何进行补偿呢？法律并没有规定，司法解释也未作细化，缺乏指导性的和明确的标准是导致司法难题的重大原因。是否只有金钱补偿一种方式呢？如果一方没有居所，可否用房屋的使用权或者其他的期待收益进行补偿呢？标准又该如何确定呢？有学者提出，离婚经济补偿缺乏明确的标准是导致离婚经济补偿理论不清和司法实践困难的主要原因[②]。立法之后，等待法官们的是更艰难、更复杂、更细致的工作。

如果法官因找不到明确的标准，当事人也无法举证其损失是多少而被驳回。法官拒绝裁判，这又变相地侵害了当事人的诉权。法律规定过于简单，实践性不强，妨害了该制度从“书面上的法律”变为“行动中的法律”。

二、离婚经济补偿制度熨平法则：以实现公正为导向解释法律，维持当事人之间权利义务的平衡

笔者在上文指出离婚经济补偿制度出现了“皱褶”，并阐述了妨害该制度价值发挥的原因。“作为法官的基本信念是，法官的真正作用就是在他的当事人之间做到公正。”[③] 法官该如何实现公正，“法律编织物”不平

① 参见苏力：《冷眼看婚姻》，载李银河、马忆南主编：《婚姻法修改论争》，光明日报出版社1999年版，第44—48页。

② 郁光华：《从经济学视角看中国的婚姻法改革》，载《北大法律评论》2007年第2辑，第424页。

③ ［英］丹宁勋爵：《家庭故事》，刘庸安译，法律出版社2000年版，第226页。

整，出现“皱褶”时，不能也不应舍弃它、改变它，只能将其熨平，并以实现公正为导向解释法律，维持当事人之间权利义务的平衡为熨平的法则。

（一）法官不得拒绝裁判

对于案件法官只能选择法律实现公正而不能因找不到标准而拒绝裁判。《法国民法典》第4条规定，法官借口法律没有规定或者规定不明确、不完备而拒绝审判者，得以拒绝审判罪追诉之。① 民事诉讼应当为当事人提供实现其权利的机会，在实现定分止争中维持矫正社会秩序、法律秩序。学界通说，诉权就是当事人向人民法院起诉和应诉，请求法院以国家审判权保护其实体民事权益的权利。② 以没有明确的补偿标准而驳回当事人诉求的，也是拒绝裁判的行为，侵犯了当事人诉权，又与法律秩序价值不符。

对于“法律编织物”的“皱褶”我们只能改造而不能改变，立法机关制定的法律法官只能选择适用，如果说遇到无法实现公正的法律呢？“如果有任何妨碍实现公正的法律，那么法官所要的全部本分工作就是合法地避开——甚至改变——那条法律”。③ 当然我们无法改变那条法律，我们只能服从甚至坚持它。哈罗德·J. 伯尔曼说过：“法律必须被信仰，否则它将形同虚设。”④ 倘若连我们都唾弃它，如何让公民遵守它呢？如果我们无法避开那条法律的话，唯一能做的就是将“皱褶”熨平，在当事人面前实现公正。

（二）公正的价值标准：权利义务平衡

法与正义、公正（justice）总是如影随形。德国法律思想家古斯塔夫·拉德布鲁赫认为法律必须是良法，正义是法律的理念和绝对价值。美国哲学家约翰·罗尔斯认为正义是社会制度的首要价值，其提出的两个正义原则是一种可以表述如下的更一般的正义观的一个专门方面：所有社会价值——自由和机会、收入、财富、自尊的基础——都要平等地分配，除

① 本文关于法国的立法均引自罗结珍译：《法国民法典》，北京大学出版社2010年版。
② 常怡主编：《比较民事诉讼法》，中国政法大学出版社2002年版，第139页。
③ ［英］丹宁勋爵：《家庭故事》，刘庸安译，法律出版社2000年版，第226页。
④ ［美］伯尔曼：《法律与宗教》，梁治平译，中国政法大学出版社2003年版，第1页。

非对其中的一种价值或所有价值的一种不平等分配合乎每一个人的利益。[①]根据如是正义观，不能使所有人得益的不平等就是不正义了。

亚里士多德认为，正义存在于“某种平等”之中，强调平等是正义的尺度。亚里士多德对矫正正义（corrective justice）和分配正义（distributive justice）做了区分。关于分配正义，其认为应该按照比例平等原则把这个世界上的事物公平地分配给社会成员。[②] 关于矫正正义，其认为如果社会的一名成员侵犯了另一个社会成员的权利、特权和财产权，那么矫正正义就要求偿还属于受害者的东西或对他的损失予以补偿。[③] 分配正义所关注的是在社会成员或全体成员之间进行权利、权力、义务和责任配置的问题。[④] 当一条分配正义的规范被一个社会成员违反时，矫正正义便开始发挥作用，因为在这种情况下，要求对过失作出赔偿或剥夺一方当事人的不当得利，就势在必然了。[⑤] 博登海默认为，亚里士多德关于分配正义与矫正正义的范畴，为各人应得的归于各人的原则在政治行动和社会行动中进行检验指出了主要的检验场域。[⑥] 分配正义要求给予每个人以其应得的东西，正是存在着权利义务的不平等才有了矫正正义。

（三） 以实现公正为导向对法律进行解释

如何解释法律呢？这是摆在法官面前的重大任务。笔者主张，在遵循立法宗旨的基础上，以实现公正为导向而解释法律，平衡当事人之间的权利义务关系为“熨平法则”，将“皱褶”熨平。

---

① ［美］约翰·罗尔斯：《正义论》，何怀宏、何包钢、廖申白译，中国社会科学出版社2001年版，第62页。

② 从正义这一概念的分配含义来看，它要求按照比例平等原则把这个世界上的事物公平地分配给社会成员。相等的东西给予相等的人，不相等的东西给予不相等的人。亚里士多德为平等提出的衡量乃是价值与公民美德。——参见［美］E. 博登海默：《法理学：法律哲学与法律方法》，邓正来译，中国政法大学出版社2004年版，第262—263页。

③ 参见［美］E. 博登海默：《法理学：法律哲学与法律方法》，邓正来译，中国政法大学出版社2004年版，第263页。

④ 参见［美］E. 博登海默：《法理学：法律哲学与法律方法》，邓正来译，中国政法大学出版社2004年版，第279页。

⑤ 参见［美］E. 博登海默：《法理学：法律哲学与法律方法》，邓正来译，中国政法大学出版社2004年版，第281页。

⑥ 参见［美］E. 博登海默：《法理学：法律哲学与法律方法》，邓正来译，中国政法大学出版社2004年版，第278页。

1. 遵循立法宗旨

离婚经济补偿制度在于对夫妻之间权利义务失衡状态的矫正，也是公正在离婚领域的表现。离婚经济补偿制度旨在调整因实行分别财产制可能导致的夫妻财产权益失衡状态，保障家务劳动及为另一方工作提供协助付出较多的一方配偶的权益。在具体的法律适用过程中仍然应该坚持这一立法宗旨，处理好财产权益对于离婚处理好双方的关系至关重要，否则又将因离婚导致更大的矛盾，遭受更大的创伤。

2. 结合立法作整体解释，实现双方权利义务平衡

根据分配正义和矫正正义的规则来检视现实情况。分配正义要求给予每个人以其应得的东西。我们应结合《婚姻法》的其他条文作整体解释，不应仅限于该条条文。《婚姻法》规定实行婚姻自由、一夫一妻、男女平等的婚姻制度。要求保障妇女的合法权益，促进男女平等。真正做到给予每个人以其应得的东西，应在政治上、经济上、文化上、社会上和家庭生活等各方面实现夫妻双方平等。《婚姻法》规定夫妻双方有互相扶养的义务，对子女均有抚养教育的义务。但当下对家庭贡献较多的仍然是女方，基于家庭的考量其很多权利得不到实现，离婚时权益也得不到平等的保障。这正是立法者为矫正权利义务的不平等而设置的离婚经济补偿制度，但是立法者可能考虑不到当下遭遇的困境。矫正正义通常是权利受到侵害时的救济，由司法机关通过法定的救济手段的判决得以矫正，给予弱者应有的补偿才能实现公正。具体案件中，公正的实现应该站在弱者的角度，保障其失去的权利得以实现或进行补偿。让另一方作出适当的补偿就是法官的义务，何为适当呢？适当仍然需要考虑到双方权利义务的平衡，维持双方权益的平衡。补偿方式的选择上可参照婚姻家庭法律的其他规定。

3. 具体案件中权利义务平衡的考量

公正如何实现？个案中需要在夫妻双方之间作权益的权衡。本文开头提到的案件比较简单，需要考量的有婚姻关系存续的时间、夫妻双方的职业资历与状况、为了抚养子女所花费的时间及其产生的后果。（1）上诉人与被上诉人婚姻关系存续期间短暂，期间被上诉人没有扶养经济条件较差的上诉人。（2）由于上诉人离开夫家两年多，其间养胎、生育、抚养孩子一年多等确需较多费用，被上诉人没有尽到抚养孩子的义务，上诉人独自承担了较多的义务。（3）上诉人与被上诉人没有书面约定实行分别财产

制，夫妻在婚姻关系存续期间所得的财产除《婚姻法》第18条规定的财产外，归夫妻共同所有。被上诉人婚前购置的房产为其个人财产，本案中夫妻双方没有共同财产可以分割，其对家庭的付出无从获得补偿。（4）上诉人并非无其他从业能力而选择做家庭主妇，而是为了照顾子女而放弃工作，就近选择在家里的花店打工。对其职业发展也是有所影响的。

由于上诉人没有提起经济补偿，我们也不能自行给予经济补偿。对上诉人与被上诉人权利义务及其不平衡的状态如何矫正？为保障上诉人的权益，合议庭酌情支持其抚养费的上诉主张，根据子女的实际需要，以及父母双方的负担能力和当地的实际生活水平，本案提高了抚养费的标准以补偿其生育、抚养子女的支出，给予其适当的补偿，维持夫妻双方权益的平衡。

三、离婚经济补偿制度“皱褶”之熨平：制度之矫正以彰显公正为圭臬

如何运用“熨平法则”，将“皱褶”熨平？如何在现有的制度框架下更好地矫正该制度，给予另一方该得的利益呢？笔者建议以司法解释的形式来完善。

（一）放宽离婚经济补偿的条件、范围

1. 允许实行夫妻财产共同所有制的情形提起经济补偿

域外类似我国经济补偿制度的立法，并不要求实行分别财产制。法国在其《民法典》第270条规定了补偿性给付制度，其目的是尽可能补偿因婚姻关系中断而造成的双方各自生活条件上的差异。英国有辅助性救济制度，英国议员尼克尔勋爵指出“辅助性救济的目的在于使法院对离婚双方作出公正的财产分配。”[①] 法院在作出辅助性救济的相关判令时必须斟酌案件全部情况，1973年《婚姻诉讼法案》第25条第2款f项规定婚姻各方已经或在可预见的将来对家庭幸福作出的贡献，就考虑到一方家务劳动及抚养子女的付出。美国在《统一婚姻财产法》的影响下，普遍性地确认了婚姻财产公平分割法，有两项决定适用公平分割法的参考因素体现出部分

① ［美］凯特·斯丹德利：《家庭法》，屈广清译，中国政法大学出版社2004年版，第170页。

救济色彩，一是对家庭主妇劳动的考虑，二是对他方接受教育或培训所作的贡献。[①]

我国离婚经济补偿适用条件宜放宽，不应限于分别财产制，否则现阶段就只能存于纸面上而得不到适用，其立法宗旨也得不到实现。将条件放宽至实行夫妻财产共同所有制的情形，能更好地保障权利义务的平衡，特别是夫妻共同财产的分割无力矫正权利义务失衡的情形。

2. 允许以机会丧失或支持对方深造为由提起经济补偿

因家庭中断职业发展的，对所丧失的机会予以补偿，才能真正做到给予每个人以其应得的东西，彰显男女平等的制度价值。

法国补偿性给付制度中，《法国民法典》第271条要求法官应该考虑的情况中有一项就是夫妻一方在共同生活期间为子女教育所花费的时间，以及仍须负担子女教育的时间，或者为了配偶的事业而牺牲自己的事业作出职业选择而产生的后果。德国离婚后抚养制度中，根据《德国民法典》[②]第1575条的规定，如果一方出于对婚姻的期待或在婚姻持续期间未接受或中止了学校教育或职业教育，则在其为获得能够持续保证其生活费的适当就业，并且可以期待培训能够成功结业而尽快接受前述教育或一项相应培训的情形，可以向婚姻另一方要求生活费。

英国法院在最近几年又发展了一些新的原则调整法院的自由裁量权。在2006年的Miller诉McFarlance案中，法院认为有三项重要的原则：分别是需要原则、公平原则和补偿原则。Hale在Miller诉McFarlance案中指出，法院不仅考虑离婚时的公平，同时也考虑可预见的将来的公平。当一方配偶因为抚养未成年子女而放弃职业机会，同时帮助另一方在事业上取得巨大的优势、具有更强的赚钱能力时，这种未来的不平等会更加明显。[③]

域外都对此持肯定的意见。我国离婚经济补偿范围宜扩大至机会丧失和支持对方深造等情形。夫妻一方因家庭原因而牺牲了自身的发展机会，

---

① 夏吟兰：《美国现代婚姻家庭制度》，中国政法大学出版社1999年版，第269—270页。

② 本文关于德国的立法均引自郑冲、贾红梅译：《德国民法典》（修订本），法律出版社1999年版。

③ Herring Jonathan，Family Law，Edinburgh：Pearson Education Limited，2011，pp. 232—238. 转引自陈苇、石雷：《离婚救济法律制度的创新思路》，载《社会科学辑刊》2013年第1期，第54页。

夫妻一方为对方的事业或学业作出了特殊的贡献，大大超过了其应尽的义务，有权请求对方给予补偿。

（二） 充实离婚经济补偿的方式、 标准

如果说立法机关规定以补偿作为救济手段，那么法官的义务就是在案件中给予适当的补偿。不适当的补偿只会带来一种新的侵害：补偿过头了，只会导致接受补偿的一方好逸恶劳，影响其在社会中自立；得不到适当的补偿又无法矫正权利义务失衡的状态。

1. 扩大补偿方式，赋予当事人自由选择权

我国实务界普遍认为补偿限于现金补偿。现金补偿对于被补偿的一方来说，具有快捷、及时的特点；对于支付的一方也方便直接。一次性支付特别是对于矛盾较多具有信任危机的夫妻双方之间有利于今后各求发展，但是给支付的一方带来过大的经济压力。

国外的补偿方式并不限于现金补偿，如《德国民法典》第 1575 条第一项规定，如果一方出于对婚姻的期待或在婚姻持续期间未接受或中止了学校教育或职业教育，则在其为获得能够持续保证其生活费的适当就业，并且可以期待培训能够成功结业而尽快接受前述教育或一项相应培训的情形，可以向婚姻另一方要求生活费。该请求权存在期间最长只到一项此种培训的一般的结业时间；在此应对因婚姻所导致的教育上的延误予以考虑。

宜扩大补偿的具体方式，并赋予当事人自由选择权。公正与否应从被补偿者的角度出发，给予其所需，才是最好的矫正正义。允许补偿权利人选择补偿的方式，现金补偿义务人负担较大，申请分期支付的，为保障权利人的权益义务人应提供担保。对于没有住房的一方，可否要求另一方以房屋的使用权来补偿呢?《最高人民法院关于适用〈中华人民共和国婚姻法〉若干问题的解释（一）》第 27 条第 3 款关于离婚经济帮助的方式规定，“离婚时，一方以个人财产中的住房对生活困难者进行帮助的形式，可以是房屋的居住权或者房屋的所有权。”离婚经济补偿可以借鉴这种方式。以丧失发展机会为由提起的，可借鉴德国经验，通过支持培训、进修或转职教育的方式进行补偿。该教育应与婚姻存续期间中断或放弃的教育相同或相当，否则补偿就不适当了。

2. 补偿标准

补偿数额的确定是审判实践的一大难题，如果实现量化，对于提高司法效率和限制自由裁量权都大有裨益。也不宜过于根据条条框框的标准，否则就限制了自己，只会自寻烦恼。英国坎贝尔勋爵在日记中，就写到自己在婚姻诉讼的审判权从宗教法院移交给当时建立的民事法院的问题中，给自己制造了一个弗兰肯斯坦怪物①。我们也应该警醒，切不可给自己制造弗兰肯斯坦怪物，以离婚纠纷庞大的案件数，这个怪物足以大得惊人。而应根据全部案情综合考虑双方的权益平衡作出公正的判决，不能简单适用某一标准。用英国著名法理学家爱德华·科克的话说，"用轻率易变的裁量之绳代替庄重正直的法律之权杖"②。家务劳动不同于一般的市场劳动，婚姻中已经赋予了其感情等特殊的因素，简单用家政的标准进行衡量明显是不妥当的。在英美，20 世纪后期曾经就如何衡量家务劳动生产价值提出过几种解决措施，但实践证明几种措施都是无法良好施行的。③ 因职业机会的丧失提起的经济补偿更是难以准确地作出衡量。这也是困扰着法学家和经济学家的疑难问题。

我们可以借鉴法国的补偿性给付的规定④，要求法官斟酌全部案情综合考虑以下因素作出公正的判决，需要作如下考量。

（1）婚姻关系持续的时间。一般将少于 3 年的认定为婚姻关系持续期间短暂。婚姻关系持续期间短暂与婚姻关系持续期间长，其对家庭付出的

---

① 英国女作家雪莱的小说《弗兰肯斯坦》中的主人公。"弗兰肯斯坦怪物"被人们比作自己所创造反而毁灭自己的恶魔，意思是自找的烦恼。在英国的社会史上，1857 年标志着一个转折点，婚姻诉讼的审判权从宗教法院移交给当时建立的民事法院。民事法院有了宣布解除婚约，允许双方再婚的离婚裁决的权利。不过允许离婚的唯一理由是通奸。在男女双方又有所不同。妻子与人通奸不足以成为能够离婚的理由，除非还伴有虐待或遗弃两年以上等行为。结果在执行这一法令的第一年，发生了 300 起离婚案。——转引自［英］丹宁勋爵：《法律的界碑》，刘庸安、张弘译，法律出版社 2011 年版，第 233 页。

② ［英］丹宁勋爵：《法律的正当程序》，李克强、杨百揆、刘庸安译，法律出版社 2011 年版，第 249 页。

③ 参见［美］詹妮特·A·克莱妮编：《女权主义哲学》，李燕译校，东方出版社 2006 年版，第 279 页。

④ 根据《法国民法典》第 271 条规定，补偿性给付，按照受领方的需要以及另一方的收入情况确定，但是应当考虑夫妻离婚时的情况以及在可预见的将来此种情况的变化。为此，法官尤其应考虑以下情况：婚姻关系持续的时间、夫妻双方的年龄与身体状况、夫妻双方的职业资历与状况、夫妻双方各自的退休金状况，等等。

时间、感情是不一样的。时间越长，放弃个人发展的一方所损失的权益愈大，其在社会上发挥自己的潜在价值、实现自我也愈发艰难。故应当区别婚姻关系持续的时间。

（2）夫妻双方的年龄与身体状况。长期家庭负担重也侵害着身体健康，长年劳累随着年龄增长身体健康状况遭受的损害愈大。对于年龄不大的一方，有更多的机会获得工作或积蓄财产；年龄越大，对放弃个人发展的一方而言，其学力有限越难在社会上自立，其所获得的机会也越少，越难谋求自我发展。故需要考虑夫妻双方的年龄和身体状况。

（3）夫妻双方的职业资历与状况。鉴于平衡工作和家庭存在困难，应当区分全职的家庭主妇与在业的家庭主妇。区分因没有其他从业能力而选择做家庭主妇的与为了家庭而放弃职业发展的。

（4）夫妻一方在共同生活期间为抚养教育子女、照料家庭所花费的时间，或者为了家庭、配偶的事业而牺牲自己的事业作出职业选择而产生的后果。区分婚姻关系有无子女，以及抚养教育子女、照料家庭所花费的时间作出不同的补偿。特别是工作与家庭的冲突影响一方参与有收入的社会劳动时，甚至是为了家庭放弃个人发展机会的。

（5）双方现有的和可预计的以资本与收入计算的包括财产、夫妻双方现有的和可以预计的权益。取得执业资格或证书等，可能现行并没有产生财产利益，但知识经济时代的当下其蕴含着潜在的权益，甚至是巨大的利益。需要对一方的经济状况作出全面考虑，将其依法可获得的经济利益考虑在内，乃至对将来赚钱的能力进行估计并尽可能接近于现在作出贡献一方的付出。

这有赖于法官的自由裁量，作出权利义务平衡的判决，以最大化发挥该制度的价值，维护婚姻家庭正常秩序，维护社会公平正义。

余　语

经济补偿数额的确定是审判实践的一大难题。法官只能斟酌全部案情，作出尽可能接近于现在作出贡献一方的付出的补偿，以平衡双方的权利义务。对家务劳动及其发展机会如果有一个合理的评价机制，倘若可以采用相对量化的标准，对司法公正和司法效率都大有裨益。笔者意在抛砖引玉，希望更多的学者和法律实务者更多地关注、研究经济补偿制度，提出解决问题的新思路，以维护婚姻家庭领域的公正，促进互信、互助、和谐的婚姻关系的发展。

（此文获评全国法院系统第二十六届学术讨论会二等奖）

难分的“情债”：夫妻共同债务认定问题浅析
——以“同案不同判”案例为视角切入

彭诗平（福建省安溪人民法院）

摘要：夫妻共同债务认定上的同案不同判目前已引起高度关注。本文通过引用两个案例直观呈现了夫妻共同债务认定问题上法律适用的矛盾，并以这两个案例为切入点分析同案不同判的成因，同时在结合相关调研数据的基础上进一步浅析夫妻共同债务认定中存在的认定标准不统一、举证责任不合理、不科学、证明待证事实难度大等主客观因素，最后期待在统一认定标准及明确举证责任分配的基础上通过增设日常家事代理权制度、大额举债共同签字制度、夫妻财产约定公示制度等，实现既保护债权人利益又保护夫妻双方利益的双赢。

关键词：夫妻共同债务　认定标准　举证责任　分居债务

我们必须永远牢记，创造规则和概念的目的乃是为了应对和满足生活的需要，而且我们必须谨慎行事，以免毫无必要地、毫无意义地强迫生活受一个过于刻板的法律制度的拘束。①

——E. 博登海默

① ［美］E. 博登海默：《法理学：法律哲学与法律方法》，邓正来译，中国政法大学出版社2004年版，第242页。

一、问题的提出：同案不同判的法律尴尬

案例一：陈小青与郭先梅、罗春华民间借贷纠纷一案①

2012年9月12日，罗春华以与他人做生意为由，向陈小青借款10万元，并出具借条。此后，罗春华未依约向陈小青偿还借款本息。罗春华与郭先梅原系夫妻，于2012年12月25日协议离婚。陈小青以该债务在罗春华、郭先梅婚姻关系存续期间为由，向法院起诉要求二人共同偿还该款，法院支持了其诉讼请求。判决生效后，郭先梅申诉认为案件判决处理有错，提出再审申请。

一审法院再审认为：郭先梅没有在借条上签字，也不认识陈小青，而借款10万元已超出日常家庭生活的需要，陈小青未能举证证明此笔借款用于夫妻共同生活或共同生产经营开支，因此该债务并非夫妻共同债务，改判罗春华一人承担。陈小青不服再审判决，提起上诉。

裁判结果：二审法院认为，本案借款形成于罗春华与郭先梅夫妻关系存续期间，婚姻法及司法解释规定了债务人或其配偶对两种不属于夫妻共同债务情形的举证责任，如其不能举证，则推定该债务属于夫妻共同债务。因此，郭先梅应当举证证明陈小青与罗春华明确约定过借款为罗春华个人债务，或者郭先梅与罗春华约定过财产归各自所有及债权人知晓的情况，但郭先梅未能举证证明，因此改判郭先梅、罗春华共同偿还该债务。

案例二：韩玖山与杨海荣、陈晓威民间借贷纠纷一案②

陈晓威分别于2014年8月13日、12月5日向杨海荣借款50万元和20万元，口头约定月利二分，并支付利息至2016年9月5日，此后未能偿还。陈晓威与韩玖山系夫妻。杨海荣因此向法院起诉，要求二人共同偿还该债务。一审法院认为，借款发生在二被告婚姻关系存续期间，韩玖山未能举证证明债权人与债务人明确约定为个人债务，未能证明二人对婚姻

① 详见湖南省郴州市中级人民法院（2016）湘10民终1860号民事判决书。
② 详见吉林省辽源市中级人民法院（2017）吉04民终184号民事判决书。

关系存续期间所得的财产约定归各自所有及债权人知道该约定，所以应按夫妻共同债务处理，判决二人连带偿还借款。

韩玖山认为陈晓威收到杨海荣借款后即转给他人，并未将借款用于家庭生活，该债务不是夫妻共同债务，遂提起上诉，要求改判。

裁判结果：二审法院认为，婚姻法第41条中规定，离婚时，原为夫妻共同生活所负的债务，应当共同偿还。杨海荣提供借款和陈晓威向杨海荣借款的目的，都是通过陈晓威将借款转借给他人谋取利息，陈晓威并未将借款用于夫妻共同生活。因此，借款虽然发生在陈晓威和韩玖山夫妻关系存续期间，但并不是共同生活所负的债务，韩玖山不应承担还款责任，因此改判由陈晓威偿还债务。

小结：上述案例的争议焦点其实是在民间借贷案件中对借款是否属于夫妻共同债务的认定问题。上述案件仅仅是我国民间借贷案件中的沧海一粟，但却直观地展现出在夫妻共同债务认定问题上司法实践当中出现的混乱局面。笔者对中国法律应用数字网络服务平台（法信）中收录的二审裁判文书进行筛选，以民间借贷为案由，在“本院认为”条件栏以“夫妻共同债务”为关键词，并在结果中选择“胜诉”（即二审改判），数据显示仅2014年6月至2016年4月间此类案件竟多达5597件。同案不同判的现象频频出现，不仅造成了司法资源的浪费，更是对法院审判权威和公信力的冲击。

二、个案分析：同案不同判的成因

根据司法实践反映的情况来看，在夫妻共同债务的认定问题上，我国虽然通过婚姻法以及相关的司法解释为各承办人提供了裁判的依据，但法官们在认定夫妻共同债务问题上，观念及思维方式的不同导致同案不同判的现象时有发生，甚至出现如上案例中历经一审、再审、二审而裁判结果截然不同的情况。下面笔者将结合本文开篇时所引用的案例进行分析，探寻司法实践中关于如何认定夫妻共同债务口径不一的成因。

1. “二元论”引发的混乱。在案件审理过程中，债务的用途以及例外情况的举证情况成为了是否认定夫妻共同债务的主要因素。婚姻法第41条要求夫妻共同债务应当以共同生活为目的，其实质就是“目的论”。该理论主张夫妻共同债务应当是夫妻双方或一方为了共同生活的借债，而不必考量该借款是否处于婚姻关系存续期间。也就是说，只要该笔债务是用于婚后夫妻共同生活，即便是一方婚前所借款项，那么同样认定为夫妻共同债务。而婚姻法司法解释（二）第 24 条以“婚姻时期，两种例外情况”的模式来对夫妻共同债务进行认定。该规定认为，配偶中非举债一方须证明举债方在与第三人达成债权债务关系之时就明确约定此为其个人债务，或者是第三人知悉配偶之间的财产约定情况，否则只要是债务存在于夫妻关系存续期间就认定为夫妻共同债务，其实质乃“推定论”。

上述判断标准在司法实践中操作起来是有瑕疵的，“推定论”仅以时间节点为考量而忽视了一方为满足自己的私欲进行借债的可能，若仅凭借款时间将此类债务判定为共同债务，不仅与“目的论”所要求的夫妻共同债务必须用于夫妻共同生活相矛盾，也明显有失公平。而司法实践中，由于指导理论的不同、观念的差异加之缺乏统一的标准，导致各承办法官在是否认定夫妻共同债务上差异明显，也因此造成同案不同判，严重损害了债权人及夫妻非举债方的合法权益。

案例一历经三次审理，裁决案件所根据的事实理由却不相同，一审再审中，法院认为郭先梅对其丈夫罗春华的举债行为并不知情，也未对该债务进行追认，而且陈小青未能举证证明罗春华将借款用于夫妻共同生活当中，因此不认定是夫妻共同债务，采用的是“目的论”标准。而二审当中，承办法官认为借款行为发生在郭先梅与罗春华婚姻关系存续期间，且郭先梅又不能举证证明借款存在法律所规定的认定标准的例外情况，因此认定为夫妻共同债务，采用的是“推定论”标准。而案例二中一二审所呈现的情况正好与案例一相反。两个案例直接暴露出缺乏统一的认定标准就难以实现同案同判，而这极有可能导致不公平、不公正，既损害当事人权益又损害司法权威。

2. 举证规则分配不统一。婚姻法司法解释（二）第 24 条更侧重保护交易安全，此举虽避免了夫妻通过虚假离婚规避债务的行为，强化了对债权人利益的保护，但该证明规则没有能够为夫妻非举债一方考虑，忽视了未举债一方举证例外情况的难度。现实生活中，由于证明待证事实的难度太大，非举债一方通过举证例外情形免除责任的情况鲜有出现。很多学者都对夫妻间共同债务提出了质疑，其中学者何焕锋提出了这样的想法，

“在结婚后生活时期一方单独发生的借款行为，如果借款人主张返还借款的权利时，一般确定为是个人债务，但如果满足债权人举证证明夫妻非借债一方知道或者是对该债务应经追认条件下，可以认定为共同债务”。[①] 而婚姻法第41条的认定标准实际上将举证责任全部交由债权人，由于婚姻生活的私密性，让一个局外人也就是债权人去证明债务人的借款用于共同生活或者经营也同样困难重重。

3. 证明待证事实的难度大。如果说“二元论”的冲突和举证责任分配不一属于主观因素的话，证明待证事实的难度就是导致同案不同判的客观因素。由于民间借贷是借贷双方的合同行为，具有合同相对性的特征，而婚姻生活又具有私密性，二者交织存在为揭开债权债务关系的真实面纱增加了难度，任何一方都难以有力证明其主张，这也导致了在同一个案件中举证分配的不同将得到不同的答案。

三、深层透析：同案不同判的本质

通过上述案例的简要分析，我们可以发现要想解决同案不同判的问题，揭开夫妻共同债务认定的神秘面纱，应该透过现象看本质，抓住问题的主要矛盾，以此为基础才能有针对性地提出完善建议加以解决。而笔者认为，造成同案不同判的深层次原因主要有以下几个方面。

（一）范畴界定不具体

在目前的法律法规中，仅有婚姻法司法解释（二）对夫妻共同债务的清偿责任和清偿方式作出了一个概括性的规定，缺乏相应的法律法规对共同债务的范畴给予清楚明晰的界定，因此在案件审理过程中，各承办法官更青睐于直接根据司法解释作出相应的裁判。而公平是绝大多数国家在婚姻法律法规制定中所追求的。“关于夫妻之间财产关系的相关规定必定符合这一价值取向；我国婚姻法的各项立法规定也是以婚姻生活的本质为出发点，在界定共同生活的标准时与民事权利和民事义务的对应性相吻合”。[②] 婚姻法第41条就是以此为出发点，更侧重保护夫妻未举债一方的

① 魏小军：《论我国夫妻共同债务推定规则》，载《昆明理工大学学报（社会科学版）》2009年第11期，第124页。

② 《法国民法典》，罗结珍译，北京大学出版社2010年版，第25—27页。

权益，而婚姻法司法解释（二）则从维护交易安全，保护市场交易的角度出发，更侧重维护债权人的权益。但其核心要义恰恰又与家事代理权制度不一致。家事代理权，是指“夫妻双方中的任何一方基于日常的家庭事务与第三人发生一定法律行为时，能够代替对方处分权利的权利，其行为后果应当由夫妻双方共同承担，受法律的约束”①。建立在表见代理基础上的家事代理权是夫妻享有的特殊权利，它是基于双方缔结婚姻关系，并共同生活所带来的。但有别于一般意义上的表见代理的是，家事代理有严格的适用限制，超出共同生活以外的代理行为只能看其是否符合表见代理的规定而不再适用家事代理。若仅仅依据债务发生的时间而罔顾债务发生的目的，既显失公平，也明显与家事代理制度相悖。

对于夫妻共同债务范畴的难以统一界定，也直接体现在法院的裁判上。根据国双司法大数据中心的调研显示，法院认定为个人债务的案件中，约68%的案件法院认定借款非用于夫妻共同生活；约36%的案件法院认定有证据证明夫妻无举债合意。其中近20%的案件债务发生于非婚姻关系存续期间；约20%的案件法院认定夫妻已分居且对举债不知情。约12%的案件因借款金额巨大，超出家事代理权且原告无证据证明用于夫妻共同生活。② 虽然以上数据体现的是认定为个人债务的占比，但也从反面说明了夫妻共同债务认定范畴界定的混乱。

（二）举证规则不明确、不合理

由于法律的稳定性导致其无法对现实生活中出现的新问题、新情况进行及时调整，出现了法律规范的相对滞后。在对于夫妻共同债务的认定问题上，由于现行法律规范没有明确规定举证责任归属，只能由法官依据相关的法律原则和审判经验进行自由裁量，作出他们认为合理的责任分配。那么实践中由谁来承担夫妻共同债务认定的举证责任呢？根据中国裁判文书网多重关键词搜索显示，从2014年到2016年，涉及夫妻共同债务的民

---

① 顾晓静：《夫妻共同债务的认定及立法完善的思考》，复旦大学2012硕士毕业论文。

② 国双司法大数据：《18万份裁判数据披露夫妻共同债务司法认定实情》，载于https：//mp. weixin. qq. com/s? _ biz = MzUxNTAwOTUyOA = = &mid = 2247483852&idx = 1&sn = 0bacb5dee1cf781d7a372ae2c8f34bb7&chksm = f9bc7f5bcecbf64d8dd627cc7b96bd8d3c7bc4fa25ebf7ab93ce5e18508598ad00b3c6a13534&mpshare = 1&scene = 1&srcid = 0624UTIRD4LBCZdicyI2phoe&pass_ ticket = hBZYA4tdCHvkA71wN7XNA1T%2FQrMp5F99aAuTA72CHWalTpTwmwLZcoE%2Fip6sTeeg#rd，于2017年6月20日访问。

间借贷案件中同时援引婚姻法第41条和婚姻法司法解释（二）第24条的占比三成，援引婚姻法第41条的占比一成，援引婚姻法司法解释（二）第24条的占比高达六成。援引不同法律依据的背后显示的正是举证责任分配的不同。

而学术界对此也是众说纷纭。“有人认为，应当由主张为夫妻共同债务的一方当事人来承担此举证责任，因为他们更清楚债务关系发生的目的，意即离证据最近，符合公平原则；还有人认为，一般情况下，应当由举债一方当事人承担借款事实的举证责任，只有在其举证不能的情况下转而由债权人进行举证。”① 而我国民事诉讼法确立的一般举证规则为“谁主张，谁举证”。根据该规则，若债权人主张债务系夫妻共同债务，那么必须提供证据加以证明，否则应承担举证不能的不利后果。但婚姻法司法解释（二）第24条仅要求债权人能够证明在债务人夫妻婚姻关系存续期间其将资金出借给其中一方，那么该债务就将被直接认定为夫妻共同债务，除非未举债方有相反证据能够推翻。虽然此举的目的在于保护交易安全，但也加重了配偶中未举债一方的举证责任。婚姻法司法解释（二）第24条的认定标准，无条件保护债权人，不区分债权人的善意和恶意，不但破坏了交易安全，还为夫妻恶意举债提供了条件，使得非法债务合法化；不仅保护了恶意债权人，还保护了“莫须有”的假债权人。②

（三）司法解释不充分、不到位

司法解释在指导司法实践中发挥了重要的作用，但是由于其特有的针对性，无法完全填补法律的空白，且有些规定不充分、不到位，存在一定的争议。其中婚姻法司法解释（二）第24条实行以来就一直备受争议。仅2014年以来，最高人民法院出台补充性意见或由高级别的业务庭法官、专职委员出面解释至少有6次之多，显示最高人民法院对“24条”问题也有所察觉。③ 最高人民法院在2017年2月出台了婚姻法司法解释（二）的补充规定及相关通知也可见一斑。而日常家事代理权制度在婚姻法中

① 周姝：《论夫妻共同债务确认制度的完善》，载《法治研究》2009年第9期，第232页。

② 王礼仁：《〈婚姻法〉解释（二）第24条的三大错误与三大伤害》，载北大法律信息网，https：//www. baidu. com/link？url = dn_ ivGMXjkbTrLyUnc2oSqGFrjhuRNtYUjSqGg，于2017年5月7日访问。

③ 彭云、李秀萍：《尽快调研早日废除 重构夫妻债务规则》，载 http：//www. zgbfxw. com/article－32394－1. html，于2017年6月20日访问。

的规定过于概括，未能真正明确该制度的内涵和外延，相关的司法解释也未能进行有效补充，在司法审判实践中，难以发挥其应有的作用。在相关法律规范无法在短时间内填补完善的情况下，司法实践迫切需要更为充分、到位的司法解释来指导案件的审理，实现同案同判，维护法律的权威。

四、完善建议：同案同判的实现途径

（一）统一夫妻共同债务的认定标准

由于法律层面缺乏对夫妻共同债务的认定标准，导致在审判实践中冲突和矛盾不断，同案不同判大量存在，对夫妻共同债务的认定标准予以明确显得尤为必要。笔者认为，男女双方是在相识、相处的过程中产生强烈的情感共鸣而决定走进婚姻殿堂开始共同生活。他们在自愿的基础上建立新的家庭，并共享家庭温暖，共担家庭风险。一般来说，配偶双方共同生活是家庭生活的常态，但这并不能排除配偶一方为满足私欲而从事与共同生活无关的活动。若将用于满足个人私欲的债务认定为共同债务显然有失公平。因为即便从社会层面上讲，他们已经组成一个家庭，但从法律意义上来说他们并不因此附属于对方，他们仍然是单独的个体，享有独立的人格，仅仅为满足个人私欲而产生的债务不应当被认定为共同债务，除非另一方对此予以追认。那么如何对夫妻共同债务作出准确且合理的认定呢？我认为应当通过判断该笔债务是否用于夫妻共同生活。能够认定为夫妻共同债务的必须是夫妻双方共同生活所需，超出共同生活以外的部分则需要考量双方的合意。但这样的合意需要得到严格的限制。我们必须警惕夫妻通过虚假合意等来躲避债务损害债权人利益。只有这样，才能切实维护各方合法权益，实现个案的公平正义，维护法律的权威。

（二）构建明确、合理的举证规则

举证责任是指当事人对自己提出的主张有责任提供证据，否则应当承担举证不能的不利后果。民事证据规则制度的核心之一就是举证责任的分配，举证责任分配的不同将影响案件事实的认定，甚至直接影响裁判的结果。举证责任分配的合理与否至关重要。笔者认为，现有的举证规则已经不能适应审判实践中在夫妻共同债务认定问题上的需要，突破原有的举证规则，建立新的举证制度迫在眉睫。目前司法实践中，若借贷关系处于婚姻关系存续期间即认定夫妻共同债务，配偶未举债一方若主张不是夫妻共同债务，须举证证明两种例外情况的存在。法律之所以作出这样的规定，是因为，立法者认为夫妻生活的私密性导致第三人无从举证，而且“因为婚姻关系具有天然的公示性，这种伦理思想自然地为每个人所接受，使得人们很容易产生信赖感，因此基于这种天然地容易让人产生信任感的配偶在结婚生活期间的债理应认为是他们的共同债”①。

但作为家庭成员的独立个体仍然享有极大的个人空间，配偶之间不可能采取对另一方行为的全方位监视，这也不符合一个健康婚姻的常态。因此在举证方面，配偶中未举债一方相比债权人的优势微乎其微。若仅仅依据这可怜的优势直接将债务认定为夫妻共同债务明显是不公平的。从规避交易风险，保障债权人和未举债一方的权益来看，笔者认为债权人可以要求未举债方在交易之时或者事后对债务进行确认，也可以要求债务人提供担保等来保障自己的合法权益。从保障自己权益的角度来看，债权人所能够采取的方式实际上是简单有效且成本较低的。而当债权人主张债务系夫妻共同债务，该债务又处于夫妻离婚期间或者分居期间的话，判断的首要标准应当是该债务是否用于夫妻共同生活，若夫妻未举债一方对该债务予以否认，那么证明责任就将由主张共同债务的债权人或者举债方承担。

司法实践中，在夫妻关系恶化，甚至处于分居、离婚诉讼阶段时，借款用于共同生活的可能性极低。涉夫妻共同债务调研数据显示：41.5%的举债方有赌博恶习，未举债方却举证不能；30.6%的诉称债务为虚假债务或具有虚假诉讼特征；39.4%的诉称债务为举债方恶意挥霍；28.2%的诉称债务被举债方用于养“小三”、包“二奶”；仅有9.6%的借款可能用于经营。② 从生活经验来看，夫妻分居、离婚诉讼期间双方交恶，举债用于共同生活的可能性较小，因此对该阶段发生的债务应该慎重对待，据理据实予以认定。当然，保护非举债一方的权益并不意味着牺牲债权人的权

---

① 林秀雄：《夫妻财产制之研究》，中国政法大学出版社2001年版，第262页。

② 彭云、李秀萍：《尽快调研早日废除　重构夫妻债务规则》，载http://www.zgbfxw.com/article-32394-1.html，于2017年6月20日访问。

益。当小额债务发生于婚姻关系正常存续期间，未举债一方认为不属于夫妻共同债务的应当提供证据予以证明，否则仍应认定为夫妻共同债务较为适宜。此举旨在最大限度地实现债权人和夫妻双方的权益平衡，实现个案的公平正义。同时笔者认为，根据借贷数额的大小可以结合日常代理权制度和大额借债共同签字制度更好地解决这一问题。

（三）增设日常代理权制度

“在通常情况下，民法中有这样一种权利叫代理权，即在代理权的范围之内，代理人以自己的名义或者以被代理人的名义独立和第三人为民事行为，这些行为所造成的法律效果间接或直接归属于被代理人。”① 而日常家事代理权则属于特殊形式的表见代理。婚姻法司法解释（一）第 17 条规定，夫妻任何一方在日常生活中都有权决定处理夫妻共有财产。该条文的内涵与家事代理权一致，但目前为止缺乏对这一制度的概念、范围及适用规则予以明确的法律规定。日常家事代理权的设立，能够有效维护市场交易安全，保障交易秩序，促进家庭生活，也有助于解决日常生活中发生的夫妻债务的认定和清偿问题。“家事代理权是民法中人身权利的配偶权利。它是基于婚姻关系的存在为基础而衍生出来的权利，主要是配偶一方在为了家庭事务的需要与外人从事的能产生、变更、消灭权利义务关系的法律行为时无条件地享有代理配偶另一方的权利，配偶一方在从事法律行为时的意思表示可以认定为是配偶双方的一致态度，将来产生的权利义务对于没有参与到这一债务关系活动的另一方来说也是要共同承担的。”② 简言之，日常家事代理就是针对日常生活所需要的，例如衣食住行用、医疗、教育等生活性消费所产生的债务的代理权，超出日常家事代理范畴的就不属于该调整范畴。那么，日常家事代理的范围又是什么呢？我们可以通过列举、排除等方法严格明确家事代理的范围。为满足家庭日常生活基本需求的花销可以认定属于该范围内，类似购买衣服、食材、家政服务、家庭出行的生活性开支，以及健身、美容、购书、教育等消费性开支都可以认定属于正常家庭事务范畴。对此，我国台湾地区的著名学者史尚宽先

① 马美华：《夫妻共同债务立法与实践之反思》，载《湖北警官学院报》2012 年第 5 期，第 15 页。

② 史浩明主编：《中国民事法律制度继承与创新》，人民法院出版社 2000 年版，第 460 页。

生曾有一个列举式的表述。[1] 在案件审理过程中，让配偶非举债一方证明与家庭日常生活消费不符的债务属于个人债务难度是极大的，但要求债权人或者举债一方来证明却是较为容易的。对于举债一方来说，其主张用于家庭日常生活，款项由其经手，由其提供证据加以证明理所当然。对于债权人来说，面对与日常家庭生活所不符的举债金额，其理应意识到其中的风险，完全可以在出借资金之时要求未举债一方对该债务进行确认。这样也能避免夫妻举债一方为多分财产虚构债务损害未举债一方合法权益。

鉴于日常家事代理的性质并结合日常生活的实际情况，我们可以将家事代理权划分为一般代理和特别代理。为满足一般家庭事务而与第三人发生法律关系的行为我们将其划入一般代理的范畴。而数额较大或者是事情重大的行为，我们通过列举等方式将其划入特别代理的范畴中。对于超越家事代理范畴以外的行为，若配偶非举债一方进行追认的话，那么该代理行为的效力及于非举债一方。若非举债方未对此进行追认，那么该行为属于举债方个人行为。将日常家事代理合理运用到司法审判实践当中，对于符合日常家事代理制度的债务可以直接认定为共同债务。而将超过代理范围的行为则认定为举债方个人债务，除非其能够举证证明所举之债是用于家庭共同生活。

（四） 增设大额借债共同签字制度

目前夫妻双方所要承担的债务根据用途大体上可以分为两类，一类是用于平时衣食住行用等基本生活所产生，另一类是用于个人或家庭更好地提升进行的民商事活动产生的债务。前一类我们主张通过日常家事代理权制度来进行调整，后一类由于债务数额通常较大，且可能存在一方为了追求不正当利益，置夫妻感情于不顾，采用虚构债务等手段侵吞夫妻共同财产，严重损害另一方的利益，我们主张增设大额借债共同签字制度。大额借债共同签字制度顾名思义就是当夫妻一方在婚姻关系存续期间以个人名义向第三人举债，且数额较大时应当有未举债一方签字同意。若举债之时未有双方签字同意，事后未举债一方也未对此进行追认，债权人、债务人又未能举证证明该笔款项用于夫妻共同生活，那么该债务应当认定为举债方个人债务。而且根据司法实践反映的情况来看，一般家庭的承受能力是

---

① 裴桦：《夫妻共同财产制研究》，法律出版社 2009 年版，第 166 页。

有限的，数额巨大的债务可能需要举全家之力才能够偿还，在处理此类案件的过程中稍有不慎就可能导致一个家庭的变故。因此面对这样的案件时我们必须慎之又慎，综合考虑各方因素，将案件对家庭的冲击降到最低。而数额巨大的债务显然也不适用前文提及的日常家事代理权制度，因此，增设大额举债共同签字制度不仅能够对债权人提供保障，而且能有效预防甚至避免巨额债务对家庭的破坏，在实现公平正义的前提下保障各方利益。同时“在借债行为法律关系中，占有先天优势资源的是债权人，它完全能够支配自己的出借行为，可以自由地选择它所要发生交易的对象而不受任何外在因素的影响，但是夫妻债务中的配偶一方就没有这样的先天条件，就没有选择的余地，在婚姻殿堂里只能听从命运的安排。”①

在增设大额借贷共同签字过程中，我们还应当注意明确日常代理权的限度，防止出现适用上的混乱。对于大额的定义，我们应当坚持辩证的观点，在司法实践中应当结合一般社会标准、当地经济发展水平、生活水平、居民收入等进行衡量。

（五）设立夫妻财产约定公示制度和登记制度

正所谓清官难断家务事，由于夫妻生活具有私密性，第三人难以准确知悉夫妻双方对于财产方面的约定。这不仅关系到夫妻双方的权益，也直接影响与之发生关系的第三人的权益。因此，通过一个具有公信力的机关对配偶之间的这个财产协议进行法律意义上的备案登记，对维护各方权益具有积极的意义。“还有一个促使实行登记公示制度的原因就是夫妻之间的共同债务是他们消极财产部分，它与配偶间的财产制度是息息相关的，换句话表述就是如果是共同财产引起的债务，毫无疑问就是共同债务，需要两个人共同承担，如果是一方单个人财产产生的债务就是个人债务”②，而我国法律将夫妻财产分为法定和约定两种模式，若对夫妻间的财产约定进行备案登记，势必将更加有效保障市场交易安全，兼顾当事人各方的合法权益。

具体展开的话，笔者认为通过以下几条途径建立的制度更能符合我国国情：一是将要缔结婚姻关系的双方对于婚后财产模式的约定纳入婚姻登

---

① 雷兰福：《夫妻共同债务相关法律制度的完善探讨》，载《法制与社会》2011 第 21 期，第 186 页。

② 范李瑛：《夫妻关系的立法与现实问题研究》，科学出版社 2011 年版，第 56 页。

记的内容，作为夫妻财产约定对外的最强效力。当然，若第三人有证据证明夫妻财产真实约定与登记内容不一致的，以真实情况为准。另外，应严格限制查询登记内容的条件、主体、程序。虽然此举是为了保护交易安全和第三人，但夫妻双方对于财产方式的约定仍属于个人隐私的范畴。当然，若债务人欲消除债权人的忧虑，表现其诚意，也可在债权人出借资金之前与其一同到登记机关就自身财产约定的备案情况进行授权查询或者由登记机关出具相应的说明。缔结婚姻关系后，在双方共同生活期间若存在对财产约定进行设立、变更或者撤销等新情况，应当及时到婚姻登记机关进行相应的修改。一旦因为没有及时进行相应的更新登记而与第三人发生纠纷，那么其不能对抗善意第三人。

（六） 建立夫妻分居债务制度

分居是一种特殊的婚姻状态，通常情况下，当夫妻感情出现问题后双方往往会采取分居的方式来对待这段婚姻。同时法律也将分居达到一定年限作为准许离婚的条件，因此在司法实践中很多当事人采取分居来证明夫妻感情确已破裂。在这一特殊时期，夫妻一方获得的财产和债务如何认定在法律规定上仍然处于空白状态。由于我国法律规定若夫妻双方未对财产制度进行约定即认定为共同财产制，而且将婚姻关系存续期间的债务认定为夫妻共同债务，除非配偶非举债一方能够提供证据证明例外情况存在。在司法实践当中，因为配偶未举债一方举证例外情况的难度相当大，分居时更是难上加难。而夫妻分居并不意味着婚姻关系的结束，因此若在该期间通过与第三人恶意串通虚构债务，那么所有的借款都将被认定为夫妻共同债务。这种行为的大量存在不仅容易造成家庭分裂和社会的不稳定，更是对法律所倡导的公平价值的损害。笔者认为，分居状态属于特殊的婚姻状态，但分居并不当然意味着夫妻婚姻关系的终止，在没有到婚姻登记机关或者经法院判决解除婚姻关系的情况下，其仍然属于合法的婚姻关系，受到法律保护。因此从保护自身合法利益及维护社会交易安全的角度出发，夫妻在因感情不和导致分居的情况下，到民政机关进行分居登记是必要的。一旦进行登记夫妻双方就适用分别财产制了。夫妻中任何一方在这个时期向第三人举债，而第三人又明知其与配偶已经分居却依然出借资金的，该债务就视为举债方个人债务，由其独自承担。当然，尽管处于分居期间，但夫妻之间的法律关系依然存在，法定的抚养、赡养义务并没有因为分居而消除。因此如果债权人或举债方确有证据证明所借之债是为了履行法定的抚养、赡养义务的，则应按夫妻共同债务处理。相信通过这个制度，虽然无法完全消除一方恶意虚构债务的行为，但却能够切实保障未举债一方的权益。此举对于维护交易安全，保障债权人权益也具有十分积极的意义。

余　论

在对夫妻共同债务认定问题的思考过程中，笔者找寻了相关的报道、案例，结合办案过程中所遇到的情况，深刻地体会到对夫妻共同债务进行合理、准确的认定对善意第三人及夫妻双方的重要意义。夫妻共同债务问题方面的研究可以说是一个历久弥新的问题，理论界和实务界也一直在努力探索。最高人民法院在 2017 年 2 月出台了对婚姻法司法解释（二）的补充规定及相关通知，就是希望能够更好地保护各方权益，实现个案的公平正义。但这远远不够，日新月异的社会变化给审判工作带来了前所未有的挑战，传统的立法已不适用于现阶段的司法需求，许多制度都需要改革和突破。我们致力于在确保夫妻关系正常健康运转的同时准确认定夫妻共同债务，在维护交易安全的同时保障第三人和夫妻双方的合法权益，对此任重而道远，需要法学界和实务界共同探索。

从“家事调解”机制看两岸家事纠纷解决方式
——以闽南某山区法院为分析样本

杨　巍（福建省永春县人民法院）

摘要：家庭作为社会组织里最小的单位，其组合、形态、发展等模式与整个社会的稳定和发展关联紧密。当今社会环境日趋复杂，人们价值追求不断增多，权利意识也随之增强，一方面，家事纠纷不断变得复杂；另一方面，长期“调控”家庭生活的风俗习惯等也存在于社会当中继续发挥作用。海峡两岸同宗同源，两地在历史传统、民俗民风上也有共通之处，本文即是从民俗习惯以及熟悉这些习惯的社会人士介入诉讼调解为视点，学习和借鉴我国台湾地区家事审判的一些做法，探讨如何更好地提升家事案件审理的法律效果和社会效果。

关键词：公序良俗　家事调解

前　言

公序良俗原则是现代民法的一项基本原则，作为公序良俗原则的一个重要表现形式，民俗习惯，是社会力量参与诉讼调解，化解民间纠纷的重要工具，是一种源于民间的古老“法则”。公序良俗长期存在于人们社会生活中并随社会的进步不断扩大其范畴，而民俗习惯作为公序良俗原则的重要研究内容极具丰富的内涵，正如恩格斯所指出“一切争端和纠纷都由当事人的全体，即氏族或部落来解决，或者由各个氏族相互解决……在大多数情况下，一切习俗就把一切调整好了”①。笔者所在的永春县，地处福

① 中共中央编译局：《马克思恩格斯选集》第4卷，人民出版社2012年版，第92—93页。

建省沿海的山区，农村人口较多，历史、地理和人文等因素使得人们形成了一系列是非评判标准和习惯规则和观念，这些民俗理念往往为长期工作、生活在当地的村镇工作者、乡贤人士等所熟悉。“用活”这类公序良俗原则来处理矛盾纠纷，成为多元化纠纷矛盾化解机制里的一个重要内容。当前的家事审判实务中，如何灵活运用那些经过长期积淀，能在人们心中产生约束力的民俗习惯，补强公序良俗原则，对于弥合成文法的局限性，更好地提升案件审理的法律效果与社会效应有着重要的社会意义。引入多方社会力量共同化解家事纠纷，则可以有效提升法官解决法律效果和社会效果更趋于一致的水平。

一、提炼价值：民俗习惯之于解决家事纠纷的作用

1. 民俗习惯的调节机理与成文法一脉相承。在民俗中，构成人类社会的群体的规范和习惯指向个体，而个体又接受了这样的规范，并随着社会文化的演进一步步传承和发展，最后这些群体性的规范转化为成文法或者公众内心认可的行为准则。正所谓“村规民约”，这一套“民间法则”在大陆村级民众的生活模式中十分常见。而习惯通常被理解为“一种稳定的行为偏好或习以为常的行为模式”① “是某一群体、组织、民族或国家的风俗、社会道德传统，是积久养成的生活方式”。② 从这一层面上理解，公众发自内心的信仰和尊畏成为风俗习惯调控人类社会生活行为的根基所在，因此我们可以认为民俗习惯和成文法是有共通性的。有鉴于此，在对待民俗习惯和成文法的问题上应该采取一种兼容并蓄的态度，对于善俗，在法律的框架内给予充分保护，并提高其在公众行为准则中的地位，使之辅助成文法；对于恶俗和庸俗则使用法律规范给予否定性的评价，使之失去生存的空间，为社会发展扫清阻碍。

正因为民俗习惯有着广阔的公众性基础并且公众对于民俗的理解往往基于国家颁行的法律规定，世界上大多数国家都对民俗习惯予以承认和重视，在大陆法系国家，立法者在制定法律前，也往往通过对民俗习惯的收

---

① 张文显主编：《法理学》，高等教育出版社 2003 年版，第 469 页。
② 雍奇主编：《法律适用中的逻辑》，中国政法大学出版社 2002 年版，第 359 页。

集，提高民众知晓法律和法官准确适用法律的程度，力求避免法的局限性。如瑞士在20世纪初颁行的《民法典》，在第1条就对习惯法如何适用作出了指引性的规定："本法未规定者，审判官依据习惯法，无习惯法者，以自居于立法者地位时，所应行制定之法规，裁判之"。在我国清末制定《大清民律草案》的过程中，在沈家本先生的倡导下，立法者们派员赴全国各省城镇乡村，进行民事习惯调查，内容包括风土民情、民商事习惯、乡绅办事程序、状告程序等几大类，通过汇总梳理，作为起草民律的重要参考。① 可见民俗习惯是成文法的一个重要渊源，民俗习惯在调控社会功能方面与成文法有着一致性和共通性。

2. 民俗习惯通俗认同缓解了法律适用的局限。法律的调控功能不可能涵盖社会生活的各个方面，也难以对"将来时"的事件一一作出具体评价，因此法的局限性和经济社会不断发展出现的新案件，往往成为法官在适用法律进行审理时遇到的一个棘手问题。尤其在农村家事纠纷当中。解决家事纠纷的法律大多为婚姻法等全国性的规范性法律文件，而家庭作为社会组织最基本的构成因素，不同地区对于家风、家德、家法的评判标准却并不相同。部分家事领域的风俗习惯随着地域变化表现出的多样性与法典的统一性之间，构成了一对矛盾。"不同地域的习惯，在多大程度上存在着内在的一致性，也是一个需要甄别的问题。"② 尤其是在农村地区，可能某个大姓组成的村，就有着自身家族特色浓厚的习惯，另一个姓氏为主的群众的村子，也有自成一套的习俗。据此，如果让有一定社会威望并且熟悉某一区域生产生活状况的人士参加到家事纠纷的调解中，发挥民俗习惯的功能作用，协助法官共同对家庭纠纷进行评判，也许是比较合适的选择。因为家风家俗存在的历史时间长，为人们所熟悉，有一定的区域影响力，能够产生内心约束力，并且民俗习惯包罗万象，它来源于人们生活中最朴素的层面。可以说，自人类文明产生开始，习惯就成为人类社会不断发展的一个推进力，只要把握住其与成文法律共通之处，灵活运用，就能够收到良好的解决家事纠纷的效果。

---

① 国家司法考试辅导用书编辑委员会：《2008年国家司法考试辅导用书》第一卷，法律出版社2008年版，第96页。

② 汪世荣：《陕甘宁边区高等法院对民事习惯的调查、甄别与适用》，载《法学研究》2007年第3期。

当然这里要注意的一个问题是“方式”和“量”，并非所有的民俗习惯都可以上升到法律的高度，也并非所有的民俗习惯都可以通过自由裁量引入审判领域，譬如有些宗族规约、“家法”，形成的环境背景具有封闭性，带有封建社会的印迹，并不符合当前社会主义精神文明建设的要求。这就需要法官具备甄别良俗、庸俗和恶俗的能力，而这种能力更多地源自社会阅览，正是拥有丰富的生活经历，才能使法官在遇到适用法律的瓶颈时从民俗习惯等“候补规则”中择优采用，从追求实体正义的价值理念出发完善形式正义，满足公众对司法效果的期待与要求，破解难题。正如美国著名法官卡多佐（Cardozo）所指出的，“当需要填补法律的空白之际，我们应当向它寻求解决办法的对象并不是逻辑演绎，而更多是社会需求。”[①] 因此，法官就需要更多的社会力量来帮助其解决案件背后的一些非法律因素，使法官的裁判在更广阔的范畴内符合社会价值的取向和需求。

3. 民俗习惯解决家事纠纷更能体现“亲民”性。众所周知，民俗习惯源自人民在长期生活、交往过程中一些行为准则的总和，在某些社会活动中具有强势性，民众对民俗习惯的内心信服力甚至胜于成文法。尤其在农村地区。在民风民俗文化盛行的中国民间，特别是农村，乡里乡亲长期劳动生活在一起，有时候一个村子里面大家都是亲戚，群居特性明显。对于许多事件、一些行为都会有一种共同的、约定俗成的评价，这些评价如同一种无形的拘束力一样引导着民众的所作所为。在这一层面，民俗习惯无疑是发挥着和成文法一样的社会功能，当一些家事纠纷进入司法程序时，若能得当地引用民俗习惯加以调处，将会取得良好的社会效果。例如，近年来不断增多的婚娶定聘财物返还、家庭继承案件等，其实质都属于人们按照民间约定俗成的一些规则和办法为一定的民事行为产生的纠纷案件。目前，我国正处于社会转型时期，从经济上看，贫富差距、城乡差距、分配不均、社会保障、劳动就业等问题引发的矛盾进一步增多，统筹各方面利益的难度增大。对于政法机关而言维稳的压力也不断增加。习近平总书记强调，要把维护社会大局稳定作为基本任务，把促进社会公平正义作为核心价值追求，把保障人民安居乐业作为根本目标。因此，作为国家审判

---

① ［美］木杰明·卡多佐：《司法过程的性质》，苏力译，商务印书馆 1998 年版，第 76 页。

机关，法院就要着力把维护人民权益这一根本出发点和落脚点更好地体现在审判执行工作当中，从根本上促进社会和谐稳定；就要着力把社会公平正义的首要价值追求更好地体现在司法办案中，让人民群众切身感受到社会主义社会的公平正义。古人云："解铃还须系铃人，心病还须心药医。"在解决不断增多的家事纠纷案件中，审判机关通过不断熟悉、了解民俗习惯而建立起来的一套规则，以及邀请家事调解员、妇女委员、村镇干部和人大代表、政协委员等"非官方"的社会助调力量，在不违反现行法规的基础上，利用民俗习惯去化解纠纷矛盾，在和谐解决家事纠纷的过程当中，也能使得群众较之专业性强的民事裁判过程及结果而言，内心更加容易接受。

二、运作局限："隐性规则"难以绽放应有的光芒

由于历史发展、社会变革以及法学理论研究和法学教育等多方面的因素，不论是在学界或司法实践中，民俗习惯在进入审判领域和科学应用过程中都存在着局限性。主要表现在：

1. 程序法上缺乏明确的指引规定。纵观我国现行的诉讼法律，民俗习惯在审判实践中的定位在于成文法的补充，并且往往隐含于原则性的规定之中，在如何操作上并没有具体的规定。由于没有统一的标准，加之我国幅员辽阔，民族众多，法官们在谨慎的援用过程中也各有差异。对于民俗习惯如何介入，立法上亦没有明确的说法，仅凭法官自由裁量，这中间就容易出现一个问题，法官在裁判时宁可选择保守地引用现有的成文法律法规进行案件审理，也不愿意因为对抽象的法律原则把握失误，不当地援引民俗习惯而造成适用法律错误。此外，民俗习惯大多作为解决问题的实体性规则，并没有与之配套的一些程序法上的制度。例如，证明该民俗习惯的长期存在性和稳定性等问题，法官也不可能在审理过程中对此类问题一一进行查证。因此民俗习惯的引用在程序法上还有很多细节的问题需要解决，需要有更为广泛的社会力量辅助法官在处理具体个案中让其发挥应有的价值。

2. 民俗习惯的规范化建设不够完善。如果民俗习惯进入司法程序，它就不能再扮演"万金油"的角色。而对于民俗习惯的理解和运用更不能信

手拈来，否则将有可能违背法律的原本规定，如我国民法学家梁慧星教授在其著作中归纳了十种违背公序良俗原则的民俗习惯，[①] 如何在丰富繁杂、良莠不齐的众多民俗习惯中提炼出对社会生活有积极意义的行为准则，就需要一个收集、识别、归类、汇编的过程，但我国目前并未有专门的收集机构或者专门人员去从事这一项工作，在司法实务部门大多数也没有完善建立起民俗习惯辅助审判的流程和制度。熟识这些民俗习惯一方面取决于个人生活的环境和交际能力，另一方面只能依靠生活经历的不断丰富。因此，当法官需要援引一项民俗习惯与成文法规相配合解决具体案件时，往往会因为这些民俗习惯仅仅是停留在“感觉”上的，有些表述甚至是很口语化的情况而不敢贸然在裁判文书中进行体现。而且，如果没有把民俗习惯以国家制度的形式进行框架勾画，由法官过于频繁的援引难免会减损法官的司法专业性，也会造成审判结果与法律本旨之间的误差和“同案不同判”的现象。

3. 法官对民俗习惯了解不够主动深入。正如前文所提及的民俗习惯在实体和程序法上的体系十分不完善，而且在裁判文书中进行援引还需要一个了解、识别、归类、升华的过程，正确地进行引用，要求法官具备较高的法学理论功底和实践业务能力，也必须付出更多的劳动，案件的审理进程也有可能放慢。因此，法官一般不会积极和主动地运用民俗习惯进行案件的审理，即使感觉到具体个案如能适当援引民俗习惯将有利于实现案结事了的法律效果和社会效果，但很多情况下也会由于不熟悉这些规则而放弃，甚至一些法官认为现阶段民俗习惯进入司法审判领域缺乏法律依据，片面地认为国家制定的法律必然取代民俗习惯；当两者发生非实质性冲突时，不周详地考虑社会效果而机械引用成文法进行案件审理，造成当事人之间矛盾间接升级，丧失调解可能，当事人亦对裁判结果表示难以接受而进行上诉或者信访。例如，福建闽南某些地区婚娶礼俗繁杂，花费人力物力甚多，在经济不发达的地方还有一些家庭为了儿女婚嫁可谓倾尽家财，有些法官在审理此类离婚案件时没有考虑到案件之外的社会、人文因素，调解工作做得不够细致和耐心，对于一些虽符合离婚条件但是仍有和好可

① 梁慧星：《市场经济与公序良俗原则》，载梁慧星主编：《民商法论丛》第1卷，法律出版社1999年版，第56—60页。

能的夫妇作出离婚判决，导致可能出现家族之间矛盾激化，形成不稳定的社会因素。此外，法官对于民俗习惯的不够熟悉还表现为民法中公序良俗原则在案件中的运用，公序良俗作为民法的基本原则之一是可以作为审判依据的，对于某些法律上还未有规定。当事人约定俗成的情况，虽然一定程度上有悖公序良俗原则，但多数情况下法官仍因为法律上并无明文规定而未对其进行否定性的评价。

三、借鉴与启示：我国台湾地区家事调解制度的“外力”因子

海峡两岸同根同源，在民俗风俗、生活方式、居住习惯等方面有着许多根本上的共同点，例如语言、宗教信仰等，连横先生提道：“台湾之人，中国之人也，而又闽粤之族也。”李亦园先生也指出：“目前所知，第一批从中国大陆迁到台湾地区的移民，是所谓‘长滨文化’的主人，他们从中国大陆南方迁到台湾地区的年代约在距今五万年前，或甚而更早的时代。”① 由此可见，发端于民俗基础的家事调解机制对于家事司法活动会产生一定的、积极的影响。

1. 专业辅助人协助调解。大部分家事纠纷的处理在我国台湾地区历来基本上属于法院的业务范畴，但由于一定时期内家事纠纷大量以诉讼的方式涌入法院，使得法院在处理千头万绪、纷繁复杂的家事案件时往往“力不从心”。应该说这在中国大陆地区、台湾地区两地的司法机构中都是普遍现象。为了应对这一情况，我国台湾地区法院也设立了引入“外部力量”参与家事案件的调解机制，比较典型的做法是从学校、医院或社会服务机构中选任具有心理辅导专业背景的人员为家事纠纷当事人进行服务，疏导当事人由家庭矛盾产生的不和谐因素。如台北地区地方法院家事法庭，在2001 年由家事法庭法官延请中国台湾地区师范大学教育心理与辅导学系教授提供专业协助。一部分由心理咨询师自愿组成，另一部分由财团法人儿童福利联盟基金会指派具有心理咨询专业的资深社工构成，② 并且，

---

① 洪彩真：《同源一脉——闽台文化渊源探讨》，载《贵州民族研究》2010 年第 1 期，第 72 页。

② 喻芳：《我国大陆家事调解制度的理性分析与完善——与我国香港和台湾地区家事调解制度的比较》，载《宜宾学院学报》，2012 年第 8 期，第 73 页。

在调解中充分尊重自愿原则，淡化“调解人”的角色定位，力求家事案件怎么处理“由当事人做主”，尊重当事人的意思自治。由于类似“专业辅助人”制度，是现成的效率与效果最佳化的调解力量，在大陆地区亦被广泛采用。

2. 调解程序前置。家事纠纷案件的调解前置目前在我国台湾地区法院审理家事案件中是普遍做法。我国台湾地区“家事事件处理办法”[①] 第5条规定：“离婚及夫妻同居之诉、终止收养关系之诉，应审查其起诉前是否已经调诉、终止收养关系之诉，应审查其起诉前是否已经调解。”该法第18条规定：“地方法院设家事商谈室，依当事人声请或依职权，在声请或起诉前以商谈方式协助其解决家事问题，前项商谈，由地方法院遴任书记官、通译，或约聘适当人士担任之。”可见调解前置是我国台湾地区法院进行家事审判的法定程序。设置了调解前置程序，一方面给予纠纷双方予以“缓冲期”，另一方面也为外部调解人员进行调解提供平台。因为调解行为的自愿性使得调解过程中双方交流可以更为灵活，包括法庭用语、协议、交易，等等，因此这个阶段最容易发挥外部调解力量的作用。在大陆的婚姻法、民事诉讼法中也明确了调解前置的制度，规定离婚案件应当先行调解。可见两岸对于“家”文化的认知具有共同的背景，认为家事纠纷的处理，在公权力介入前，由双方当事人再行协商，设置一个矛盾“缓冲期”，由社会助调力量进行调解，对于妥善处理家事纠纷具有重大的作用。

3. 注重保障子女利益。“子女最佳利益原则”是我国台湾地区家事诉讼立法的一项基本原则。[②] 在处理家事纠纷时，法官或调解人员都会聆听子女自由表达意愿。在家事纠纷中子女往往处于弱势的一方或无辜的一方，在充分尊重子女意愿基础上处理家事矛盾应该更具有前瞻性，能够使将来可能发生的新的矛盾得到合理预见，更能够比较到位地保障未成年人子女的合法权益。另一方面，还鼓励子女参与案件调解。子女是传递亲情的纽带，对许多家庭而言，子女成长的过程同时也是家庭成员丰富阅历，成熟、成长的过程。许多家事纠纷往往基于父母双方对子女的关爱而能够

---

① 我国台湾地区“家事事件处理办法”，转引自 http：//www.chinalawedu.com/falvfagui/fg23155/171671.shtml，2016年5月16日访问。

② 黄丹翔：《台湾地区家事调解制度的新发展》，载《人民法院报》2014年1月10日，第8版。

搁置矛盾、求同存异、冰释前嫌。

纵观我国台湾地区家事案件处理的调解制度，不难发现也遵循“柔性”处理及引入“第三方”力量介入的特点，尤其在地方法院，我国台湾地区法院还可以依职权将家事纠纷案件“移付调解”及“合并调解”。[1] 在调解主体的选择上，我国台湾地区注重专业背景，往往选择具有一定社会阅历，从事某种专业领域或取得医学、心理学等专业的高学历人员及大学教授等。对于家庭暴力案件，还建立了社工与员警陪同受害人出庭的机制，为受害人提供必要扶持。可以说我国台湾地区对于家事纠纷当事人的人文关怀是较为到位的，这对于大陆地区基层法院处理家事案件具有启示意义，尤其在文化传统相似的福建省。但同时，笔者也注意到两地经济发展程度、社会结构、人口构成、受教育程度等方面均存在不同，对于引进社会力量介入家事调解及家事纠纷审理的程序设计和模式，笔者认为可以通过总结当前经验，思考和探索更为“接地气”、适合福建山区及农村的纠纷处理方式。

四、理性尝试：凝聚合力化解纠纷的“司法样本”

在审判实践中，如果个案的处理结果和公众心理中的预期效果并行不悖，那么该司法裁判就可能被大多数人所接受。而公众法律维权意识的提高和法律基本知识的相对缺乏之间的矛盾，以及社会转型时期法在公众当中的信仰程度，又使得法官若一味机械、生硬地照搬法条审理案件将最终不利于矛盾纠纷的化解。如前文所述，我国台湾地区的“专业辅助人协助调解”机制，让专业人士进入“调停人”的角色，而在大陆的农村地区，更多的社会乡贤、人大代表、妇女干部等也在纠纷化解中发挥着同样的作用。而且相对于引进专业的专家人员，在农村地区的上述人士，有的享有一定威信，有的是某一行业的行家里手，有的是特定群体的倾诉对象，更能面对面地直接接触发生矛盾纠纷的双方。这类人员如能介入诉讼调解，则更能协力法官办案。

---

① 黄丹翔：《台湾地区家事调解制度的新发展》，载《人民法院报》2014 年 1 月 10 日第 8 版。

1. 社会力量具有传送民意的纽带作用。在闽南地区，妇女持家，相夫教子的观念根深蒂固。而妇女代表和妇联干部是民选的代表，代表广大妇女及未成年人表达社会意愿，同时，也是沟通民意与政情的纽带。她们来自社会各界，从事各行各业的工作，熟悉妇女工作，了解女性家庭生活和当地民俗习惯。女性特有的思维缜密、亲和力及对家庭观更有广度的理解，使得她们成为发挥民俗习惯在化解纠纷中的积极因素。从而在引导公序良俗的方向促使矛盾双方息诉罢访、定分止争，并有利于法院司法公信和法律权威的进一步提升和社会管理职能的进一步深化。

例如永春县法院，在家事纠纷处理中，就与该县妇联密切协作，联合出台《关于创新维护妇女儿童合法权益工作机制的若干意见》等文件，实行矛盾联调、问题联做、信息共享。特别聘任永春县妇联副主席等10名同志作为“家事纠纷特邀调解员”“家事调查员”。邀请“家事调查员”深入了解家事纠纷的起因、根源，以利于家事纠纷的化解；邀请“家事纠纷特邀调解员”参与家事纠纷的调处，促进了家庭和睦、社会和谐，得到当事人的充分肯定，取得较好社会效果。

2. 柔性司法使得化解纠纷更为有效。如前所述，永春法院的家事调解机制，不但借鉴于我国台湾地区家事调解人员的“于地方法院遴任书记官、通译，或约聘适当人士担任之”，还着力使这个队伍常态化、高素质化。在该院聘请的社会助调人员中，大多数来源于群众，基层工作经验丰富，有的是知识分子，勤勤勉勉传播知识，有的模范遵守家规家德，孝顺父母，家庭和睦，在民众当中有口皆碑。他们长期生活在群众之中，熟悉当地的民风民俗，而且政治素养和政策理论水平较高，尤其在农村，很多情况下在邻里之间发生小摩擦时也会找社会助调人员评评理，主持公道，因此这些社会人士在某些情况下比法官更能明了群众的实际需求，其群众语言相比法言法语更能为群众所接受。近几年永春县法院受理的家事案件数量约占案件总量的10%，但结案率均保持在98%以上[①]，这是一线家事审判法官和调解人员们付出了巨大劳动的工作成果。如下表：

① 上述数据来源于福建法院司法信息管理系统。

收结案 年度	收案	结案	结案率（%）
2013 年	563 件	563 件	100%
2014 年	536 件	534 件	99.62%
2015 年	600 件	591 件	98.5%

在借助妇联等社会力量参与家事纠纷调解的工作中，永春法院也作出了有益的尝试和探索，充分保护妇女、儿童、老人等的合法权益。首先是立足诉前调解。例如，选聘人民调解员。在当事人办理立案手续时，引导其让人民调解员进行诉前调解，及时化解家事纠纷，促进家庭和谐；其次是着力诉讼调解。积极邀请人大代表、政协委员等参与家事纠纷的调处工作，促使案结事了，增进社会和谐。再次是延伸司法服务。探索建立家暴档案、探视抚养档案、“合适成年人”参与制度，积极开展心理疏导矫治服务、跟踪回访社会帮扶、未成年人帮教共建、落实犯罪记录封存等人性化延伸服务，不断拓展司法服务领域。

3. 专门化平台提升了家事纠纷多元解决机制的工作水平。例如，福建泉州地区各法院设立的家事审判庭，以永春县法院为例，特别挑选了 9 名具有丰富家事审判经验的法官就任家事审判庭岗位。创设了专门的家事调解室和家事法庭，运用暖色调装修家事调解室并设立了专门的儿童游戏区，添置儿童书籍等。家事审判法庭的墙上挂着制作精良的“夫妻同林”“夫妻劝和歌”图片以及“在厝有人客，出门有主人”“年兜暝，跳火盆”等闽南元素的俚语，着力营造温馨的家庭氛围，缓解当事人的对立情绪，唤起其家庭和睦社会和谐的责任感。再如，设立专门处理家事纠纷的法官工作室。针对基层派出法庭大量处理家事纠纷的特点，永春法院的蓬壶法庭设立了以法官姓氏命名的家事调解工作室。作为一个专门化的调解平台，如同我国台湾地区“家事调解的前置”做法，该院蓬壶法庭的调解工作室亦在开庭审判前对双方当事人进行充分引导，缓和双方当事人的对立情绪，使矛盾在和平的氛围中解决。该法庭通过专门工作室处理家事纠纷结案情况统计如下图：[①]

① 上述数据来源于福建法院司法管理信息系统，通过图表对比，可以发现由专门平台处理的家事纠纷案件，调撤案件数均接近于结案数。（图表数据说明：在 2016 年 1—4 月通过蓬壶法庭家事调解工作室处理的家事纠纷案件中，1 月收案 11 件，结案 11 件，调解结案 9 件；2 月收案 9 件，结案 7 件，调解结案 4 件；3 月收案 6 件，结案 6 件，调解结案 5 件；4 月收案 5 件，结案 5 件，调解结案 4 件）

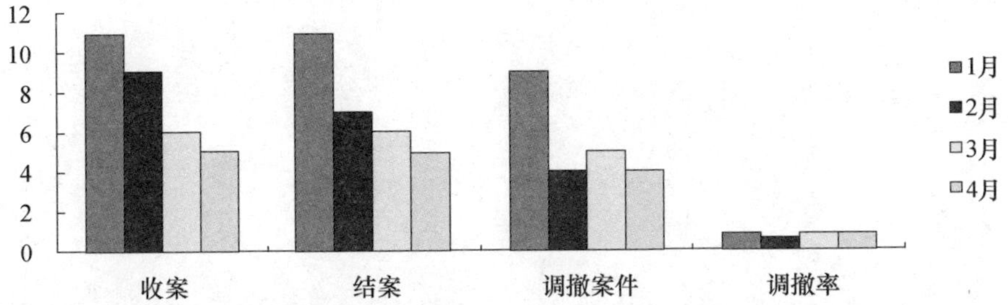

由于山区农村一定程度上普遍存在人员流动加快，以及外出工作生活的人员增多，不少家庭因为缺乏沟通产生不少矛盾，出现有人因此诉之法庭的情况，及时调解比直接判案更有利于矛盾的圆满解决的现实特点，通过法律宣传、庭前调解、庭审释法等审判工作方法化解家事矛盾纠纷。因此，柔性的审判方式丰富了家事纠纷调解的制度载体，向外界展示人民法院在深入进行司法改革中取得的成就和法官良好的职业形象，让社会各界感受到人民法官为民、亲民、爱民的优良作风。

结束语

经济社会在不断发展的过程中呈现出阶层群体、利益分配、价值理念、文化传统之间冲突与融合多样化的格局，而作为上层建筑体系中的纠纷调解机制，在人类社会演进的历程里也随之发展变化，不断丰富其内涵与外延。国家正是由千千万万个家庭所构成，家庭的稳定影响着社会和国家的稳定。虽然社会环境日趋复杂，人们价值追求不断增多，权利意识也随之增强，婚姻可能在一些现代人的理念当中更多的是一种社会契约而非权利义务，更谈不上道德准则，但法治的目标更趋向于建立起婚姻家庭和谐稳定的社会状态。正所谓“家和万事兴”，家事纠纷化解的方法与技术将拥有更为宽广的发展空间，并逐步迈向多元化纠纷调解机制的中心舞台，与人民法官共同构建和谐社会。

（此文获评福建法学会婚姻家庭法学研究会 2017 年度“建设法治福建巾帼在行动——婚姻家庭领域的法律适用于妇女维权”主题研讨征文二等奖）

第三章 实证研究：泉州家事审判实践总结与审思

家事纠纷规范解决：示范证据的价值与提倡

泉州市鲤城区人民法院家事诉讼示范证据研究课题组①

摘要：鲤城法院作为最高人民法院部署家事审判方式和工作机制改革试点工作的试点法院之一，所进行的家事示范证据改革，系立足于根据家事当事人争议焦点，对各个案卷类型进行划分，然后确定待证事实，再根据待证事实罗列证据事项，针对该类型案件提供完整证据要素清单的示范举措，已取得初步成效。本文将从家事诉讼示范证据体系预设展开，从示范证据的指导性、实体性、体系性三个方面界定作为预设前提的家事诉讼示范证据，继而从家事证据可视化角度就待证事实认知示范、证明责任认知示范、证据能力认知示范、证明力认知示范四个内容分析证据示范体系，并就家事诉讼中的举证责任分配、示证说服、举证不能后果、案件事实认定等难点进行证据证明示范，从而尽力完成规范意义上的示范证据体系化改革内容设定。

关键词：家事诉讼　示范证据　证据可视化

一、问题意识与研究切入

最高人民法院于2016年5月11日召开家事审判方式和工作机制改革试点工作视频会议，全方位部署推进试点改革工作，整个改革的主导方向有二：一是试点法院以构建以非讼调解社会联动模式为改革重点，强调对

---

① 课题组负责人陈慰星，课题组主要成员李清坝、苏墨祥、许少波、曾佳扬、吴志婷、辜伟隆、郭昕婕、王飔溦、蔡晓莲、丁晓，郑英好。

情感危机的情绪性安抚和调处。但法院调解在钝化社会矛盾、妥善解决转型时期各种复杂纠纷方面的同时，也潜藏了片面追求调解结案而存在的诸多局限和不足，滋生了胜诉方实体权利的一定程度的放弃“廉价正义”问题。家事诉讼作为最后的救济手段，其维护当事人合法权益的功能无法得到最大化实现，也降低了当事人对法律的信服感，法治权威在婚姻家庭领域深受动摇，并伴生出“讼累”“耗费”与“迟延”等问题。二是各试点法院以强化家事诉讼当事人的诉讼权利、调动诉讼双方的积极性为改革目标，但与之配套的证据制度改革却未引起重视，导致支持权利的证据体系未能联动上述权利面向的保障，反而在家事这一因熟人关系去法律化的场域内，出现“证据稀缺”而掣肘上述权利实现的改革难以自洽问题，并影响了家事诉讼改革的实效。

作为试点法院之一，泉州市鲤城区法院（以下简称鲤城法院）地处海丝起点的文都泉州核心地区，不仅根深于闽南传统文化家庭价值观的影响，也深受泉州改革开放背景下各种新的观念的冲击。鲤城法院于2014 年开启家事纠纷专业化审判之路，家事审判的整体社会效果直接影响了和谐社会的构建。泉州鲤城法院为适应新形势下新的审判需求，提高审理家事案件的效率和专业化以家事审判方式和工作机制改革试点法院为平台，探索独具特色的闽南家事和解文化，并在此基础上，针对前述现代家事司法的调判痛点，正在进行家事示范证据的改革探索。通过发布证据示范名录、创建典型性案例链接、提供触摸屏解说等具体改革措施，为个案当事人和社会公众提供直观的家事诉讼要素式指引，已取得初步成效。本文所聚焦的鲤城法院推行家事诉讼示范证据制度改革，就其改革目标而言，在于如何破除片面追求调解结案的固化思维，将“法律规范化解决”作为处理家事诉讼纠纷的主导方式，通过家事诉讼证据示范，降低证明成本、提高诉讼效率、规范事实认定、提高裁判准确性，克服家事证据运用困难带来的审理困境，推进家事证明司法能动机制。

毫无疑问，这种积极前探的尝试，在于对全国正在如火如荼开展的家事诉讼司法改革的一种反向思考。鲤城法院的家事示范证据改革，立足于根据家事当事人争议焦点，对各个案卷类型进行划分，然后确定待证事实，再根据待证事实罗列证据事项，针对该类型案件提供完整证据要素清单的示范举措。鉴于其取得成效，本文并未考虑落脚于对示范证据清单改革单向度的证成性分析，抑或是在价值层面完成其正当性的论证，而将就完整的示范证据改革所应指涉的完整内容予以勾勒，并就家事诉讼中最为“难断”的争点予以回应，从而完成规范意义上的示范证据体系化改革内容设定。或许，这种示范证据式的思想式样，本身也就是当下司法改革中一种值得尝试的“沙盘推演”，并循向一种更具整全性的家事司法改革顶层设计。

二、家事诉讼示范证据体系预设展开

（一）作为预设前提的家事诉讼示范证据界定

在具体的实践中，家事诉讼示范证据被设定为法院为克服家事诉讼案件举证难、查清事实难、审理难等问题，对内容庞杂的家事案卷进行梳理，对争点各异的家事诉讼纠纷作出类型化划分，明确家事诉讼类型案件的争议待证事实，结合家事纠纷特殊性和家事审判工作经验，归纳家事纠纷中涉及的各个诉讼要素，针对各类型家事诉讼案件的待证事实，进行证据类型展开和证据事项罗列，并向社会公众发布，完成直观的“要素式”示范。从其具体的特征来看，主要有如下几个方面。

首先，示范证据的指导性。基于家事诉讼示范证据的制定和发布机关所具有法律地位上的权威性，以及家事诉讼示范证据将晦涩抽象的法律规定转化为直观具体的运用示范的过程中所体现出的权威性，家事诉讼示范证据体现出特有的指导性。其指导性包括两个层面：一是家事诉讼示范证据通过对类型案件待证事实和举证责任的确定，罗列相对应的证据事项，指引家事当事人在家事纠纷发生后有目的性地、有针对性地进行证据收集，并在诉讼活动中提供充分、完备、适格的证据，证明其诉讼主张，说服法官完成认定；指引家事当事人审验对方当事人提供的不利于己的证据，进行质疑和责问，针对对方当事人的主张事实提出有效的反驳和辩解。二是家事诉讼示范证据规范审判职权对诉讼活动的介入。法官在家事诉讼过程中的任务就是进行适当的法官释明，引导当事人针对待证事实进行举证和质证，并且通过证据运用完成对案件事实的认定，最终适用法律明确当事人双方权利义务的归属。在这一系列活动中，需要对法官职权的行使进行制约和监督，充分发挥家事诉讼示范证据的指导性，完成对法官释明和法官认证的规范。

其次，示范证据实体性。涉及当事人双方实体权益争议的实体法事实，是家事诉讼中最主要的证明对象，需要当事人运用证据加以证明。家事诉讼示范证据作为指导诉讼主体在证明活动中正确运用证据的工具和手段，其实体性体现在两个方面：一是家事诉讼示范证据的功能。即指引家事诉讼当事人双方对涉及实体权益争议的实体法事实展开证明，规范法官明确家事诉讼纠纷的实体权利义务关系。二是家事诉讼示范证据的价值。即查明案件客观真实，追求司法实质公正。

最后，示范证据的体系性。家事诉讼证明活动由取证、举证、质证、认证等环节构成主线，法官释明与心证公开贯穿其中。家事诉讼示范证据的示范内容和运用规则涵盖家事诉讼证明活动的各个环节，构成完整的体系。随着家事诉讼证明活动的推进，家事诉讼示范证据逐步完成了对证据运用的示范，包括待证事实确认示范、当事人举证示范、法官释明示范、法官认证示范，家事诉讼示范证据运用规则也相应地完成了体系上的构建。

衔接上述三大诉求，完整的示范证据体系应涵盖待证事实确认示范、当事人举证示范、法官释明示范和法官认证示范四个部分。待证事实确认示范就是把待证事实以直观生动的实物或范本的形式展现给当事人，使当事人对家事纠纷事实的认识凝结在对待证事实的具体内容上，明确了当事人收集证据的范围，限定了举证的范围，限定了裁判认识的视域。举证责任确定，关系到原告与被告起诉和答辩时各须主张哪些要件事实，通过当事人举证示范将当事人的举证责任分配清楚，极大地为当事人举证提供便利。而法官释明示范则规范法官释明的标准和程度，法官以询问、告知等方式向证据能力较低的当事人释明具体案件需要证明的对象、所需的证据种类及相关事实的证明程度，弥补当事人在诉讼中能力的不足。法官认证示范，法官的认证部分应通过在裁判文书中以心证公开的方式进行确认，示范性“认证”内容公开，形成典型的证据示范，可以为法官裁决案件提供参考和指引。示范证据改革在司法效果上致力于实现从家庭情感干预到法律要素指引的转变，克服家事诉讼案件举证难、查清事实难、审理难等问题，为推进家事诉讼改革提供研究路径，促进家事诉讼纠纷有效解决。

（二）家事证据可视化：证据示范的体系分析

1. 待证事实认知示范

在我国家事诉讼司法实践中，大多数家事当事人普遍法律认知水平较低，缺乏专业的法律知识，容易将案件事实与待证事实两个概念相混淆，错误理解二者的联系与区别，而取证和举证又是以待证事实作为证明对象，故对待证事实的认知偏差无疑会增加当事人的证明成本，阻碍家事诉讼证明活动的推进，影响家事诉讼案件审理的公正和效率。鲤城法院既有的示范证据清单，就是对这一问题提出的基层司法回应。

在我国证据法学理论中，待证事实不同于案件事实。案件事实较为抽象和模糊，是对法律规定的行为构成的综合判断；而待证事实则对应于具体和明确的证明对象，不同的待证事实指向不同的证明方向。待证事实是案件事实中需要当事人或法官运用证据予以证明的事实，即待证的案件事实。要查清案件真相，必须将案件事实进行拆解，将待证事实与已知事实和已证事实作区分，运用证据对待证事实予以证明，最终才能使案件事实变得清晰明了。

家事诉讼中，当事人对家事诉讼案件待证事实的认知错误主要表现为，略过对家事诉讼案件事实的拆解过程，直接将抽象模糊的案件事实等同于具体明确的待证事实作为诉讼证明的对象，这一逻辑错误导致证明方向的偏差，造成证明对象的模糊。家事诉讼示范证据对当事人法律认知的指引，第一步就是对待证事实确认的示范，以纠纷内容的不同为标准对家事诉讼案件进行类型化划分，再通过对诉讼主张事实、实体要件事实和争议事实的判断分析，完成待证事实的确认，指引家事当事人在各类型家事案件中准确定位特定的证明对象，明确证明方向。

2. 证明责任认知示范

不论是证明责任性质的理解，还是证明责任术语的采用，目前学界均存在争议，主要是由于证明责任及相关术语极具高度抽象性，容易基于主观认知偏差而对术语的采用作出不同的选择，进而对其概念、性质和分配产生不同的理解，引发歧见并争论不止。

将这一问题具体到家事诉讼个案中，不难发现，证明责任相关理论的高度抽象性和由此引发的误导性，使得家事诉讼当事人难以基于正确的认知而作出正确的选择，由此引发了证据不充分或证据不完整等问题，严重阻碍了家事诉讼证明活动的有序、高效进行，不利于案件客观真相的查明和矛盾冲突的厘清，加大了家事审判的难度和成本，当事人的权益往往难以得到有效的保护，纠纷难以得到公正的解决。

鉴于家事纠纷所涵盖的内设逻辑要求纠纷的解决应更具温情的偏向，以及满足血缘关系或生活上的紧密型与情感性所期盼的融洽关系，[①] 较宜在家事诉讼中实行有限的辩论主义。有限辩论原则即法院可依职权斟酌当事人未主张的事实，法院完全不受当事人主张事实和提供证据的约束。通过家事诉讼示范证据要素清单将法院依职权可能要求提供的证据予以示范，更好地指引当事人提供证据。通过对家事诉讼纠纷的类型化划分，归纳各类家事诉讼案件可能存在的争议焦点，明确待证事实，示范证明主体、证明对象、举证事项、证据形式和举证不能的后果，指引家事诉讼当事人针对己方提出的对己有利的争议事实运用证据予以证明，或者反驳对方提出的对己不利的诉讼主张，为当事人固定证据、保存证据、收集证据作出示范，指引个案当事人和社会公众在操作层面上形成对双方证明责任更为直观的理解与认知，指引当事人举证证明，预设当事人举证不能可能承担的不利诉讼后果。

3. 证据能力认知示范

证据能力，是指某种事实材料能成为诉讼中的证据以认定案件事实的资格和条件。[②] 为维护家事诉讼当事人的实体权利，确保审判的公正性，只有具备关联性、合法性、客观真实性的证据才能作为定案根据，具备证据能力是作为家事诉讼证据的先决条件。由于家庭纠纷的隐蔽性和复杂性，家事诉讼相比一般民事诉讼，在证据收集方面已存在很大困难，加之双方当事人作为提供证据的主体，往往缺乏专业的法律知识和熟练的诉讼技能，且普遍存在举证证明的迫切心理，导致家事案件中采用暴力、胁迫、利诱等不当手段获取证据、伪造证据、证人作伪证的比例偏高。法官在面对这些混杂的证据材料时，须耗费大量时间和精力才能完成争点整理和证据认定，无形中增加了诉讼成本。而且，法庭辩论通常

① 齐树洁、邹郁卓：《我国家事诉讼特别程序的构建》，载《厦门大学学报（哲学社会科学版）》2014 年第 2 期。

② ［日］兼子一、竹下守夫：《民事诉讼法》，白绿铉译，法律出版社 1995 年版，第 100 页。

也是围绕证据展开的，证据材料的混乱往往也会导致双方辩论的混乱，降低了审理效率。

家事诉讼示范证据通过常见证据类型展开和证据事项罗列，使得家事证据能力的认定具有可预测性，引导家事诉讼当事人对证据关联性、合法性、客观真实性形成正确的认知，指导当事人从证明诉讼主张、维护实体利益的目的出发，尽量收集提供适格证据来论证自己的观点、反驳对方的主张，说服法官形成内心确信并作出对己有利的结论。

4. 证明力认知示范

通过调查证据方法而感知的材料叫作证据材料。证据材料对认定要件事实能否起作用的影响力叫作证据力或证据价值，亦即诉讼证据的证明力。[①] 法官作为家事诉讼案件的裁判者，除了需要完成证据材料的收集调查工作，还必须审查当事人双方提交的证据材料，判断各个证据材料对认定待证事实的影响程度和作用力。

在家事诉讼司法实践中，证据是否具有证明力的关键在于是否与待证事实具有事实上、法律上和逻辑上的关联，证明力的大小、强弱由关联性的紧密程度决定。一般来说，如果家事诉讼证据与家事诉讼案件待证事实之间的联系紧密，能够有力证明待证事实，则该证据的证明力较强，在家事诉讼中所起的证明作用也较大；反之，则证明力较弱，证明作用也较小。在家事诉讼证明活动中，由于文化水平和法学素养的局限，当事人尤其是处于弱势地位的妇女、未成年人、非婚生子女、老人等，往往缺乏正确的法律认知，不能保证所提交的证据材料的证明力。

家事诉讼示范证据指导当事人形成正确的证据证明力认知，通过发布各类型家事案件的证据要素清单，引导当事人准确把握证据资料证明力的大小，对各个证据材料对证明案件待证事实的影响力作出正确的判断和比较，并有针对性地、高效率地进行证据的收集，进而提高当事人的举证能力、节约当事人的诉讼成本。

① ［日］兼子一、竹下守夫：《民事诉讼法》，白绿铉译，法律出版社1995年版，第100页。

三、家事诉讼示范证据证明示范

如果说上述的证据示范，更多是面向当事人提供关于案件事实的规范化理解以及涵盖于法院释明权范畴内，指向涉及案件证明什么（待证事实）、由谁证明（证明责任）、如何有效证明（证据能力与证明力）的可视化说明，则有必要在司法改革的闭环，因循在具体司法证据示范过程中，还需要观照具体举证责任分配的示范公开。在此，切忌单纯将其局限在法官释明的维度，以避免其主观性可能存在的适用不一问题，防止心证公开的个案化造成的当事人对裁决结果的“认知错愕感”，或者说是一种事后的心证公开后落差。

（一）举证责任分配示范

“鉴于法院有限的人力、物力，为提高程序的效率，仍应将一定的证据收集、提出任务分配给当事人。”① 因为“只有当事人才是推动诉讼进行和案件真实发现的原动力”。② 举证责任的确定，是家事诉讼当事人进行司法证明活动的重要前提。举证责任的分配，直接关系到法官裁判的结果。家事诉讼示范证据以诉讼要素清单为载体，对举证责任的分配进行了示范。家事诉讼要素清单相比一般民事司法活动中的“举证通知书”，更具备示范家事诉讼当事人举证责任分配的指引机能。家事诉讼纠纷的类型化划分、类型家事诉讼案件待证事实的归纳、哪一方当事人对该待证事实具有举证责任、家事诉讼证据类型的展开、常见证据事项的说明等问题，均得以详细、具体、直观地体现在示范要素清单上。这种“要素式”指引的功能，既体现在使家事纠纷主体在纠纷发生后能够有意识地、及时地进行证据固定和证据保存，掌握完整、充分的证据资料，为进行家事诉讼证明活动作准备，又体现在当家事纠纷进入诉讼场域后，能够于起诉状和答辩状中有选择地、有针对地提交所掌握的证据资料，以查明案情澄清家事纠纷发生的因果关系，使家事纠纷得到正确的解决。

---

① 邱联恭：《处分权主义、辩论主义之新容貌及机能演变——着重于评析其如何受最近立法走向所影响及相关理论背景》，载民事诉讼法研究基金会编：《民事诉讼法之研讨（九）》，中国台湾地区三民书局2000年版，第308—309页。

② 唐力：《辩论主义的嬗变与协同主义的兴起》，载《现代法学》2005年第6期。

另外，家事诉讼示范证据的举证责任分配，弥补了民事诉讼一般证明规则与家事诉讼特殊性的冲突，结合家事案件纠纷的特点，重新审视了家事案件的举证责任分配规则，并对特殊案件当事人的举证责任进行特殊的分配。由于家庭生活的隐秘性和家事纠纷的隐蔽性，加之当事人之间信息不对称、诉讼能力差距大等问题普遍存在，相比一般的民事诉讼，家事诉讼证据的收集本就存在很大的难度，若在确认亲子关系、确认收养关系、追索赡养费、抚养费、抚育费等案件中，机械适用“谁主张，谁举证”的举证责任分配规则，要求未成年人、老年人等弱势群体承担举证责任且达到“证据确实充分”的证明标准，否则将承担败诉风险，将阻碍诉讼证明活动的顺利进行，加大案件事实查明的难度，甚至产生与案件客观真实相矛盾的审判结果，与家事诉讼“发现客观真实，追求实质公正”的价值取向相背离。

（二）示证说服示范

家事诉讼中，法院不得逾越当事人主张的诉讼标的范围而为突袭性裁判，禁止法院就当事人未主张的诉讼标的进行审判。[①] 示证说服，指家事诉讼当事人针对特定的待证事实，向法庭出示证据并予以证明，以说服法官达到内心确信并将其主张的事实认定为案件事实，最终形成对其有利的诉讼结果。示证说服的内容是特定的待证事实，示证说服的标准是法官的内心确信。由于家事诉讼当事人尤其是弱势群体的法律认知和诉讼技能的局限，在证明活动中完成示证说服存在困难。家事诉讼示范证据对当事人的示证说服提供指引，通过证据要素清单、诉讼要素表等形式，示范类型家事案件的待证事实和足以使法官达到内心确信的证据事项，指引当事人收集证据并以此进行示证说服。简单来说，就是告知当事人对于类型家事诉讼案件，为证明特定的待证事实，应当出示哪些证据材料，才能使法官达到内心确信，进而实现诉讼目的。

例如，根据家事诉讼示范证据，在婚姻纠纷案件中，为证明“登记一方存在欺骗对方，或者在结婚时弄虚作假，骗取结婚证”的待证事实，以符合离婚诉讼中“夫妻感情确已破裂”的实质要件，当事人应当出示的证

---

① 许士宦：《离婚请求之诉讼标的选定及其裁判基础之事实证据收集（上）》，载《月旦法学教室》2014 年第 137 期。

据资料有：被伪造或涂改的户口簿、身份证、婚姻登记证书或其他证明材料（包括结婚证、离婚证、死亡证明、法院判决生效书、法院调解书、照片等）；或是在婚姻登记时，故意隐瞒当事人无民事行为能力或限制民事行为能力，骗取婚姻登记的相关证据；或是冒名顶替或使用他人身份信息骗取婚姻登记的相关证据；或是隐瞒婚姻史办理婚姻登记的相关证据；或是未如实填写婚姻登记的相关声明书等。通过提供以上示证说服内容，证实过错方确实存在欺骗或者弄虚作假，从而进一步证实夫妻感情确已破裂。

家事诉讼示范证据为当事人提供了具体的示证内容及证据事项，使得当事人可以更有目的性地收集对己有利的证据材料，完成诉讼主张的证明，说服法官形成内心确信并作出对己有利的案件事实认定结论和裁判结果。

（三）证明不能后果示范

家事案件倡导法院职权探知，但并不代表司法能动的无度，司法裁判的克制与理性在家事案件中同样需要贯彻。[①] 日本学者谷口安平主张："辩论原则与职权探知原则尽管不同，在后者的支配下当事者也不能完全免除在前一原则下所负担的责任。在当事者不积极地从事主张或举证等诉讼活动就可能招致不利后果这一意义上，家事审判等较特殊的程序同样具有当事人主义的性质"。[②] 证明不能后果，即客观证明责任，是整个证明责任制度最为核心和本质的内容。在家事争点司法证明过程中，证明不能后果的确认和归属，直接关系到双方当事人的实体权利和义务的分配，直接关系到案件客观真实的发现和司法实质公正的实现，是家事诉讼特有的价值取向的直接体现。

家事诉讼示范证据对证明不能后果的示范体现于，根据纠纷内容的不同，对家事诉讼案件进行类型划分，归纳各类家事诉讼案件对应的各个待证事实，厘清争议法律关系，明确客观证明责任的分配规则的适用，进而确定证明不能后果及其归属。家事诉讼作为特殊的民事诉讼，明确和规范当事人双方的诉讼证明不能后果，既能形成证明不能后果的内容和归属的

① 张海燕：《家事诉讼证据规则的反思与重构》，载《政治与法律》2018 年 11 期。

② ［日］谷口安平：《程序的正义与诉讼》，王亚新、刘荣军译，中国政法大学出版社 2002 年版，第 77—78 页。

可预测性，有助于家事诉讼裁判结果的接受程度的提升，避免涉诉信访问题频发，又能强化当事人的证据意识，促使当事人积极收集和运用证据，推动家事争点司法证明活动顺利进行。

（四）案件事实认定示范

案件事实认定，指针对客观存在的事实，案件当事人双方完成各种证据材料的出示并进行充分陈述后，由法官对此形成法律判断和内心确信，并通过语言或文字的形式表达出来，作为裁判的依据。由于婚姻家庭纠纷的隐蔽性和复杂性，在家事司法实践中，困难的不是法律规范的寻找和适用，而是案件客观真相的还原，争议焦点主要集中在案件事实，当事人双方的攻击和防御也主要是围绕案件事实展开。正确认定案件事实是明确权利义务关系、维护司法实质正义的前提。然而，由于家事诉讼的举证困难，案件事实的认定与案件真相的发现并非易事。

家事诉讼示范证据对家事诉讼案件事实认定的规范，是通过对家事案卷材料进行大数据分析，归纳出各类型家事诉讼案件中当事人的主张事实，并经法律构成要件的涵摄形成主要事实，完成案件事实认定的第一阶段；再通过将主要事实经是否存在争议的筛选形成待证事实，完成案件事实认定的第二阶段；最后根据证据运用规则消除待证事实的不确定性，最终形成裁判事实，完成案件事实认定的第三阶段。家事诉讼示范证据为案件事实认定规则的运用提供了一种示范性的路径和模式，指导法官形成一种确定性认识，促进案件事实的认定更接近于案件真相，实现实质公正。另外，家事诉讼示范证据规范了案件事实认定的过程和标准，为诉讼参加人和社会公众提供了一个客观的参考依据来评价认定主体和裁判结果的公正性，从而减少他们对家事审判的疑问与责难。

在家事身份类案件中，当事人对诉讼标的无处分权，法院对真实事实的追求被自然化，[①] 故当事人自认的事实不能直接被法院认定为裁判事实，而仍需通过证据予以证明。而各类型案件是否适用关于当事人自认的规定，情况不一，可以根据示范证据规则予以列明。这也衔接起家事诉讼示范证据对法官自由心证的示范，就是通过构建家事纠纷认证规则体系，在完成家事诉讼案件类型化划分的基础上，对各类型案件中的各个独立的证

① 张卫平：《民事证据法》（第五版），法律出版社2019年版，第120页。

据的提供责任、证明规则、证明能力、举证不能后果等要素的具体性审查判断及其依据进行最大程度的详尽的预测，得以弥补家事法官在个案中运用逻辑规则和经验法则时可能存在的缺陷。

申言之，在家事诉讼中，对于证据能否被采纳的问题，法官应当根据证据能力认证规则进行审查、判断、认定并阐明理由；对于证据能否被采信的问题，法官也应根据证明力认证规则进行审查、判断、认定并阐明理由。法官既要对已经被法庭采信并且作为定案根据的证据作出说明，也要对那些因具真实性、合法性、关联性而被法庭采纳但却未被采信的证据作出说明，阐明其未被作为定案根据的理由。只有让当事人对法官认证的过程、结果、理由和依据产生认知和认同，才能强化家事诉讼司法信服感，发挥诉讼作为家事纠纷解决之最后途径的定分止争作用。

四、未竟的结语

毫无疑问，泉州市鲤城区人民法院正在试行的家事诉讼示范证据改革，将是现行的家事纠纷改革的方向，主要是着眼于调解现代化与社会治理模式创新的独特尝试。在客观承认了家事纠纷处置方式强调对情感危机的情绪性安抚和调处的用处之外，着力解决家事案件判决的比率上升带来的法院职权干预的家事审判的困境；并切实回应普通民众对于婚姻案件事实认知和诉讼证据的运用关切，以改变他们囿于获得专业法律服务不足时，收集证据时漫无目的，费时费力，甚至对待证据事实混乱，不懂得保存证据的不利诉讼局面。鲤城法院的示范证据改革，可以让民众直观、有形地了解该类型案件的证据实物要求。这既可以作为法官释明的工具和依据，也可以指引当事人，便于当事人理解诉讼程序，促进法律规范化解决，以此发挥同类案件的证据示范功能，推进家事诉讼证明司法能动机制。

在社会综合治理创新的维度，结合了家事证据证明体系的整全性示范证据改革体系，还将因为其直观的表达而重新打通司法专业化嵌入社会认同体系的新通道。原因在于，家事诉讼本身就是去对抗性和轻竞技化的特殊司法场域，但是其纠纷所涉及的法律关系又因为叠加人身权或人格权等特殊内容，并交织在复杂的社会关系网络中，而难以简单地进行“唯法律判定”的“法化解纷”。当然，这并非再次滑向调解进路的改革往复，而系针砭于上述“法化解纷”的单向性，即这种法化造成的司法突袭，更多是在家事当事人认知法律能力的落差语境下形成的，而示范证据恰好在于为舒缓这种落差而提供了化难为易的证据基础，将精深的专业法律知识以简易明了有形证据方式展示给双方当事人，能够充分地让双方当事人在信息平等的基础上进行诉讼，促进民众对精深专业法律知识的可视化理解，进而有利于当事人之间武器平等原则的实现。同时，证据示范的展示拉近法院裁判与民众可接受度。法院的裁判是民众了解案情审判依据的重要方式，通过示范证据，民众事先能够预测并了解举证不能的问题。同时，法官也依据示范证据依法判决，这就形成对法官的外在约束，增强自由裁量权行使的透明度，有利于当事人的监督，防止自由裁量权的滥用。民众通过示范证据可以直观地比对，对案件的具体事实与法律规定是否相符合进行对比分析，提高民众的可接受程度，有利于家事司法从源头真正做到服判息诉、实现公正。

“未有和气萃焉，而家不吉昌者；未有戾气结焉，而家不衰败者。”家事示范证据改革以其前置于诉讼对抗的司法理性示范，形成了家事纠纷解决中独特的优势。

夫妻债务性质的甄别与认定规则
——以 Q 市法院 37 份民事二审裁判文书为分析样本

郑昭文（福建省泉州市中级人民法院）

一、夫妻债务性质认定的实证考察

为考察 Q 市司法实践中有关夫妻债务性质的认定规则，选取“法信”的裁判文书数据库作为检索基础，以 Q 市中级人民法院审理的二审民事案件作为检索对象，以“本院认为”部分涉及“夫妻共同债务”为关键词，设置 2018 年截至 10 月 1 日的时间区间，共取得 37 份研究样本。之所以将 Q 市作为目标区域范围，旨在立足本地区的司法实践进行研究，从中分析提炼出疑难问题并寻求解开症结的方法和结论。将中级人民法院作为目标法院层级，主要源于研究精力所限，涉夫妻债务认定的案件量不在少数。将二审民事裁判文书作为目标研究样本，希冀在研究精力有限的情况下，通过比较分析一、二审法院对同一焦点问题的认定，扩大选取样本的代表性。

（一）涉及案由

2018 年在本院认为部分涉及“夫妻共同债务”论述的 37 份二审裁判文书中，有 36 份民事判决书，1 份民事裁定书。共涉及 4 种案由，按占比轻重排列依次为民间借贷纠纷 32 件，金融借款合同纠纷 2 件，买卖合同纠纷 2 件、案外人执行异议之诉 1 件。如图一所示：

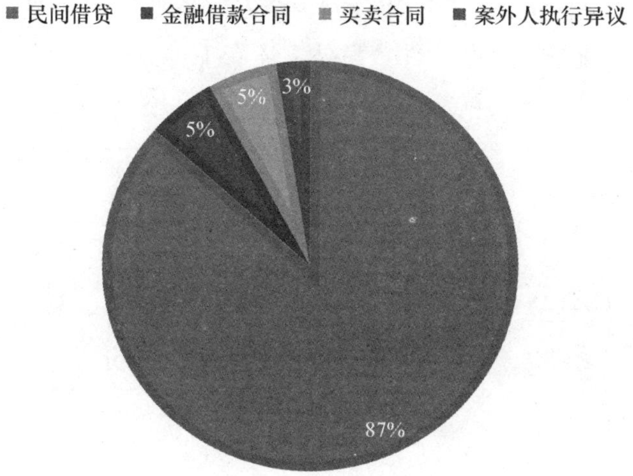

图一：案由占比

（二） 二审裁判结果

其中二审改判24件，发回重审1件，改判发回共25件，占全部37件的68%，维持的仅有12件。其中一审被认定为共同债务、被二审改判为个人债务的有19件，占二审改判案件的79%。如图二所示：

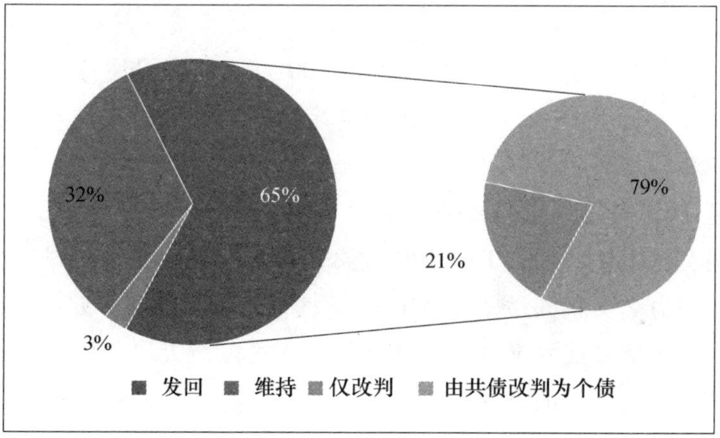

图二：改判占比

（三） 债务性质认定

在研究样本中，一、二审均认定为共同债务的有16件，占全部37件的43%。被二审认定为个人债务的共有20件，占全部37件的54%。其中一审被认定为共同债务、被二审改判为个人债务的19件，被一、二审均认定为夫妻个人债务的仅有1件。另外，还有1件系一审认定为共同债务，二审认定为公司债务，与夫妻无关。如图三所示：

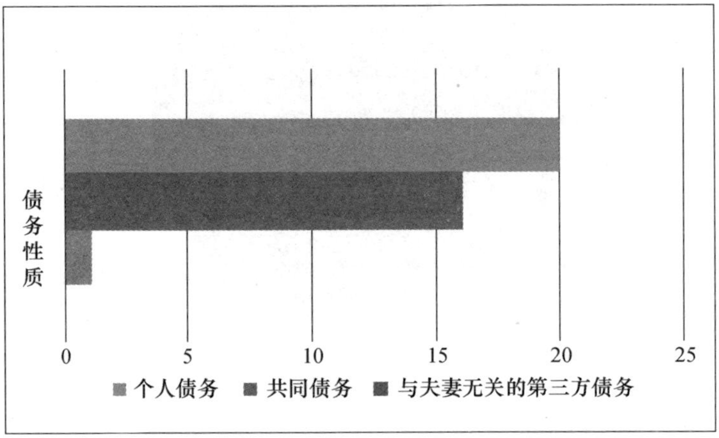

图三：债务性质认定占比

（四） 案涉标的额

在研究样本中，案涉总标的金额为24784547.52元，其中最低的为2300元，最高的达5680360元。经过改判为个人债务的案涉标的金额为7659592元，最低的6万元，最高的达100万元。值得注意的是，尚未出现一审认定为个人债务，被二审改判认定为共同债务的案件。当然，这与本文所收集样本有限有关。

（五） 外在形式上的举债主体

在研究样本中，仅有1起金融借款合同纠纷案系夫妻共同签署借款合同，即以双方名义共同举债。其余36起案件全部为配偶一方以个人名义对外借款、结欠货款或签署债权凭证。其中丈夫以个人名义举债的有30件，妻子以个人名义举债的有6件，分别占单方举债案件的83%和17%。如图四所示。

（六） 诉讼阶段是否在婚姻关系存续期间

在研究样本中，直至二审期间双方仍处于婚姻关系存续期间的有30件，占全部37件的81%。已离婚的有6件，其中被抗辩为假离婚的有2件。举债一方死亡的有1件。

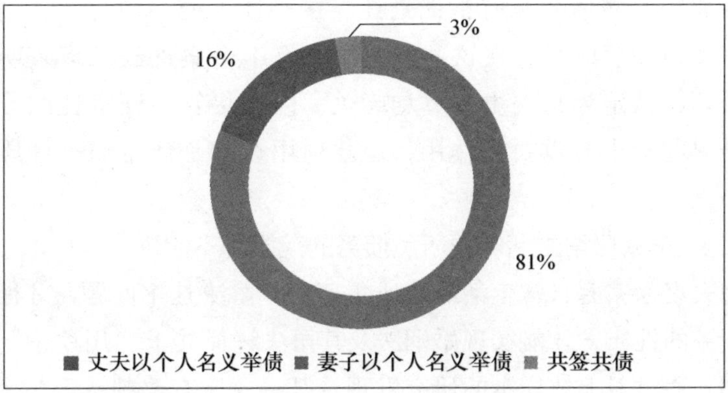

图四：外在形式上的举债主体

二、从实证考察梳理出的实务现状和热点问题

（一）夫妻债务性质认定现状的原因分析

根据上述样本分析，涉夫妻共同债务案件发改率高达68%，究其原因，主要在于裁判依据和举证责任分配规则的变化。在所有的由共同债务改判认定为个人债务的案件中，一审无一例外适用2003年《最高人民法院关于适用〈中华人民共和国婚姻法〉若干问题的解释（二）》第24条规定："债权人就婚姻关系存续期间夫妻一方以个人名义所负债务主张权利的，应当按夫妻共同债务处理。但夫妻一方能够证明债权人与债务人明确约定为个人债务，或者能够证明属于婚姻法第十九条第三款规定情形的除外。"理由在于：由于案涉债务形成于婚姻关系存续期间，推定为夫妻共同债务。夫妻双方对债务属于个人债务负有举证责任，在举证不能的情况下，判定为共同债务。二审则全部适用2018年《最高人民法院关于审理涉及夫妻债务纠纷案件适用法律有关问题的解释》第3条规定："夫妻一方在婚姻关系存续期间以个人名义超出家庭日常生活需要所负的债务，债权人以属于夫妻共同债务为由主张权利的，人民法院不予支持，但债权人能够证明该债务用于夫妻共同生活、共同生产经营或者基于夫妻双方共同意思表示的除外。"理由在于：虽然案涉债务形成于婚姻关系存续期间，但金额超过家庭日常生活需要，推定为夫妻个人债务。债务

人对债务属于共同债务负有举证责任，在举证不能的情况下，判定为个人债务。值得注意的是，在这些样本中，有 1 个案件经二审查明借款用途用于公司，认定为与夫妻双方均无关。因此尽管举证责任的分配对案件裁判结果起到十分重要的作用，但款项用途才是认定债务性质的核心因素。

（二）家庭日常生活需要所负债务的范围尚不明确

何为夫妻为家庭日常生活需要所负债务？解决这个问题，才能准确认定夫妻债务的性质，才能实现婚姻法及其司法解释关于“用途论”的有效合理运用。通过对上述样本的研究发现：其一，所有改判认定为个人债务的判决均直接指出案涉金额系超过家庭日常生活需要，并未阐述究竟为何作出这一论断。虽然这些裁判实质上能够实现个案正义，但在文书说理上仍有进一步提升的空间。其二，即使在同一地级市范围内，也未能形成相对同一的裁判尺度，这与不同地区之间、不同家庭之间经济发展水平存在差异有关，需结合每个案件的具体实际进行审理。

（三）如何衡量未举债一方与债权人对债务用途的举证能力

尽管样本数量是有限的，但通过样本分析，我们发现关于夫妻债务性质的认定通常有以下几种不同抗辩：（1）举债一方抗辩属共同债务；（2）举债一方抗辩属自己个人债务；（3）未举债一方抗辩属配偶个人债务；（4）夫妻共同抗辩属举债一方个人债务；（5）举债一方未作任何抗辩。上述 5 种情形有 3 种直接与举债一方的积极抗辩有关，根据谁主张，谁举证的原则，本应由举债一方承担举证责任，证明举债用途。但在新的司法解释尚未出台之前，在 37 个样本中的 20 个案件一审直接以夫妻关系存续期间为由，认定为夫妻共同债务，未涉及举证责任的论述。需要指出的是，这些案件的二审均在举证责任的承担方面加强了说理及论证。

上述情形中，如出现未举债一方抗辩属配偶个人债务，且举债一方未作任何抗辩时（通常表现为缺席一、二审庭审），未举债一方往往处于孤立无援的状态。由于其并未实际参与债权人的交易，对交易的真实性、举债的数额以及款项用途的证明能力都是很低的，此时根据婚姻法司法解释（二）第 24 条规定，时常面临败诉的高风险。

在新的司法解释出台之后，夫妻一方未超过家庭日常生活需要的债务仍然推定为共同债务，但超过家庭日常生活需要的债务则推定为个人债务，由债权人承担证明系共同债务的举证责任。即该债务用于夫妻共同生活、共同生产经营或者基于夫妻双方共同意思表示。尽管对于家庭日常生活需要的债务范围没有明确的数额规定，但由于作为夫妻共同体之外的债权人，要实现上述证明目的亦颇有难度，因此通过举证责任的分配加重了债权人对于大额金钱借贷、货款等的注意义务，有益于维护交易安全和生活秩序。

事实上，无论是未举债一方或者债权人，其对借款用途的证明能力，较之于举债一方，都是相对薄弱的。举债一方才是连通家庭内外，知悉交易详情及款项用途的枢纽。因此，在新的司法解释对举证责任进行细化完善的情况下，仍应考虑如何衡量未举债一方与债权人对债务用途的举证能力，将举债一方的抗辩和举证责任作为重点审查的对象。

（四）在被告未到庭抗辩时如何查清案件事实并裁判

通过样本分析，我们发现37起案件中有21起案件的一审阶段夫妻均未到庭参加诉讼。根据我国民事诉讼法第144条规定："被告经传票传唤，无正当理由拒不到庭的，或者未经法庭许可中途退庭的，可以缺席判决。"司法实践中，若一审夫妻均未到庭或者其中一方未到庭，那么根据婚姻法司法解释（二）第24条规定，概括式推定为夫妻共同债务的处理起来显得更简便些。但是根据新的司法解释，同样存在缺席审判的情况下，是否超出家庭日常生活需要的范围如何界定？可否因为债权人主张不超过日常生活需要的小额债务，则认定为夫妻共同债务？而对于高额债务，债权人须举证证明系该债务用于夫妻共同生活、共同生产经营或者基于夫妻双方共同意思表示。由此，是否又会产生债务人怠于行使诉讼权利与债权人举证困难的矛盾？法院应作何裁断？

三、最新司法解释的规则变化及其法理基础

（一）最新司法解释的规则变化

以下图表反映了我国关于夫妻债务性质认定的基本梗概，体现了最新司法解释的规则变化，主要在于回归用途论，并进一步构建了日常家事代理制度，明确在日常家事代理范围内的债务推定为共同债务，超出范围则以用途认定。

用途论	推定＋例外	指定＋用途
婚姻法第41条	婚姻法司法解释（二）第24条	新司法解释第2条、第3条
2001年出台	2003年出台、2017年补充	2018年出台
防止夫妻一方非因共同生活需要任意举债，保护夫妻一方的合法权益	防止夫妻双方恶意串通以达到逃避债务的目的，保护债权人的合法权益	平衡保护夫妻一方和债权人的合法权益
离婚时，原为夫妻共同生活所负的债务，应当共同偿还。共同财产不足清偿的，或财产归各自所有的，由双方协议清偿；协议不成时，由人民法院判决	债权人就婚姻关系存续期间夫妻一方以个人名义所负债务主张权利的，应当按夫妻共同债务处理。但夫妻一方能够证明债权人与债务人明确约定为个人债务，或者能够证明属于婚姻法第19条第3款规定情形的除外 夫妻一方与第三人串通，虚构债务，第三人主张权利的，人民法院不予支持 夫妻一方在从事赌博、吸毒等违法犯罪活动中所负债务，第三人主张权利的，人民法院不予支持	第2条　夫妻一方在婚姻关系存续期间以个人名义为家庭日常生活需要所负的债务，债权人以属于夫妻共同债务为由主张权利的，人民法院应予支持 第3条　夫妻一方在婚姻关系存续期间以个人名义超出家庭日常生活需要所负的债务，债权人以属于夫妻共同债务为由主张权利的，人民法院不予支持，但债权人能够证明该债务用于夫妻共同生活、共同生产经营或者基于夫妻双方共同意思表示的除外

（二）最新司法解释的法理基础

1. 日常家事代理权的内涵

夫妻，或称“家”，是由男女双方经婚姻确认而形成的生活共同体，并不具有独立的民事主体地位，民法中的“人”包括自然人、法人和非法人组织，并不涵盖“家”的概念。夫妻不因该生活共同体而丧失独立人格和各自的主体地位。大陆法系国家（地区）通说认为，日常家事代理权是指具有合法婚姻关系的夫妻一方，有权代理另一方对外处理日常家事事务，该行为后果并非由夫妻一方单独负责，而是由双方共同负责。日常家事代理制度赋予夫妻一方根据日常家事代理权进行交易，对于夫妻内部关系而言，另一方无须知情或具有进行交易的内心意思。既尊重夫妻的人格尊严，也维护了夫妻的家庭共同利益。对于夫妻外部关系而言，另一方无须向交易相对人作出相应的意思表示，但却会直接受配偶与第三人的交易约束。有利于提高交易效率，维护交易安全，保护第三人合法权益。

2. 日常家事代理行为的构成要件

首先，从主体要件看，日常家事代理权的权利主体应仅限于具有合法婚姻关系的夫妻。尽管英美法系国家的家事代理制度称为“因同居所生之代理（agency from cohabitation）”，判断标准为“同居关系”，并不以婚姻作为日常家事代理权产生的基础。然而，如果将家事代理权制度扩大适用至同居关系当事人，甚至其他家庭成员等主体范围，很可能会进一步带来内部责任和外部关系复杂化等新问题。在主要大陆法系国家或地区的民法典也基本采用相同的立法模式。如《法国民法典》规定的是“夫妻各方”，《德国民法典》规定为“配偶的任何一方”，《瑞士民法典》规定为“配偶双方”，我国台湾地区“民法”亦规定为“夫妻”。因此无论从立法传统，抑或是从保护第三人对夫妻这一生活共同体的合理信赖利益的角度考虑，日常家事代理权的权利主体都宜仅限于具有合法婚姻关系的夫妻。由于日常家事代理权基于婚姻关系产生，也因夫妻双方离婚而消灭。

其次，从客体要件看，家事代理权的适用对象仅限于“日常家庭事务”。对日常家事的界定主要采取概括规定与例外限制相结合的模式。以德国法为例，日常家事代理权交易需符合特定条件。《德国民法典》第1357条规定，配偶中的任何一方均有权缔结旨在“适当满足家庭生活需要”的交易，该交易对另一方配偶亦有拘束力。为了满足家庭生活需要，即交易符合该家庭的经济状况和生活习惯。这一规定不适用于所有职业性债务或纯属一方配偶财产权领域的交易，可适用于关于实物或服务的借贷，但金钱借贷除外，因为它不属于直接满足家计需要的交易（如日用品采购）。法国将日常家事代理的范围界定为“维持家庭日常生活和教育子女之合同”，瑞士界定为“在婚姻共同生活代表权的正当范围内”，我国台湾地区“民法”并没有具体规定该范围，散见于各学者专著。史尚宽先生提出：“为夫妻共同生活通常必要的一切事项，一家之食物、光热、衣着等之购买，保健（正当）娱乐、医疗、子女之教养，家具及日常用品之购置，女仆、家庭教师之雇佣，亲友之馈赠，报纸杂志之订购等”。这为日常家事代理的范围界定提供了学理上的参考。

为了适用审判的现实需要，我国司法解释和地方法院指导意见对典型非家庭事务类型进行了列举。2018 年 1 月，最高人民法院民一庭在《关于审理涉及夫妻债务纠纷案件适用法律有关问题的解释》答记者问中指出："国家统计局有关统计资料显示，我国城镇居民家庭消费种类主要分为八大类，分别是食品、衣着、家庭设备用品及维修服务、医疗保健、交通通信、文娱教育及服务、居住、其他商品和服务。家庭日常生活的范围，可以参考上述八大类家庭消费，根据夫妻共同生活的状态（如双方的职业、身份、资产、收入、兴趣、家庭人数等）和当地一般社会生活习惯予以认定。但农村承包经营户有其特殊性，农村承包经营户一般以家庭为单位，家庭日常生活与承包经营行为经常交织在一起，二者难以严格区分，故为了正常的承包经营所负债务，可以认定为家庭日常生活需要所负债务。强调指出，家庭日常生活需要的支出是指通常情况下必要的家庭日常消费，主要包括正常的衣食消费、日用品购买、子女抚养教育、老人赡养等各项费用，是维系一个家庭正常生活所必需的开支。"

2018 年 5 月浙江省高级人民法院紧随最新司法解释，发布《浙江省高级人民法院关于妥善审理涉夫妻债务纠纷案件的通知》（浙高法〔2018〕89 号）。通知指出：按照通常理解，"家庭日常生活需要"是指夫妻双方及其共同生活的未成年子女在日常生活中的必要开支事项，如正常的衣食住行消费、日用品购买、医疗保健、子女教育、老人赡养、文化消费等。审理中，判断负债是否超出"家庭日常生活需要"，可以结合负债金额大小、家庭富裕程度、夫妻关系是否安宁、当地经济水平及交易习惯、借贷双方的熟识程度、借款名义、资金流向等因素综合予以认定。并将"单笔举债或对同一债权人举债金额在 20 万元（含本数）以下的"作为各级法院认定"为家庭日常生活需要所负债务"的考量因素之一。于司法而言，制定与本地区经济发展水平匹配的数额作为认定夫妻债务性质的参考依据，对于指导实践、制约自由裁量权均具有积极的意义。但仍应注意避免机械司法，以实现个案公正。

（三）最新司法解释存在的不足

1. 日常家事代理的范围不够明确

由于大到全国各地经济发展不均衡，小到每一个家庭的经济水平和具体情况都不相同，最新司法解释对夫妻债务性质认定的规则较为笼统，最高人民法院指导意见列举的情形也只是概括的原则的参考因素，因此日常家事代理的范围尚不够明确。

2. 家庭共同经营的范围不够明确

除以家庭为单位的农村承包经营、以家庭为单位的个体工商户，属于典型的家庭共同经营之外，对于仅有一方参与合伙经营、仅有一方作为股东经营公司、仅有一方因金融投资对外举债等情形是否属于家庭共同生产经营，仍有待理论和实践的讨论。

3. 未规定紧急重大家庭事务属日常家事代理

处理紧急性重大家庭事务的行为应当视为日常家事代理行为，适用家事代理权规则。在某些急迫情形下，即使超出“日常家事”一般性标准的民事法律行为也应赋予其家事代理的法律效果。

四、夫妻债务性质的甄别与认定规则之完善

“要件审判九步法”等方法论的提出为司法实践提供了裁判指引。通过调研，拟设计关于夫妻债务性质甄别与认定的“繁简分流”三步法，旨在在立法和司法解释尚不完善的背景下，为解决实践难题作出有益的探索。

（一）第一步：时间排除法

通过债权人向法庭所提交以证明争讼债权的证据，可以查明借贷发生及实际履行的时间，参考夫妻双方的婚姻存续期间，即可对庭审所涉债务作出筛查，对于并非婚姻存续期间的争讼借款，除符合婚姻法司法解释（二）第23条之规定的情形外，可直接排除不在婚姻关系存续期间的个人债务。对于借贷发生后夫妻双方解除婚姻关系的，无论其在离婚时对相关债务是否约定为共同债务以及对债务分割与否，均系双方内部约定，不能以此对抗债权人的诉权。

（二）第二步：债务用途法

由于日常家事代理范围内的债务，债权人本无须举证。那么举债人作为最清楚借款用途的主体，应首先举证证明债务用途。在举债人举证不能的情况下（通常体现为未到庭），由举债人的配偶举证证明其家庭日常生活水平，该债务超出日常“食品、衣着、家庭设备用品及维修服务、医疗保健、交通通信、文娱教育及服务、居住、其他商品和服务”等方面的需

要。对此需要调查家庭的收入水平、消费习惯、抚养子女、赡养老人等家庭情况。可适当降低证明标准，例如，查明交易习惯为网上购物为主的家庭，举债人的配偶提供连续几个月的支付宝或者信用卡账单，金额很可能存在一定的波动，在举证人进行合理说明的情况下，法官可依据日常生活经验法则进行判断。

对日常家事代理范围之外的债务，债权人应当承担举证证明该债务用于夫妻共同生活、共同生产经营或者基于夫妻双方共同意思表示。1. 夫妻共同生活的范围，同样参照上述八个方面。2. 夫妻共同生产经营，由于夫妻共同生产经营相对于共同生活而言，更具有外在表现形式。债权人作为市场的交易主体，理应尽到足够的注意义务，在决定是否进行交易之前，充分考察夫妻是否共同生产经营的状况。对于该问题，实践难点在于未举债一方未直接参与共同生产经营的情况如何认定。笔者认为，不能以可能获益进行考量。而仍应紧紧围绕“用途论”的宗旨。裁判引导债权人与举债一方进行大额交易时，即有必要收集夫妻共同生产经营方面的证据。可以是公司的营业执照、举债一方配偶的工资条件、社保缴纳凭证、是否有参与对账、结欠等交易习惯，否则承担败诉风险。3. 夫妻双方共同意思表示，证明这点则主要通过共签共债和事后追认实现。共签共债虽然短时间之内降低了交易的便捷性，但长远来说，必将成为大额债务的外在表现形式。事后追认同样是实践难点问题之一，究竟未举债一方事后知悉，甚至帮忙沟通还款事宜，能否认定为对大额债务承担共同债务的事后追认，笔者对此持否定态度。为了促进夫妻共同积极面对困境，应当提高事后追认的认定标准，对于上述情形，不宜认定为构成事后追认。

（三）第三步：要素审判法

在第二步的债务用途法中，为了查清案件事实，需要了解大量的案件信息。对此，基于提高审判效率的需要，可以引入涉夫妻债务案件性质认定的要素审判法，在一审庭审前引导当事人填写案件诉讼要素表。由于当事人可能随着案情事实的查明进程而选择改变最初的陈述，因此诉讼要素表的填写最好在一审阶段确定。以民间借贷为例具体设计如下：

××人民法院民间借贷案件诉讼要素表

（××××）××民初××××号

注意事项

1. 为了更好地查明本案事实，保护当事人的合法权益，制定本表，请认真阅读，按实填写。

2. 本表的设计是针对一般民间借贷案件，可以填“无”或不填。对于本表中需要补充的项目，可以另行填写。

3. 本表中所填写内容属于向法院如实陈述的重要内容，影响案件的事实认定，经填写的要素表副表，本院将会依法送达给其他诉讼参与人。

内　容

姓　　名：	性　　别：
职　　业：	工作单位：
婚姻状况：	是否分居：
家庭月收入：	家庭消费习惯：
个人月收入：	个人消费习惯：
赡养父母情况：	抚养子女情况：
家庭负债情况：	个人负债情况：

财产制：共同所有/约定各自所有（债权人是否知悉）

本案借款数额及起止期限：

本案款项用途：

支付款项的方式：

本案本息偿还情况：

如债务人下落不明，从何时开始无法联系债务人：

其他需要说明的问题：

请对上述内容重新核对，确认后签名。

签　名：

年　月　日

（此文刊登于《福建审判》2019年第2期）

关于家事案件审判的调研报告
——以永春法院的实践为分析样本

郭丽清（福建省永春县人民法院）

家事案件虽是传统的民事案件，但又明显不同于一般的民事案件，它往往更加复杂，涉及家庭成员之间的人身关系、财产关系、未成年子女保护、个人隐私以及亲情伦理等范畴，具有高度的人身性、社会性，也具有较大的隐蔽性、私密性。大量家事纠纷的出现，带来很多家庭问题和社会问题，影响社会稳定。同时，大量家事纠纷进入法院，也给基层法院带来很大挑战。近年来，永春法院紧紧立足家事案件特点以及闽南文化传统和维护家庭和睦、社会稳定的实际需要，创新家事案件审判模式，以期实现家事案件审理的最大社会效果，促进家庭关系的和谐发展。

一、家事案件的基本情况及特点

（一）案件总量稳中有升，离婚案件所占比重大

表1：家事案件的受理情况（2011—2015年）

案件类别 / 年份	离婚（件）	婚内析产（件）	扶养、抚养、赡养（件）	继承（件）	其他（件）	合计（件）
2011	497	8	20	7	11	543
2012	513	7	9	5	15	549
2013	506	8	12	7	16	549
2014	514	3	11	6	21	555
2015	633	5	14	8	34	694
合计	2663	31	66	33	97	2890

从表1可以看出，家事案件（仅指司法统计报表统一口径的婚姻家庭纠纷、继承纠纷等案件，下同）总量基本稳定并呈上升趋势。而在家事纠纷案件中，离婚纠纷案件所占比重非常大，分别占到2011—2015年家事纠纷案件的91.5%、93.4%、92.2%、92.6%、91.2%。

（二）缺席审判数量不断增多，导致判决率上升

一是随着经济的快速发展，人们的思想观念的逐步开放，无论是农村还是城镇，外出打工人员越来越多，且流动性加大，导致法院送达法律文书时无法与当事人联系，只能采取公告送达和缺席判决。该情形下的缺席审判案件约占60%。二是当事人不正确的诉讼心态，拒不到庭参加诉讼。受中国传统的畏诉、惧讼和“家丑不可外扬”观念的影响，许多家事案件的被告往往不是积极出庭应诉，而是采取消极态度躲避诉讼，故意拒收法律文书，拒不到庭参加诉讼，导致案件只能采取判决方式结案。该情形下的缺席审判案件也占到了约20%。

表2：以判决方式结案的具体情况（2011—2015年）

年份	判决数（件）				结案数（件）	判决率
	公告送达后缺席审理判决	其他方式送达后缺席审理判决	被告有到庭审理后判决	小计（件）		
2011	134	45	42	221	533	41.5%
2012	143	48	39	230	539	42.7%
2013	135	42	46	223	523	42.6%
2014	160	52	46	258	541	47.7%
2015	206	68	54	328	641	51.2%

（三）高结案率、低上诉率、零信访率，审判质量较高

2011年，永春法院受理家事案件543件，审结533件，结案率98.2%；2012年，受理549件，审结539件，结案率98.2%；2013年，受理549件，审结523件，结案率95.3%；2014年，受理555件，审结541件，结案率97.5%；2015年，受理694件，审结641件，结案率92.4%，近五年家事案件平均结案率达96.3%。高结案率的另一面却是低上诉率、零信访率，远低于商事纠纷等其他类型纠纷，这得益于承办法官在家事案件中广泛运用调解手段，做了大量细致艰苦的调解工作，即使依法判决，

亦通过判后答疑，上诉前风险提示等举措切实减少了大量的上诉案件。见表3：

表3：结案方式分布情况（2011—2015年）

年份	裁定（驳回起诉、不予受理）（件）	判决（件）	调解撤诉（件）	上诉（件）	上诉率
2011	15	221	297	9	1.7%
2012	11	230	298	8	1.5%
2013	15	233	275	9	1.7%
2014	15	258	268	8	1.5%
2015	26	328	287	10	1.6%

二、审理家事案件存在的问题

（一）矛盾日趋复杂，化解难度不断加大

每个家事案件背后，往往隐藏着长年积累的亲情、爱情纠葛，在价值多元、利益格局多变、私权意识增强的当今社会，越来越容易引发人的极端情绪，当事人在开庭前后甚至开庭过程中公然吵架甚至斗殴的情形时常发生。另外，家事案件所涉的财产，除了传统的货币、房产外，还涉及股票、公司股权、无形资产等。而这些新问题的审理目前仍缺乏成熟的处理准则可供遵循，需要承办法官依据具体情势裁量，当事人稍有不满，就会将矛头指向法院，也增加了处理家事案件的难度。

（二）举证难度较大，事实往往难以真正查清

家事案件的当事人在纠纷产生前基于亲情信任一般不会存在要打官司收集证据的想法，等纠纷发生后往往难以举证。在家事案件审理中，仅依靠“谁主张，谁举证”的举证责任分配原则，难以查明离婚原因、夫妻共同财产范围及家庭暴力等私密性、隐蔽性较强的关键事实，导致难以查清案件事实，这不仅不利于法官公正、客观裁判，给办案法官带来了不小的压力，也影响了家事审判质量的提升。如在离婚案件中，判决不准予离婚的理由一律为原告难以提供有效证据证实夫妻感情确已破裂。

（三）送达存在困难，耗费大量司法资源

随着城镇化的发展，我县外出经商和务工人员数量庞大，有不少是举家到发达城市经商或务工数年不归。当家事案件的原告起诉时，往往只能说出对方的户籍所在地而不清楚实际所处的确切地址，法院也很难查清线索，最后无奈之下只能通过公告送达诉讼材料。虽然公告送达可以在法院的公告栏和受送达人住所地张贴公告，也可以在报纸、信息网络等媒体上刊登公告，但出于慎重考虑，不少法官会尽量到被告住所地去了解情况张贴公告，这无疑加剧了案多人少矛盾。在报纸上刊登公告，一般都是在人民法院报上公告，能有多少人关注到公告是一个疑问。然而公告送达只是在完善法律手续，履行法律程序，结果绝大部分都是缺席判决，这很不利于查清案件事实。

三、永春法院审理家事案件的创新做法

（一）搭建平台，强化专业与柔性审理

为妥善处理各类家事纠纷，促进家庭和睦、社会和谐，永春法院于2015年4月29日成立“家事审判庭”，特别挑选了9名深谙婚姻家庭又具有丰富家事审判经验的法官担任家事审判庭法官，同时，创设了专门的家事调解室和家事法庭，运用暖色调装修家事调解室并设立了专门的儿童游戏区，添置儿童书籍等。家事审判法庭设立圆桌，法官与当事人围桌而坐，墙上挂着制作精良的“夫妻同林”“夫妻劝和歌”图片等元素，不设“原告”“被告”桌牌标签，代之以“丈夫”“妻子”“父亲”“母亲”等表明亲情关系的席卡，着力营造温馨的家庭氛围，缓解当事人的对立情绪，唤起其家庭责任感，倾力打造“餐厅法庭”，形成“亲、和、睦、诚”的温情审理模式。《福建日报》、“中国法院网”等以《永春“餐厅法庭”温情解家事》为题，对永春法院创设家事审判庭创新做法予以肯定推广，“新浪网”“凤凰网”等进行广泛转载。2015年6月10日，省法院马新岚院长带队深入永春法院视察调研时，对我院家事审判的创新做法也表示大力赞赏，马院长要求：应多运用讲述亲情故事、回首婚内往事等办法，尽力挽救婚姻，维护家庭稳定。

（二） 探索符合家事案件特点的证据规则

在家事案件中，普遍存在证据收集难、固定难的问题。对此，永春法院大胆探索了符合家事案件特点的证据规则。一是建立家事调查员制度。聘任具有社工、教育、心理学等专业背景，具备一定婚姻家庭、妇女儿童权益保护知识，擅长沟通和调查，熟悉社区事务的 11 名同志作为“家事调查员”，根据案件需要，法院可以委托这些家事调查员通过走访邻居、亲属、社区、工作单位等方式了解当事人的婚姻状况及未成年人的抚养状况，然后向法院出具书面调查报告，并提出纠纷解决建议。二是合理分配举证责任，尤其是针对家庭暴力案件，适当降低证明标准，提高近亲属和未成年人所作证词的可信度。三是加大释明力度。针对大多数家事案件当事人为社会弱势群体及诉讼能力偏低的实际情况，要求法官向举证能力较低的当事人释明具体案件需要证明的对象、所需证据种类及相关事实的证明程度，弥补当事人在诉讼能力上的不足。

（三） 建立强制性诉前调解制， 创新多元化调解

一是强制诉前调解。在院部机关和 5 个基层法庭设立人民调解工作室，聘任专门的人民调解员，在当事人要办理立案手续时，先引导其让人民调解员进行诉前调解，及时化解家事纠纷，促进家庭和谐。二是聘任“家事纠纷特邀调解员”，着力诉中调解。除被告未到庭外，均应进行庭前调解，在当事人对簿公堂、情绪激化之前介入案件，客观地了解案情和双方意见，最大程度化解当事人的矛盾，提高办案质效。积极邀请“家事纠纷特邀调解员”、人大代表、政协委员等参与家事纠纷的调处工作。自 2015 年 4 月聘任永春县妇联副主席林丽珍等 10 名“家事纠纷特邀调解员”，他们已成功调解或协助调解婚姻、继承等各类家事纠纷 182 起，促进了家庭和睦、社会和谐，得到当事人的充分肯定，取得较好社会效果。

（四） 成立送达小组， 负责家事案件的集中送达

为了解决送达难的问题，永春法院家事审判庭于 2015 年 9 月成立送达小组，配备执法记录仪，安排专人从事送达工作，并对送达人员进行专门培训。该送达小组由一名审判员和一名书记员组成，负责整理出已邮寄但被退回的法律文书，驱车到当事人住所地或工作地点进行调查、走访寻找案件当事人，通过向当事人讲解相关法律法规，聊家常、谈心事等方式缓和被送达人的抵触情绪。送达小组刚成立 3 个月，便接收需要送达的家事

案件 73 件，成功送达 68 件，计 76 人次，不仅提高了送达效率和送达成功率，也有助于其他法官从事务性工作中脱身出来，集中精力和时间处理案件的实体问题，提高审判质量，还有利于获得群众对法院工作的理解和支持。

（五）吸纳民意，充分考虑当地民间习俗

德国法学家萨维尼指出：“法律的根基在于法与道德的共同母体——习惯。”法官在审理家事案件时不能脱离实际，不能不充分考虑当地社会风俗、农村习惯。永春法院要求法官在处理家事纠纷案件时，要充分考虑当地的风土人情，充分吸纳民意的力量，邀请熟悉当地风俗习惯的人民陪审员参与案件的审理；深入乡村社区、当事人所在地进行巡回审判，邀请当地“长者”“乡邻”到现场对家事纠纷进行调解，有效促进伤痕愈合、矛盾修复；利用乡村风俗“赶墟日”设立“墟日法庭”，开展墟日巡回审判现场审理家事案件，通过以案说法，实现法律与善良风土人情的统一融合，达到案件处理法律效果与社会效果的完美统一。

（六）延伸司法服务，实行综合治理

一是探索建立家暴档案、探视抚养档案、“合适成年人”参与制度、跟踪回访社会帮扶、未成年人帮教共建、落实犯罪记录封存等人性化延伸服务；二是引入心理咨询。对存在报复心理、鱼死网破等心理隐患和不理解裁判结果的当事人，邀请专业的心理辅导老师帮助进行心理疏导，解开其心结，从心理上彻底化解家事纠纷。三是建立和谐共建机制。充分调动妇联、共青团、司法局、民政局、街道等社会各界力量建立和谐共建机制，实行“诉调对接”，形成整合联动、综合治理的局面。如永春法院与永春县妇联密切协作，联合出台《关于创新维护妇女儿童合法权益工作机制的若干意见》等文件，实现了矛盾联调、问题联做、信息共享。

（此文获评福建法学会婚姻家庭法学研究会 2016 年度“建设法治福建巾帼在行动——性别平等理念下的妇女权益保障研究”主题研讨征文三等奖）

“三说三心”促进家事纠纷案结、事了、人和
——以石狮法院家事审判方式改革为视角

吴志生（福建省石狮市人民法院）

摘要：家庭是社会的细胞，家庭的和睦直接影响社会的稳定。家事纠纷错综复杂，关系盘根错节，而家事纠纷的解决，又不能单纯追求当事人之间权利义务非此即彼、泾渭分明的裁断，因此传统的家事纠纷解决模式已经不能适应社会发展的需要，探索创新家事纠纷调处工作机制是妥善处理新形势下不断增长、案情日趋复杂的家事纠纷的有力举措。

关键词：家事纠纷　调处工作机制

家事纠纷不仅包含财产纷争，还牵涉人身、人格利益，具有高度的人身性、敏感性和社会性特点。家事类矛盾纠纷在诉至法院之前往往就已累积叠加、质变放大，司法实践中，不少家事纠纷普遍存在处理周期长、矛盾易激化、信访占比高等诸多痼疾。因此，要从根本上妥善处理家事纠纷，就必须认真贯彻落实周强院长在最高法院关于推进家事审判方式和工作机制改革专题会议上提出的“要积极探索家事纠纷的专业化、社会化和人性化解决方式”的工作要求，探索精准可行的家事纠纷调处工作机制。笔者长期在基层法院工作，本文从分析当前家事纠纷特点入手，反思当前家事审判的不足，阐明石狮法院结合当地实际探索推行的家事纠纷“三说三心”调处工作机制的运行路径，希望可资法院同仁作为参考。

一、家事纠纷特点

家事纠纷案件，一般是指涉家庭内部成员之间矛盾纠纷的案件，像婚

姻案件、赡养抚养扶养案件、遗产继承和析产案件、收养关系案件等。随着社会经济的快速发展，人们的婚姻家庭观念和传统的道德伦理观念发生较大变化，法院受理家事纠纷的案件呈现如下新特点。

（一）家事纠纷类型增多

以石狮法院为例，2012 年至 2016 年 8 月审结的家事纠纷案件数呈现逐年下降趋势，但是家事纠纷类型不断增多。（见表一）

过去，家事纠纷的类型主要集中在离婚和继承及离婚的附带案件，如儿童抚养监护、财产分割等，而随着亲属法的发展演变，现在家事纠纷的类型不断扩展，涵盖了婚姻无效、婚生否认、非婚生子女的确认、同居伴侣关系、解除收养关系、撤销收养关系、确认收养关系无效、登记离婚后财产分割、婚约财产、遗嘱确认和否认、被继承人债务清偿等纠纷。如 2012 年至 2016 年 8 月，石狮法院审结家事纠纷案件中，所有案件类型均有涉及，其中抚养关系 96 件，解除收养关系 24 件，登记离婚后财产纠纷 36 件，被继承人债务清偿纠纷 25 件。

（二）家事纠纷日趋复杂

在具体审理中，家事纠纷内容呈现出愈来愈复杂的情形，比如，无过错离婚尽管使离婚变得越来越简单和容易，但未成年子女到底由谁监护更加合适和妥当却没有理性的统一准则可供遵循，争抢未成年子女亲权的纷争越来越普遍，特别是在涉外离婚诉讼中更为常见。例如我院受理的一起涉外离婚诉讼中，男方在女方提起诉讼前已通过人为制造交通事故的方法将子女抱走并已带出国境，导致女方与子女骨肉分离难以相见，甚至可能终身不得相见。又如离婚案件涉及的夫妻财产除了传统的金钱、房产外，还经常涉及股票、公司股权、债券、无形资产等，分割起来极为困难。此外，子女探视权问题、祖宅因征迁后产生的继承纠纷中出现的诉讼主体缺失问题等都困扰和影响着法院的裁量。

（三）家事纠纷调查取证难

在家事纠纷产生前，基于亲情信任一般不会存在要打官司收集证据的想法，同时，一些“家庭内部证人”也往往基于自身利益不愿出庭作证或者出庭作伪证，所以等纠纷发生后往往难以举证，常常会陷入“公说公有理，婆说婆有理”的尴尬局面。如由于石狮市传统风俗习惯和经济较发达等因素的影响，涉案的彩礼嫁妆数额都较大，少的几十万元，多的几百万元

表一　2012 年至 2016 年 8 月家事纠纷审理情况

单位：件

		婚姻家庭														继承纠纷				合计
		离婚	解除非法同居关系	婚约财产	婚姻无效	撤销婚姻	登记离婚后财产	夫妻财产约定	抚养、扶养关系	抚育费	赡养纠纷	确认收养关系	解除收养关系	探视子女权	其他	法定继承	遗嘱继承	被继承人债务清偿	其他	
2012 年度	结案数	358	8	2	0	0	5	0	23	1	1	0	6	3	0	6	0	2	5	420
结案方式	判决	167	2	2			1		5	1	0		0	1		2		1	3	185
	调解	127	3	0			2		17	0	0		6	1		4		1	1	162
	撤诉	44	2	0			2		1	0	0		0	0		0		0	1	50
2013 年度	结案数	331	11	0	1	0	8	1	14	2	2	0	2	1		18	1	4	2	398
结案方式	判决	154	3		1		2	1	1	0	1		0	1		2	1	3	0	170
	调解	125	7		0		6	0	13	1	0		2	0		12	0	1	1	168
	撤诉	44	1		0		0	0	0	1	1		0	0		4	0	0	1	52
2014 年度	结案数	330	12	4	1	1	6	0	21	1	1	0	7	2	2	12	1	5	2	408
结案方式	判决	180	2	2	1	0	2		2	1	0		2	1	1	5	0	2	1	202
	调解	99	8	2	0	0	1		18	0	1		5	0	0	3	0	0	1	138
	撤诉	41	2	0	0	1	1		1	0	0		0	1	1	3	1	3	0	55
2015 年度	结案数	304	6	0	0	0	10	0	20	5	1	3	5	1	0	8	1	6	2	372
结案方式	判决	160	1				1		5	1	0	3	0	1		4	1	5	1	183
	调解	94	4				7		15	3	1	0	5	0		4	0	0	0	133
	撤诉	38	1				2		0	1	0	0	0	0		0	0	1	1	44

续表

		婚姻家庭														继承纠纷				合计
		离婚	解除非法同居关系	婚约财产	婚姻无效	撤销婚姻	登记离婚后财产	夫妻财产约定	抚养、扶养关系	抚育费	赡养纠纷	确认收养关系	解除收养关系	探视子女权	其他	法定继承	遗嘱继承	被继承人债务清偿	其他	
2016年1—8月	结案数	217	15	4	0	0	7	0	18	3	0	0	4	3	0	9	0	8	3	291
结案方式	判决	112	0	2			4		1	1			1	2		3		7	1	134
	调解	60	14	1			1		17	0			3	0		5		0	1	102
	撤诉	37	1	1			2		0	2			0	0		1		1	1	46

甚至几千万元，因为彩礼嫁妆具有很强的私密性，而双方当事人基于结婚目的，婚嫁过程中一般也不可能有意识地留存书面证据，因此在案件审理过程中，涉诉当事人在主张相关彩礼嫁妆时往往只能提供近亲属的证人证言，而无法提供其他有力的证据证实，从而导致案件当事人为彩礼嫁妆的争议引发较为激烈的矛盾纠纷。

（四）家事纠纷易涉隐私

家事纠纷还往往涉及当事人之间的家庭隐私和未成年人的利益，当事人虽然对簿公堂，却还是存在着“家丑不可外扬”的面子心理，如果法院处理的方式不当，可能造成家丑外扬的恶果并导致家庭的分解和破裂以及亲情的丧失，由此往往会给未成年人的身心健康造成不良影响，甚至是不可磨灭的噩梦。为了保护家事纠纷当事人之间的家庭隐私和未成年人的身心健康良好发展，尽可能地弥补一切可以弥补的亲情，家事纠纷案件应该采取特殊的处理方式，以确保案件处理后不会对家庭带来不利的后续影响。

二、家事审判现状

在传统的程序背景下，当前家事案件基本上是由法官依据民事诉讼普通程序进行审理。但我国现行民事诉讼是采用当事人主导型的对抗式诉讼模式，该模式能体现当事人的主体地位、有利于查明案件真相、成本更低、效益更高，但这一诉讼模式却不利于家事案件的妥当解决。

（一）对抗式诉讼模式不完全适合处理家事案件

首先，普通纠纷双方当事人在竞争力与资源掌握程度上基本相等，而家事纠纷当事人之间的实际地位往往极不平等，夫妻之间、亲子之间很难处在同一竞争地位，大多数情况下，妻子和未成年子女处于弱势地位，如果机械地按照对抗模式进行审理，裁判结果可能会严重背离家事领域的司法正义。其次，普通纠纷存在理性的规则，能够对纠纷作出确定的、可预测性的判断和裁决。而家事纠纷往往具有双面性：一方面家事纠纷当事人往往对争执事项固执己见，不能互谅互让，一旦发生，容易导致非理智的选择，酿成严重后果；另一方面家事纠纷又时刻在发生变化，随着时间的推移和双方情绪的平复，当事人之间的非根本性冲突会逐渐缓解，很可能会和好如初。再次，普通纠纷当事人在诉讼中享有较为充分的处分权。而家事纠纷当事人通常不享有完全的处分权，如婚姻无效案件，就婚姻的效力问题不允许当事人和解或撤诉，离婚案件当事人所达成的不利于未成年子女利益的协议不产生效力，当事人关于家事身份关系的自认不拘束法院等。

（二）家事审判社会效果不够理想

当前，各地法院普遍存在案多人少的矛盾，因此家事纠纷的承办法官往往注重办案的效率，就案办案，一判了之，忽视办案的社会效果。如审理离婚案件时，基本上是第一次起诉时判决不准离婚，到第二次起诉时就考虑准予离婚，根本上都没有花费一定时间与精力充分听取当事人的诉说，了解离婚纠纷的真正缘由，为当事人提供真心的帮助。家事案件涉及的实体规范，既有作为公共知识的法律规则，还有属于地方性知识的习俗、惯例甚至情理、事理、伦理。法官处理家事案件如不顾及公序良俗，将家事案件与普通案件进行同质化处理，依法作出的判决可能难以得到家事案件当事人及其家庭成员的认同，难以产生真正的法律效力，甚至还可能扩大纠纷、激化矛盾，如在审理继承纠纷时，严格依照继承的法律法规作出的裁决，可能与当地风俗习惯不相符合，从而导致案结事不了。

（三）缺乏专业化的家事审判队伍

传统法院是判决型法院，要求法官是精通法律的专业人士，能严格按照法律适用的三段论模式来作出强制性裁判。而家事纠纷恰恰要求法院采取灵活的、柔性的、个别化的解决方式，因此，特别推崇和鼓励调解，甚至将调解视为法院处理家事纠纷的主要方式，而调解主导型的审判方式意味着处理家事案件的法官要有特别的职业素养及专门技能，即不仅要具备法律专业知识，更要有洞察家事纠纷产生、发展、变化规律的领悟力和体察力，缺乏生活经验的年轻法官尤其是未曾结婚的法官将难以胜任。同时，家事纠纷的特点要求法院积极与社会公益机构以及相关人员联系，取得他们的协助和支持，妥善解决家庭纠纷。为此，家事审判机构需要与妇联、团委、社工组织等建立联系，广泛吸收具有丰富生活经验、地方知识的人士担任陪审员和调解员，通过他们把善良的民俗习惯以及情理、事理寓于纠纷解决过程中，使最终的解决方案真正契合当事人的需求，远离封闭化的司法过程。

三、破解路径：创新家事纠纷调处工作机制

家事纠纷的解决，不能单纯追求当事人之间权利义务非此即彼泾渭分明的裁断。现行家事纠纷就案办案的处理方式，忽视家事纠纷固有的特点，已不能有效应对家事纠纷日趋复杂的严峻形势，为此，探索符合家事纠纷特点的调处方式改革已是多元化纠纷解决机制改革在家事领域的应有之义。2014 年 3 月我院成立家事法庭，建立专业化的家事审判队伍，完善家事纠纷诉调对接工作机制，不断强化与政府相关职能部门、妇联、法律援助中心及各类调解组织的日常工作联系，坚持“调解优先、判决保障”原则，经过两年多的探索实践，逐步形成家事纠纷“三说三心”即“当事人说事、耐心倾听，调解员说理、真心帮助，法官说法、公心断案”的调处工作机制，将家事纠纷调处工作划分为三个阶段，分段递进，说理释法，各有侧重，及时化解各类家事纠纷。（见下图）

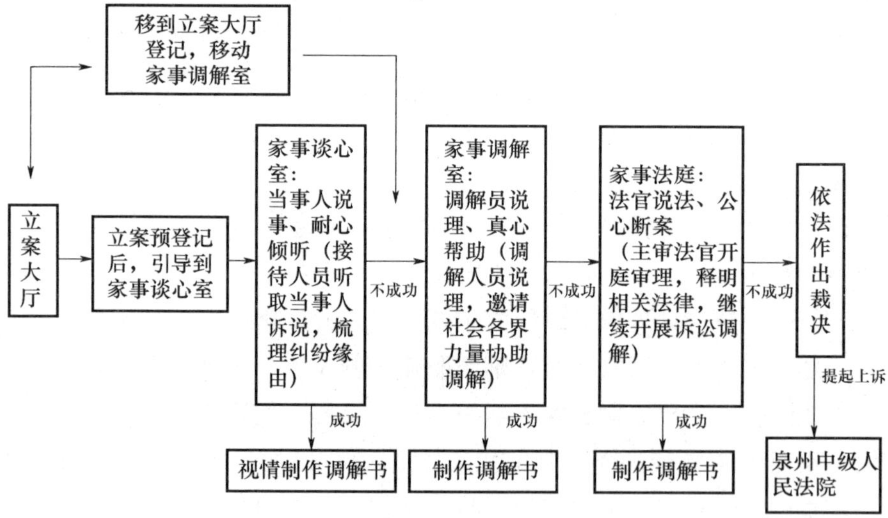

图　家事审判（三说三心工作法）流程

（一）立案预登记阶段：当事人说事，耐心倾听。家事纠纷中当事人之间的有些争议是很难用是非分明的标准来判断的。因此，一旦家事纠纷诉至法院时，我院先进行立案预登记，然后引导当事人到家事谈心室，由

家事纠纷专门接待人员负责谈心。这一阶段侧重要求接待人员要以“听得进，忍得住”的好性子耐心倾听当事人的诉求，让当事人把积攒在内心的委屈和不满全部倾泻出来，通过“当事人说事”，细心观察当事人的言谈举止，近距离地观察了解当事人的情感、心理变化，理出当事人争执的心理脉络，掌握其内心活动，寻找到纠纷的个中缘由，并进行初步的分析和规劝，尽量在家事纠纷萌芽阶段予以化解解决。在家事谈心室成功调解的纠纷，根据案件的具体情况和当事人的要求，视情将调解情况记录备案或制作相应的调解书。对无法成功调解的纠纷，接待人员引导当事人到立案部门进行立案登记后，将案件移交家事调解室调处。

（二）立案登记至开庭审理前：调解员说理，真心帮助。家事纠纷案件从家事谈心室移交到家事调解室到正式开庭审理前，对有可能调解的纠纷，可将纠纷交由法院特邀调解员、专职人民调解员或委托相关调解组织或调解人员进行全方位的调解。为此，我院专门建立家事纠纷特邀调解员、家事调查员及心理咨询师人才库，分门别类建立人大代表、政协委员、和谐使者、阳光太太、律师志愿者、妇联人员等调解人员名册，方便当事人自行挑选。上述调解人员具有丰富的人生阅历，与纠纷当事人更具有地缘、人缘上的亲和力，对当事人纠纷的缘由更熟悉，比法官更能拉近与纠纷当事人的心理距离，更容易打开当事人的心结，使他们能够平心静气地听调解员辨法析理，从而有利于把握纠纷争议焦点和利益平衡点，形成正确的判断，让当事人信服。因此，在这阶段侧重由调解人员说理，利用调解人员的优势，走访群众、了解案情，结合当事人的年龄、性别、学历、职业、情感因素、家庭环境等，有的放矢地用通俗易懂、大众化的语言给当事人摆事实、讲道理，让当事人感受到调解员的温暖和真诚，进而取得事半功倍的作用。在这一阶段，调解人员还可以委托家事调查员对相关家事纠纷当事人的身心状况、家庭关系、经济状况、居住环境、个人经历、教育程度及其他必要事项进行调查，提出相应的社会调查报告，为做好调解工作和法官今后的裁判提供参考依据。对涉及身份关系案件的当事人及未成年子女可以开展心理疏导和干预，引导因家事纠纷导致心理问题的当事人树立正确的人生观、价值观、世界观，消除受害方的心理障碍，促进其身心健康。家事矛盾纠纷往往十分复杂，关系盘根错节，只有急当事人之所急，想当事人之所想，为当事人提供真心实意的帮助，才能发现矛盾纠纷激烈表象下隐藏的化解关键点，从而有效促使纠纷圆满化解。对在家事调解室无法成功调解的案件，要注意制作无争议事实的笔录，并做好庭前委托调查工作，然后将案件正式移交家事法庭。

（三）开庭审理至作出判决前：法官说法，公心断案。家事纠纷更多涉及感情、道德伦理等非理性因素，化解家事纠纷并非单纯是为了解决家庭成员之间的法律冲突，家事审判工作首要价值理念依旧是实质正义，即彻底消除家庭矛盾和隔阂，维护家庭稳定、促进社会和谐。因此，在通过调解人员说理仍无法化解家事纠纷时，必须通过开庭审理来查清家事纠纷的法律事实，并依法作出公正裁决。审理过程中，主审法官在查明案件事实的基础上，要侧重从婚姻法、继承法、未成年人保护法、妇女权益保护法等方面向当事人释明相关法律规定，讲明个案应适用的法律和司法解释及相应的法律后果，并据此提出符合法律规定的调解建议供当事人参考，对确实无法调解的案件，法官要保持一颗公心，始终处在中立的位置，一视同仁地对待家事纠纷的各方，及时与当事人沟通，无惧批评、无畏干预、无顾得失，将公心体现在家事纠纷审理的全过程，不偏不倚地执行法律，查明真相、厘清曲直、明晰权属，切实为当事人排忧解难，真正化解当事人之间的怨气，维护当事人的合法权益，通过司法判决引领构建和谐的家事关系。

“三说三心”调处工作机制虽然根据家事纠纷的具体化解过程划分为三个阶段，且在不同阶段根据调处人员的特点，工作的侧重点有所不同：立案登记前侧重点是由接待人员倾听当事人的诉求，了解争点；立案登记后侧重点是调解人员与当事人摆事实讲道理，尽量以理服人；开庭审理时侧重点是主审法官就案件涉及的法律、司法解释进行释明，让当事人在充分了解相关法律规定的基础上，再次接受调解建议或服判息诉。但三个阶段均是家事纠纷调处的重要环节，是相辅相成的，第一阶段通过“当事人说事、耐心倾听”，了解纠纷的基本情况，是调处家事纠纷的基础；第二阶段通过“调解员说理、真心帮助”，是化解家事纠纷当事人心结的关键；第三阶段通过“法官说法、公心断案”，是调处家事纠纷的保障，因此在每个阶段说理释法既要分工更要注重互相配合，不能偏废。

家事纠纷“三说三心”调处工作机制运行以来，我院家事纠纷调解撤诉率长期保持在47%—51%之间，从案件回访的统计数据看，调解和好的婚姻案件当事人目前均没有再起诉离婚的想法，涉及子女抚养、探视的均自觉履行调解内容，赡养纠纷的老人得到妥善安置，对一、二审生效判决服判率达96.1%，基本取得了家事纠纷“案结、事了、人和”的良好社会效果。

四、结　语

家事纠纷“三说三心”调处工作机制是我院在开展多元化纠纷解决机制改革工作中在家事纠纷领域的大胆探索与实践，该机制能取得良好的成效，得益于当地党委政府对多元化纠纷解决机制改革工作的坚强领导和强力推进，得益于当地一大批热心家事纠纷调解工作的社会各界人士。在今后家事纠纷调处中，我院将坚持以感情修复为立足点，以保障弱小为着力点，以促进和谐为落脚点，继续探索家事审判工作的治愈性职能，从利益平衡和案结事了的裁判结果出发，兼顾公序良俗，彰显司法人文关怀，共同维护家庭稳定，促进社会和谐。

（此文获评人民法院出版社和《中国审判》杂志社主办的“雨山杯·家事审判方式和工作机制改革”征文二等奖）

第四章　建章立制：

泉州家事纠纷审理方式规范指引

泉州市中级人民法院关于全面推进家事审判方式和工作机制改革工作的实施意见

为进一步顺应司法改革趋势，充分发挥家事审判职能作用，推动家事审判工作创新发展，构建符合家事矛盾特点及规律的纠纷解决机制，在总结泉州两级法院探索家事审判改革工作经验的基础上，市中院决定，在全市法院全面开展家事审判方式和工作机制改革工作。根据《中华人民共和国民事诉讼法》和《最高人民法院关于开展家事审判方式和工作机制改革试点工作的意见》、《福建省高级人民法院关于全面推进家事审判方式和工作机制改革工作的指导意见》，结合泉州法院工作实际，制定本实施意见。

一、提升站位，高度重视全面推进家事审判方式和工作机制改革的重要性

1. 深刻领会重要意义。婚姻家庭关系是伦理性极强的社会关系，妥善处理好婚姻家庭等家事案件，是社会建设健康和谐发展的需要，是全面建成小康社会的需要。随着我国经济社会发展进入新常态，婚姻家庭关系中的新情况新问题不断显现，家事案件不断增长，类型日益多样，处理难度不断增大。家事案件涉及的亲属关系具有高度的人身性、敏感性和复杂性。家事纠纷的解决，不仅关乎个人及家庭幸福，也关系到社会和谐稳定与文明进步。因此，针对婚姻家庭亲属关系所具有的社会道德属性及其个性特点，推动和深化家事审判方式和工作机制改革，不仅是家事审判特殊性及其内在规律的要求，也是人民法院参与社会管理创新和强化司法为民的职责所在。

2. 准确把握总体要求。各地法院要深入贯彻落实党的十八大和十八

届三中、四中、五中、六中全会和习近平总书记系列重要讲话精神，紧紧围绕“努力让人民群众在每一个司法案件中感受到公平正义”的目标，始终坚持司法为民公正司法工作主线，进一步转变家事审判理念，推进家事审判方式和工作机制创新，加强家事审判队伍及硬件设施建设，探索家事便民诉讼制度，采取适合家事审判特点与规律的专业化、社会化和人性化的家事纠纷解决模式，维护婚姻家庭关系稳定，依法保护未成年人、妇女和老年人合法权益，弘扬社会主义核心价值观，维护社会公序良俗。

二、深化认识，确保家事审判方式和工作机制改革工作遵循基本原则和客观规律

3. 明确界定案件范围。家事案件是指确定身份关系的案件及基于身份关系而产生的家庭纠纷，包括最高人民法院《民事案件案由规定》第二部分的全部案件和根据《中华人民共和国反家庭暴力法》第 23 条提起的人身安全保护令申请案件。主要案件类型有：（1）婚姻纠纷案件及其附带纠纷案件，婚姻纠纷案件包括离婚、婚姻无效、婚姻撤销等案件，附带纠纷案件包括监护权、子女抚养费、离婚后财产分割等案件；（2）抚养、扶养及赡养纠纷案件；（3）亲子关系纠纷案件，包括确认亲子关系、否认亲子关系案件；（4）收养关系纠纷案件；（5）同居关系纠纷案件，包括同居期间的财产分割、非婚生子女抚养等案件；（6）继承和分家析产纠纷案件；（7）申请人身安全保护令案件。

4. 严格遵循基本原则。推进家事审判方式和工作机制改革，一要坚持依法有序推进。家事审判方式和工作机制改革的各项措施应当在法律框架内，紧密结合法院人员分类管理制度、法官员额改革、主审法官责任制等司法体制改革措施及多元化纠纷解决机制的建设，由点及面、由易到难，积极稳妥推进。二要坚持先行先试。家事审判方式和工作机制改革既涉及司法制度和诉讼程序的原则性问题，也涉及司法实务中的操作性问题，要在最高法院和省法院确定的改革方向和原则下，采取适当的试行模式，因地制宜，锐意创新，积极推进改革工作。三要坚持从本国国情出发与吸收域外经验相结合。家事审判方式和工作机制改革要立足我国国情，从中国

特色社会主义司法制度和经济社会发展的实际出发，借鉴其他国家和地区的有益经验，科学推进改革工作。

5. 树立正确工作理念。推进家事审判方式和工作机制改革，要树立符合家事审判特点与规律的工作理念：一要倡导文明进步的婚姻家庭伦理道德观念，维护健康向上的婚姻家庭关系，积极培育和践行社会主义核心价值观，弘扬中华民族传统家庭美德。二要树立家庭本位的裁判理念，对家庭财产关系的处理以有利于家庭成员共同生活的团体主义为价值追求；坚持以人为本，发挥家事审判的诊断、修复、治疗作用，实现家事审判司法功能与社会功能的有机结合。三要适应家事案件特点，全面地保护当事人的身份利益、财产利益、人格利益、安全利益和情感利益。四是在准确诊断婚姻状况的基础上，重视区分危机婚姻与死亡婚姻，积极化解婚姻危机和修复家庭成员心理创伤，正确处理保护婚姻自由与维护家庭稳定的关系。五要遵循家事审判规律，转变辩论主义和尊重当事人处分原则的普通民事案件审判思路，强化法官职权探知、自由裁量和对当事人处分权的适当干预，避免对抗制诉讼对当事人造成二次伤害。

三、强化家事审判职能，积极推进家事审判专业化建设

6. 进一步健全家事审判专业机构。在各地法院原设立家事审判庭的基础上，要求条件成熟的法院设立具有独立编制的家事审判庭，结合本地实际，根据家事案件与未成年人案件诉因机理、审判理念及裁判方式具有共通性等因素，采取家事审判和少年审判有机结合模式，合并组建家事少年审判庭或家事少年审判专门团队，充分吸收借鉴少年审判经验成果，集中审理家事案件与未成年人案件。

7. 进一步优化家事审判专业队伍。以当前法官员额制和法院人员分类管理制度改革为契机，适应家事审判特殊要求，建立专门的家事法官选拔机制和家事审判辅助人员制度，将热心家事审判事业，具有丰富家事审判经验、生活经验且善于做群众工作的法官选配到家事审判岗位，注重发挥女性法官在案件审理中细致、亲和、易于沟通的优势，保证女性法官所占比例。

8. 进一步规范家事纠纷裁判指引。积极梳理总结近年来家事审判工作

经验，结合家事审判工作特点，提炼家事纠纷中涉及的婚姻利益保护、婚姻状况评估、夫妻财产认定与分割、债权债务承受、子女抚养、老人赡养、遗产认定与分割等诉讼要素，制定家事纠纷案件诉讼要素表，推行家事纠纷类案裁判标准化，指导家事调解员调处家事纠纷，规范家事纠纷裁判尺度。

9. 进一步完善家事审判专业设施。加大家事审判物质装备投入和硬件设施建设力度，彰显家事审判场所的人文关怀和精神理念。以“和”为主旋律，以“家”的氛围营造为切入点，创新改进家事法庭的布置，设立气氛舒缓、环境清雅、格调清新的家事疏导调解室、亲子陪护室、心理疏导与咨询评估室、单面镜调查观察室等功能区域，创建集案件审理、心理疏导、多元调解等于一体的柔性服务平台，营造家事审判的亲情氛围，舒缓对抗心理，治疗心理伤害。

四、转变家事审判理念，积极完善家事诉讼程序制度

10. 贯彻家事案件调解优先原则。除婚姻关系、亲子关系、收养关系等涉及人身关系认定事项及其他依法不适宜调解的案件外，审理家事案件应当遵循“三全”调解原则进行调解，未经调解不得进行裁判。积极试行诉前调解制度，家事纠纷案件在进行立案登记前，可以根据案件性质，参考家事调解员的能力及意愿、专业、居住地等因素，经双方当事人申请或人民法院依职权委派或者委托特邀家事调解员先行调解。

11. 探索家事案件第三方会诊顾问机制。家事审判职能不仅是分配财产和确认身份关系，也包括修复婚姻家庭关系、治愈情感、为未成年人提供监护等。审理离婚案件必须围绕“诊断、救治、修复”三大任务分阶段按程序进行，在婚姻纠纷进入法院后，经双方当事人同意或法院依职权主动邀请心理辅导师、心理咨询师、家事调解委员会等第三方家事顾问对涉讼婚姻状况进行会诊，提供观测评估意见，区分危机婚姻与死亡婚姻，对危机婚姻提出挽救方案，不得在未对危机婚姻进行诊断、救治的情况下，轻易判决离婚，或者简单询问当事人同意离婚后就直接处理财产分割、子女抚养问题。

12. 设置“离婚冷静期”或“婚姻观察期”制度。家事纠纷案件在进

行立案登记前或者立案后尚未开庭审理前，经征得双方当事人的同意，可在审限外设置一定的期限作为“离婚冷静期”或“婚姻观察期”，并作为合议庭判断夫妻能否和好的重要考量因素，进一步提高婚姻案件处理的有效性。

13. 创设离婚财产诚信申报机制。引入家事案件财产诚信申报制度，于庭前向当事人送达《家事案件财产申报表》，引导和敦促当事人如实申报家庭财产，告知注意事项及法律后果，要求当事人如实申报财产。申报材料经证据交换，另一方提出对方存在隐藏、转移、变卖共同财产等情形并提供初步线索的，由合议庭或承办法官向执行部门提出信息查控请求，执行指挥中心查控专员负责查询，合议庭或承办法官可依查询反馈结果认定夫妻共同财产并予以分割，杜绝家事纠纷中的不诚信行为，保证夫妻或家庭共有财产的公平处理。

14. 强化家事审判依职权调查范围。家事纠纷对法官职权干预存在特殊需求，应重视庭外调查取证的司法功能及家事调查员的协助取证功能，通过走访亲属、邻居、社区等了解当事人的婚姻状况、生活事实等家庭情况，形成书面调查报告，作为案件事实认定的重要证据，防止诉讼机会主义影响对当事人一方或其他家庭成员合法权益的有效保护。

15. 建立家事法律援助快捷衔接机制。针对家事纠纷当事人之间的实际地位往往极不平等的特点，对于经济困难、文化程度较低、残疾人员、遭受家庭暴力以及其他诉讼能力明显不足、诉讼资源掌握明显不对等的家事纠纷当事人，依当事人申请或经征询当事人的意愿，协调当地法律援助机构指派法律人员援助诉讼，平衡双方当事人的诉讼能势。

16. 完善反家庭暴力工作体系。加强对家暴受害人的诉讼指导，采取合理的举证责任分配原则，依法认定家庭暴力事实，充分发挥人身安全保护令、撤销未成年人父母监护人资格的保护性功能；完善以人身保护、亲情调解、心理修复、特殊支持、跟踪回访等为主要内容的反家暴维权工作经验做法，联合公安、司法、民政、妇联等部门，建立家庭暴力案件的协调联动处理和家庭暴力预防、干预、救助等长效机制；开辟涉家暴案件“绿色通道”，实行立案、审判和执行“三优先”措施，发现受害者人身安全受到威胁的，及时适用“人身保护令”，建立家暴档案，形成家暴不良记录。

五、延伸家事审判职能，打造家事纠纷综合协调解决机制

17. 建立家事调解委员会及名库。针对家事案件具有浓厚的亲情调和基础的特点，聘任具备解决家事案件专门知识或经验并熟悉本地风俗习惯的人大代表、政协委员、人民陪审员及妇联代表等担任特邀家事调解员，组建特邀家事调解员库，协助法院调解家事纠纷。

18. 积极引入社会化辅助力量。通过引入社工、社会团体工作人员和向社会购买服务等方式，配备充实家事调查员、家事调解员、心理辅导员等审判辅助工作人员，或者邀请公益性服务机构及人员配合法院调查审理家事案件，及时提供心理疏导等相关专业服务，更好地适应家事审判工作缓和对立情绪、修复亲情关系、抚平心理创伤等特殊需要，引导当事人平和、理性地参与诉讼。

19. 构建家事纠纷综合协调解决机制。积极主动与公安、检察、妇联、民政、司法、人民调解委员会以及社工机关、志愿者等协调配合，充分发挥不同社会力量在处理家事纠纷中的独特作用，扩大家事审判社会参与的广度和深度，整合司法力量、行政力量、社会力量等资源，探索建立多方长期联动协作机制、纠纷快速解决机制、联合培训机制与信息联享机制，协同提供面向弱势妇女群体的专业化、社会化、人性化援助服务，发挥各自优势，完善新型家事纠纷综合协调解决机制和诉调衔接机制，推进构建“党委领导、政府主导、群团参与、社会协同”的“大维权”工作格局，并通过对纠纷类型、纠纷机制、解纷人员、解纷流程、配套机制的分层管理，实现多元化纠纷解决机制的升级换代。

六、扎根闽南地域文化特质，实现家事审判与本土地域家事文化的有机融合

20. 突出家事审判的本土化特色。要将泉州民间历史故事、闽南地区风土人情运用于家事审判与调解之中，实现案件审理与区域特点、乡情民俗等有机融合。一是在法庭布置上引入丰富闽南元素，营造闽南重桑梓、亲孝善等浓厚的文化氛围；二是在调解机制上植入地方文化基因，契合闽

南风俗习惯，推行富有闽南特色的“茶桌调解法”“谚语调解法”“金牌媒人调停法”等家常式调解方法；三是在裁判理据上借助当地民风民俗，探索援引和适用本地习惯、宗教、民族或地方风俗、共同生活准则等特殊规范。

21. 创设家事审判文化宣导机制。择取、融合中华传统道德文化、闽南俚语、家规祖训、衍派宗谱及民俗典故，编写《家事审判道德文化导本》，并适当引入“宗族（祖厝）调解”“乡里调解”等传统非讼方式，创设“家事审判文化宣导机制”，讲好闽南家事法治故事，传播优秀家规祖训教义，让家事案件的诉讼参与人充分感悟优秀家风文化典故的精神力量，启迪对人生、家庭、婚姻等正向认知，积极促成家事案件的妥善处理，实现社会家庭关系的修复和弥合，促成良好的家风永续传承，传播美德，传递幸福。

七、切实强化家事审判方式和工作机制改革的组织保障与总结宣传

22. 加强组织领导。推进家事审判方式和工作机制改革，对完善中国特色社会主义家事审判制度，维护家庭和谐，保障未成年人、妇女和老年人合法权益，培育和践行社会主义核心价值观，促进社会建设，具有重大而深远的意义。各法院要切实把家事审判方式和工作机制改革纳入司法改革的重要内容，及时研究制订符合本地区、本单位实际的规划和意见，认真进行专项研究部署，有计划有步骤地推进改革措施落地生根。

23. 加强督促指导。要加大对家事审判方式和工作机制改革的监督指导力度，坚持实事求是、因地制宜，尊重、支持基层创造性探索，强化与有关方面的协调配合，强化对家事审判人员及相关辅助人员的业务培训，强化对改革动态的跟踪指导，适时开展对改革情况的阶段性督察评估，及时掌握改革过程中出现的问题，有针对性地研究出台具体指导意见，不断完善相关制度设计，确保改革工作平稳有序推进。

24. 自觉接受监督。良好的审判作风与过硬的审判质效是司法形象和司法公信的坚实基础，集中反映法院队伍的行为状态、素质特征与整体风貌。全市法院家事审判机构和家事法官，务必要忠诚履职，严格执行法官行为规范和职业道德准则，树立严格公正文明执法形象，进一步规范办案

规程和司法行为，强化防范措施，切实改进审判作风，进一步完善事前、事中和事后监督措施，坚决防止和杜绝以案谋私、以权谋私、枉法裁判等问题的发生，进一步创新接受监督的方式，增强接受监督的实效性，确保家事审判权的依法正确行使。

25. 注重总结宣传。两级法院要深入分析研判家事案件的趋势、特点和规律，认真研究反馈家事审判方式和工作机制改革新情况、新问题，及时分析改革得失，注重总结各地法院全面推进和深化家事改革的经验做法，推进交流共享，推广可复制、可借鉴的成功经验和典型事例，促进改革工作的不断完善。要主动回应社会关切，大力宣传基层探索的鲜活事例和实践成效，努力增强人民群众对改革的知晓度、认可度、支持度，推动形成全社会拥护支持参与家事审判改革的良好氛围。

泉州市中级人民法院

2017 年 1 月 5 日

泉州市中级人民法院　泉州市妇女联合会
关于家事纠纷诉调衔接工作的若干意见

为贯彻《中华人民共和国妇女权益保障法》《中华人民共和国未成年人保护法》等相关规定，妥善化解各类家事纠纷，构建"大调解"工作格局，根据相关法律规定，结合本市工作实际，制定本意见。

一、机构设置

第一条　泉州市中级人民法院、泉州市妇女联合会（以下简称妇联）共同对全市各级家事审判庭及妇联调解工作情况进行考评，并采用座谈会、研讨会等形式，交流工作经验和做法，加强对新情况、新问题的研究，探讨解决调解工作中存在问题的对策和方法。

第二条　全市各级人民法院成立家事审判庭、全市各级妇联成立家事调解室，分别负责处理家事纠纷的调解、宣传及其他配合工作。

二、工作原则

第三条　全市各级法院、各级妇联组织在调处家事纠纷时，应坚持依法维权、调解优先、公正高效、多方协作、促进和谐的原则。

三、工作职责

第四条　各家事审判庭应履行以下工作职责：

1. 判决调解。各家事审判庭负责本辖区家事纠纷判决、调解工作，并对各级妇联家事纠纷调解工作进行业务指导。

2. 司法确认。各家事审判庭负责对各辖区内家事纠纷调解协议进行司法确认。

3. 沟通交流。各家事审判庭负责就家事纠纷的信息交流、案件调解、法律宣传等工作与各级妇联沟通。

4. 法律宣传。各家事审判庭应组织各种形式的家事纠纷法律宣传工作。

5. 业务培训。各家事审判庭应组织或配合妇联组织家事调解员、调查员、各乡、镇、街道及村、居妇联负责妇女儿童维权工作人员的培训工作。

第五条 妇联的工作职责

1. 调处纠纷。各级妇联应成立家事纠纷调解室，受理并调解家事纠纷，提供法律帮助，协助法院调处家事纠纷；同时经常深入农村、社区，及时了解本辖区内维护妇女儿童合法权益工作动态，对发生家事纠纷的，应及时掌握、提前介入，及时化解矛盾。

2. 接受委托调解。各级妇联应接受并完成法院的委托调解工作。

3. 接受家事调查。各级妇联应根据法院家事调查函的要求，协助家事调查员做好家事调查工作。

4. 法律宣传。各级妇联应开展家事纠纷的法律宣传工作，提升妇女、儿童、老人等弱势群体的维权意识。

5. 业务培训。各级妇联应定期组织本辖区家事调解员、调查员、各乡、镇、街道及村、居妇联负责妇女儿童维权工作人员的培训工作。

四、具体工作衔接、配合问题

第六条 各级妇联在调处家事纠纷时，遇到疑难、复杂或者法律理解、适用问题时，可以邀请家事审判庭协助调解。家事审判庭接到妇联协助调解邀请后，应及时指派审判人员到场协助妇联调解。协助调解的审判人员在必要时，应就双方争议事项涉及的法律问题向当事人释明，做好法律解释、宣传工作。

第七条 人民法院受理家事纠纷时，根据案件特点，可以建议当事人先请求妇联进行调解。经建议，当事人同意由妇联进行调解的，人民法院应及时与当事人所在地妇联联系，告知简要案情，让当事人携带材料到妇联申请调解。妇联接到当事人的调解申请后，应及时受理，并指派人员进行调解。

第八条 经妇联调解，纠纷各方未能达成协议，应告知纠纷各方直接向人民法院提起民事诉讼，并将案件调解情况向人民法院反馈。人民法院接到当事人的起诉后，应及时进行审查立案。

第九条 经妇联调解，纠纷各方达成调解协议的，应告知各方申请司法确认的权利，双方认为有必要并均同意的，可以共同向家事审判庭申请依法确认调解协议的效力。

第十条 当事人向家事审判庭申请确认调解协议效力的，应向人民法院提交调解协议效力确认申请书、调解协议书、各方当事人身份证明材料及争议事项的相关证据材料。

第十一条 家事审判庭受理当事人申请确认调解协议效力的案件后，应在收到申请后15个工作日内及时进行审查确认。调解协议符合相关法律法规规定的，依法确认调解协议的效力，并将生效的裁判文书寄送原承办该案的妇联。

家事审判庭经审理认为协议无效的，应依法确认调解协议无效，并告知当事人可以要求妇联重新调解，变更原调解协议或者达成新的调解协议，也可以直接向人民法院提起诉讼。同时，家事审判庭应将审查结果及调解协议无效的原因、妇联在调解过程中存在的问题等情况向原承办调解的妇联反馈。

第十二条 经人民法院确认的调解书具有与民事裁判文书同等法律效力，一方当事人拒不履行的，另一方当事人可以申请人民法院强制执行。

第十三条 家事审判庭对经妇联调解未成功而起诉的纠纷案件，应及时立案受理。承办人应与原调解该案件的妇联工作人员联系，了解情况，有调解可能的，应继续做好调解工作，经调解达不成协议的，应及时作出裁判。

第十四条 对当事人因一方不履行调解协议或者达成调解协议后又反悔，起诉到人民法院的民事案件，原承办该纠纷调解的妇联工作人员应继续配合、协助人民法院对该案件的诉讼调解工作。

第十五条 家事审判庭受理家事纠纷后，可以根据案件的特点，在征得双方当事人同意的情况下，委托妇联主持调解。

第十六条 家事审判庭将案件委托妇联进行调解的，应先向妇联发送委托调解函，确定委托调解期限。受委托调解的期限一般不超过15日。如需延长，应由当事人申请并征得家事审判庭同意，但延长期限不得超过15日。委托调解的案件，人民法院应随案附送起诉状、相关证据的复印件等材料。

第十七条 妇联接受委托后，应及时确定调解人员。调解人员接案后，应在5个工作日内召集双方当事人进行调解，调解进展情况应当及时向家事审判庭案件主审人反馈。

第十八条 委托妇联调解的案件，双方达成调解协议的，受托调解的妇联应及时将调解结果及案件相关材料送交家事审判庭，由家事审判庭制作调解书。未达成调解协议的，由主审法官收回案件相关材料，继续对案件进行审理，并在裁判文书中载明委托调解情况。

第十九条 家事审判庭在审理家事纠纷时，可以邀请妇联协助诉讼调解。妇联在接到协助诉讼调解邀请函后，应指派人员协助调解。

第二十条 各级家事审判庭与妇联应加强协调和配合，共同做好家事纠纷法律宣传活动。

第二十一条 根据工作需要，妇联可邀请家事审判庭审判人员为家事调解员、调查员及其他相关人员进行业务培训。家事审判庭接到邀请后，应指派具有丰富法律知识和审判经验的审判人员为培训班授课，加强业务指导。

第二十二条 妇联在调解家事纠纷过程中，可就相关法律问题向家事审判庭咨询。接受咨询的家事审判庭应予配合，提供法律帮助，并进行必要的业务指导。

第二十三条 家事审判庭可邀请妇联组织工作人员、特邀调解员、家事调查员旁听依法公开审理的家事纠纷案件。

第二十四条 人民法院可以优先选聘符合条件的妇联工作人员担任人民陪审员。

第二十五条 本意见自2015年2月10日起施行。

泉州市中级人民法院
泉州市妇女联合会
2015年2月10日

泉州市中级人民法院家事案件审理规程

第一章 总 则

第一条 为充分发挥人民法院在审理家事案件中的司法能动作用，实现家事案件审判的规范化，根据《中华人民共和国婚姻法》《中华人民共和国未成年人保护法》《中华人民共和国妇女权益保障法》《中华人民共和国老年人权益保障法》《中华人民共和国反家庭暴力法》《最高人民法院关于开展家事审判方式和工作机制改革试点工作的意见》等有关法律、司法解释及上级法院文件精神，结合审判实际，制定本规程。

第二条 坚持平等保护与维护弱势群体利益相结合原则，依法平等保护当事人的合法权益，在不损害国家、社会和他人合法权益前提下，突出维护妇女、未成年人、老年人权益，促进未成年人健康成长，保障老年人安享晚年。

第三条 坚持修复关系与解决纷争相结合原则，尽一切可能通过教育手段，修复受损的婚姻家庭关系，挽救危机婚姻。对夫妻双方感情确已破裂、无法修复的死亡婚姻，应当保护当事人的离婚自由。

第四条 坚持自由处分与限制处分相结合原则，充分尊重当事人意思自治，允许当事人合理处分自身权利，促进家事纠纷解决。案件涉及未成年人权益的，当事人不得以调解、和解等方式损害未成年人合法权益。

第五条 坚持隐私保护与公开透明相结合的原则，对涉及当事人及其他家庭成员隐私、未成年人利益的家事纠纷案件，一般不公开审理。双方当事人要求公开审理且符合法律规定的，可以公开审理。

第六条 坚持当事人主义和职权主义相结合的原则，在“谁主张、谁举证”原则下，为最大限度查明案件事实，适度依职权进行调查取证，维护举证能力明显不足当事人的合法权益，同时要切实避免司法权过度介入导致损害一方当事人利益的现象发生。

第七条 坚持调解与裁判相结合的原则。要贯彻落实调解全过程原则，充分发挥调解优势，努力化解分歧、弥合亲情、消除对立、抚慰创伤、修复婚姻。同时运用裁判方式，依法维持或解除婚姻关系，处理好子女抚养及财产分割问题，发挥家事纠纷裁判的示范、指引功能，树立社会主义良好道德风尚，弘扬社会主义核心价值观。

第二章 家事审判机构

第八条 成立家事审判庭或家事审判团队，专门负责家事纠纷案件的审理。家事审判庭或家事审判团队应相对固定，其中女性法官及助理比例不低于50%。

家事法官一般应具备以下条件：

（一）年龄在30周岁以上；

（二）已婚或具有婚姻经历；

（三）具有性别平等意识；

（四）有较强的沟通协调能力。

第九条 注重从妇联、关工委、心理咨询机构，选聘家事纠纷案件人民陪审员，并定期进行专门培训。

家事案件人民陪审员一般应具备以下条件：

（一）年龄在30周岁以上；

（二）已婚或具有婚姻经历。

具有教育学、心理学、社会学等专业背景的，优先选聘。

第十条 有陪审员参与审理的案件，应当充分尊重陪审员依法享有的权利，认真听取陪审员的意见。

第十一条 家事审判庭主要受理下列案件：

（一）离婚纠纷；

（二）婚姻无效纠纷；

（三）婚约财产纠纷；

（四）撤销婚姻纠纷；

（五）确认亲子关系纠纷；

（六）抚养、扶养、赡养纠纷；

（七）监护权、探望权纠纷；

（八）同居关系析产、子女抚养纠纷；

（九）收养关系纠纷；

（十）分家析产纠纷；

（十一）离婚后财产纠纷；

（十二）继承纠纷；

（十三）人身安全保护令申请案件；

（十四）家庭成员间损害赔偿纠纷。

第三章 调　　解

第十二条　从妇联、工会、共青团、民政局、司法局、居民委员会、村民委员会、企业事业单位、专业机构等工作人员中，优先聘请社会阅历丰富、亲和力强、能言善道的人担任特邀家事调解员，并建立特邀家事调解员名册，协助、参与家事纠纷案件的调解工作。

第十三条　家事纠纷案件有下列情形之一的，不得组织调解：

（一）申请宣告婚姻无效；

（二）人身安全保护令申请案件。

第十四条　家事纠纷案件当事人起诉前，人民法院应当引导当事人进行诉前调解，由人民法院的专职调解员单独组织调解，或由专职调解员邀请一至两名家事特邀调解员共同调解。

调解和好的，可录入诉前调解系统，引导当事人提出撤诉申请，并制作裁定书；或制成调解和好笔录立卷备查，不制作法律文书。

第十五条　诉讼过程中，家事法官根据案情需要从家事特邀调解员名册中邀请一至两名调解员参与调解。

案件宣判前，应注意把握机会，尽一切可能组织调解。调解不成的，应及时作出判决。

第十六条　诉讼期间内，对于一方或双方不能理智表达诉求、不能准确剖析矛盾根源、没有解决问题合理方案、对未成年子女或老年人不能作出妥当安排的，可以设置1个月至3个月的“离婚冷静期”。

“离婚冷静期”可以“适用简易程序的双方当事人同意调解，延长的调解期间”为由扣除审限，不计入审限。

第十七条 “离婚冷静期”间，着重心理疏导和感情修复，暂缓开庭、暂缓判决。

对危机婚姻，设置“冷静期”以挽救婚姻为首要选择，以调解和好为理想状态，以和好结案为最佳方案；对死亡婚姻，设置“冷静期”，重在引导双方和平分手，保障未成年人利益最大化，保护妇女和老年人合法权益。

第四章 立案及审理

第十八条 登记立案后，若在离婚诉讼中对子女抚养、财产分割等提出诉讼请求的，应向当事人送达《家事案件经济情况调查表》《未成年子女抚养情况调查表》。

第十九条 案情复杂且当事人因经济困难没有委托代理人的，可根据《法律援助条例》规定，引导当事人向法律援助机构（司法局）申请法律援助。

第二十条 当事人缴纳诉讼费确有困难的，可根据《最高人民法院关于对经济确有困难的当事人提供司法救助的规定》，告知当事人可以申请减、缓、免交诉讼费。

第二十一条 家事纠纷案件原则上不公开审理。双方当事人申请公开审理的，依法可以公开审理。

第二十二条 审理家事案件，应当在家事审判法庭进行。涉及身份关系争议的家事案件，当事人及其法定代理人应当亲自到庭参加诉讼。本人不能表达意思或因特殊情况无法出庭，需向人民法院提交书面意见并获得准许。

第二十三条 开庭审理应注意以下事项：

（一）庭审中，对无法正确表达诉求的当事人，在诉讼请求、答辩、举证中予以必要的引导；

（二）围绕当事人争议焦点展开法庭调查，在征得当事人同意后，可以将法庭调查与法庭辩论结合进行，必要时要主动进行释明引导，准确查明事实、分清是非；

（三）边审边调，寓教于审，将法制教育、家庭伦理教育融入庭审当中，最大限度地消解当事人之间的恩怨。

第二十四条 审理离婚案件，应当对子女抚养、财产分割问题一并予以处理。对财产问题，如当事人欲另外处理，可另行起诉。

第二十五条 涉及子女抚养问题，应当着重审查是否有利于未成年人身心健康及合法权益保障。

审理过程中，对已满8周岁的未成年子女，家事审判庭应当充分听取意见。听取意见时应尽量选择适宜未成年人自由发表意见的友善环境进行，时间上可以考虑放学后或周末时间，并确保其隐私及安全。

未成年人表达意见或者陈述事实时，可以通知妇联、关工委或学校指派合适的人员在场陪同。陪同人员可以辅助未成年人表达意见。

第二十六条 请求抚养未成年人的当事人，应当举证证明其主张符合未成年子女的最大利益。

当事人未如实陈述未成年子女的生活学习情况，构成妨碍民事诉讼的，家事审判庭可以依法对其采取罚款、拘留等强制措施。

对诉讼过程中抢夺、藏匿未成年子女的当事人，家事审判庭应当对其进行训诫或必要的处罚，促使其自行纠正不当行为。

第二十七条 家事案件除适用“谁主张、谁举证”的一般举证责任分配规则外，还应根据实际情况合理分配举证责任。相关法律以及司法解释没有具体规定举证责任承担时，家事审判庭可以根据公平、诚实信用原则和双方当事人举证的难易程度，确定举证责任的承担，必要时，应当依职权调查取证。

第二十八条 一方当事人主张遭受家庭暴力的，应当提供证据证明。证据材料包括但不限于受害人提供的伤情照片、医院病历、受害人报警时的电话记录、接警或者出警记录、公安机关的告诫书、相关的录音或手机短信、妇联的来访记录、加害人出具的悔过书、保证书等。

第二十九条 当事人在诉讼中申请人身安全保护令的，应当另行编立人身安全保护令案号。

家事审判庭在审理中发现存在家庭暴力、暴力威胁或暴力危险的，应主动向受害人释明可以申请人身安全保护令。

第三十条　家事审判庭审查人身安全保护令申请时，要适当降低证明标准，预防家庭暴力可能发生的危害，根据实际案情，依法及时裁定。

第三十一条　家事审判庭可以依职权或依当事人申请向公安机关、妇联组织调取核实申请人受到家庭暴力的有关材料。

人身安全保护令作出后，应当及时抄送公安机关、妇联以及居民委员会、村民委员会等有关组织。

第三十二条　人身安全保护令的履行情况，应当作为家事案件处理的重要参考依据。违反人身安全保护令，继续实施暴力行为的，可以作为判决离婚的依据，并作为受害方获得赔偿或额外补偿的证据。

第三十三条　家事审判庭可以向了解案件事实的当事人的近邻亲朋调查有关事实。相关调查笔录经当事人质证后可以作为证据使用。

第三十四条　家事审判庭不能仅以证人与当事人之间存在亲属关系为由，否定相关证人证言效力，而应结合其他证据，对其所作证言效力作出综合认定。

第三十五条　家事审判庭可以单独委派家事调查员，依法通过走访当事人邻居、亲属、所在社区、工作单位等方式，了解当事人的婚姻家庭状况及未成年子女的抚养状况。

家事调查员自接受委派后的10个工作日内完成调查。调查结束后，家事调查员应向人民法院出具书面的《家事纠纷案件调查报告》，说明委派调查情况，并提出解决纠纷的建议方案等。

第三十六条　当事人可以申请人民法院通知出具《家事纠纷案件调查报告》的家事调查员出庭接受质询。

第三十七条　家事纠纷案件中，未成年人作为证人提供证言，可不出庭作证，由家事审判法官单独对未成年人进行询问。确需未成年人出庭作证的，应有未成年人亲属或未成年人所在的社区、学校指派人员在场。

第三十八条　未成年人证言的效力，根据下列情况酌情认定：8周岁以上的未成年人提供的与其年龄、智力和认知水平相适应的证言，经质证可以作为证据使用。不满8周岁的未成年人的证言必须结合其他证据，才能作为认定案件事实的依据。根据具体作证事项和未成年人的心智成熟程度，家事审判庭可以适当放宽年龄限制。

第三十九条　涉及财产分割的，当事人应当在举证期限届满前，填写

《家事案件经济状况调查表》，全面准确地申报夫妻关系存续期间的财产及债权债务状况。

家事审判庭应当明确告知当事人逾期不申报或不如实申报财产应承担的诉讼风险。对申报不实的当事人予以训诫。当事人故意隐藏财产，构成妨碍民事诉讼的，可以依法采取罚款、拘留等强制措施。

第四十条 对当事人财产状况、当事人之间的身份关系以及一方当事人转移、变卖、隐藏财产或者与他人同居、重婚、家庭暴力等重要案件事实，当事人难以举证又直接影响案件审理的，家事审判庭可以根据当事人提供的线索，依职权向有关金融、医疗、社区等单位调查取证。

第四十一条 制作家事纠纷案件裁判文书，应当根据案件类型，明确阐明认定争议事实和适用法律的理由。裁判文书说理部分，应当体现和弘扬相互忠诚、尊老爱幼、互帮互助、互谅互让等社会主义核心价值观和良好道德风尚。

第五章 心理疏导

第四十二条 有下列情形之一的，家事审判庭可以建议当事人及遭受家庭创伤的人，特别是妇女、老人、未成年人接受心理疏导。

（一）一方要求离婚，而另一方不同意离婚，或者不明确表态，或者意见反复、情绪波动较大的；

（二）离婚案件涉及的未成年子女情绪波动较大或者有反常行为，需要心理疏导的；

（三）探望权纠纷以及涉及亲子关系认定的案件，当事人及相关未成年人情绪波动较大的；

（四）家庭暴力持续时间较长，对受害人身心健康造成严重影响的；

（五）其他需要进行心理疏导的情形。

第四十三条 家事审判庭决定对当事人及未成年人进行心理疏导的或当事人及相关人员主动申请心理疏导，家事审判庭应将案件及辅导对象的情况报送给“妇女援助中心”，由“妇女援助中心”安排心理咨询师进行疏导或委托专业机构进行处理。

心理咨询师通过对个体的心理状态、行为等心理现象作全面、系统和深入的客观描述、分类、鉴别与诊断，向人民法院进行反馈，并提出有利于婚姻家庭关系修复的方案，或者判断是否存在潜在的暴力风险，以便法院提前做好矛盾激化的预防工作。

第六章　判后相关事宜

第四十四条　公开宣判后，家事法官应根据需要向双方当事人释法析理，宣传相关法律政策，做好疏导工作，力争服判息诉。

第四十五条　家事审判庭应加强与公安、司法、民政、妇联、社区等部门组织之间的沟通协调，依托多元调解纠纷平台，共同对涉及家暴、子女抚养、探望、赡养等家事案件开展判后跟踪、回访、帮扶工作，增强家事审判的社会辐射效应，形成家事纠纷社会治理新格局。

第四十六条　家事审判庭根据离婚当事人的申请，向申请人出具离婚证明书。

第四十七条　家事审判庭作出离婚证明书后，应同时向当事人原婚姻登记机关送达离婚证明书副本。原婚姻登记机关在境外的或港澳台地区的除外。

第七章　附　　则

第四十八条　本规程实施后，如与法律法规、司法解释或者上级法院规定相抵触的，以法律法规、司法解释或上级法院规定为准。

第四十九条　本规程由泉州市中级人民法院负责解释。

第五十条　本规程自发布之日起施行。

家事纠纷诉讼指南

一、案件类型

家事审判团队受理家事案件即婚姻家庭与继承纠纷、劳动争议与人事争议、侵权责任纠纷案件。

婚姻家庭与继承纠纷主要案件类型：1. 婚姻纠纷案件及其附带纠纷案件，婚姻纠纷案件包括离婚、婚姻无效、婚姻撤销等案件，附带纠纷案件包括监护权、子女抚养费、离婚后财产分割等案件；2. 抚养、扶养及赡养纠纷案件；3. 亲子关系纠纷案件，包括确认亲子关系、否认亲子关系案件；4. 收养关系纠纷案件；5. 同居关系纠纷案件，包括同居期间的财产分割、非婚生子女抚养等案件；6. 继承和分家析产纠纷案件；7. 申请人身安全保护令案件。

二、诉讼指引

（一）不得提出离婚的情形

女方在怀孕期间、分娩后一年内或终止妊娠后六个月内，男方不得提出离婚。女方提出离婚的，或人民法院认为确有必要受理男方离婚请求的，不在此限。

（二）司法救助

可准予免交诉讼费用：残疾人无固定生活来源的；追索赡养费、扶养费、抚育费、抚恤金的；最低生活保障对象、农村特困定期救济对象、农村五保供养对象或者领取失业保险金人员，无其他收入的；因见义勇为或者为保护社会公共利益致使自身合法权益受到损害，本人或者其近亲属请求赔偿或者补偿的；确实需要免交的其他情形。

可准予减交诉讼费用：因自然灾害等不可抗力造成生活困难，正在接受社会救济，或者家庭生产经营难以为继的；属于国家规定的优抚、安置对象的；社会福利机构和救助管理站；确实需要减交的其他情形。人民法院准予减交诉讼费用的，减交比例不得低于30%。

可准予缓交诉讼费用：追索社会保险金、经济补偿金的；海上事故、交通事故、医疗事故、工伤事故、产品质量事故或者其他人身伤害事故的受害人请求赔偿的；正在接受有关部门法律援助的；确实需要缓交的其他情形。

当事人应在起诉或上诉时提交书面申请和足以证明其确有经济困难的证明材料。其中因生活困难或者追索基本生活费用申请司法救助的，应当提供本人及其家庭经济状况符合当地民政、劳动和社会保障等部门规定的公民经济困难标准的证明。

（三）人身安全保护令

家庭暴力的受害人有权申请人身安全保护令，应当提供其遭受家庭暴力或者存在家庭暴力风险的证据，人民法院经审查认为存在家庭暴力风险的，即发出人身安全保护令。情况紧急的，可以口头申请，并记录在案。

（四）立案提交证据

离婚纠纷当事人须提交结婚证原件及复印件；诉讼请求涉及子女抚养的，须提供子女出生证明；涉及夫妻共同财产分割的，须提交房产、车辆等信息。继承纠纷当事人需提交其他继承人的信息及遗产的信息。

（五）不公开审理

涉及个人隐私的家事案件，人民法院应当不公开审理。涉及未成年人的家事案件，如果公开审理不利于保护未成年人利益的，人民法院应当不公开审理。

离婚案件，在开庭前，人民法院应当询问当事人是否申请不公开审理。当事人申请不公开的，可以不公开审理。

其他家事案件，当事人申请不公开审理的，人民法院经审查认为不宜公开审理的，可以不公开审理。

（六）本人出庭应诉

身份关系确认案件以及离婚案件，除本人不能表达意思的以外，当事人应当亲自到庭参加诉讼。当事人为无民事行为能力人的，其法定代理人应当到庭。确因特殊情况无法出庭的，必须于开庭前向人民法院提交书面意见，并委托诉讼代理人到庭参加诉讼。

应当到庭参加诉讼的当事人经传票传唤无正当理由拒不到庭的，属于原告方的，依照民事诉讼法第一百四十三条的规定，可以按撤诉处理；属于被告方的，依照民事诉讼法第一百四十四条的规定，可以缺席判决。

无民事行为能力的当事人的法定代理人，经传票传唤无正当理由拒不到庭的，比照上述规定处理。必要时，人民法院可以拘传其到庭。

（七） 征询子女意见

涉及确定子女抚养权的，可向法院申请听取八周岁以上子女愿意跟随父亲或者母亲共同生活的意见。

（八） 亲子关系鉴定

夫妻一方向人民法院起诉请求确认亲子关系不存在，并已提供必要证据予以证明，可申请进行亲子关系鉴定；另一方没有相反证据又拒绝做亲子鉴定的，人民法院可以推定请求确认亲子关系不存在一方的主张成立。

当事人一方起诉请求确认亲子关系，并提供必要证据予以证明，可申请进行亲子关系鉴定；另一方没有相反证据又拒绝做亲子鉴定的，人民法院可以推定请求确认亲子关系一方的主张成立。

（九） 提出分割财产的请求

离婚案件当事人可于答辩时提出分割共同财产的请求，财产总额不超过 20 万元的，不另行交纳诉讼费；超过 20 万元的部分，应按照 0.5% 交纳诉讼费。

（十） 家事调查员

对夫妻感情是否破裂及子女抚养问题，当事人可申请法院委托或指派家事调查员，通过走访邻居、亲属、社区、工作单位等方式了解当事人的婚姻、生活及子女抚养等状况，同时，可申请家事调查员出庭参加诉讼。

（十一） 离婚时的救济制度

1. 离婚损害赔偿

有下列情形之一，导致离婚的，无过错方有权请求损害赔偿：

（一）重婚的；

（二）有配偶者与他人同居的；

（三）实施家庭暴力的；

（四）虐待、遗弃家庭成员的。

2. 离婚经济补偿

夫妻书面约定婚姻关系存续期间所得的财产归各自所有，一方因抚育子女、照料老人、协助另一方工作等付出较多义务的，离婚时有权向另一方请求补偿，另一方应当予以补偿。

3. 离婚经济帮助

离婚时，如一方生活困难，另一方应从其住房等个人财产中给予适当帮助。具体办法由双方协议；协议不成时，由人民法院判决。

三、服务指南

（一） 家事调解

当事人可以在立案时选择本院聘请的家事调解员或到妇女援助中心进行诉前调解，并申请本院进行司法确认。

（二） 心理疏导

案件存在以下情形的，可申请心理疏导：一方当事人同意离婚，对方当事人不同意离婚并且情绪激动的；探望权纠纷、监护权纠纷以及其他有关亲子关系纠纷的案件中，当事人情绪波动较大的；存在家庭暴力行为，对当事人身心健康造成较大影响的；案件所涉及的未成年人情绪波动较大或者有反常行为，需要心理疏导的。

（三） 婚姻冷静期

经一方当事人申请，双方当事人同意，可以设置婚姻冷静期。在冷静期内，双方均不能提出离婚请求，期间可开展调解、家事调查、心理疏导等工作。

（四） 离婚证明书

为保护个人隐私，可以在本院作出解除婚姻关系的裁判后，凭书面申请和原生效裁判文书向本院申请出具离婚证明书。

（五） 案后回访帮扶

人身安全保护令的受害人，案后及时告知法院其生活现状，严防家庭暴力再次实施。对遭受心理创伤的老年人、未成年人，可申请对其心理疏导。对生活陷入困境的当事人，可申请帮扶，由法院联合妇联、民政局、村民委员会、居民委员会、街道办事处等单位尽可能提供帮助或者适当提供司法救助。

（六）子女探视

一方阻碍另一方配偶探视未成年子女的，或者因探视引发双方纠纷的，可申请法院委托共青团、关工委，联系合适探视地点，协助探视，缓解探视执行难问题。

泉州法院家事纠纷特邀调解员工作规程

为妥善处理家事纠纷，规范人民法院家事案件调解工作，保护当事人的合法权益，结合全市两级法院开展家事审判实际情况，制定本规程。

第一条【职责】家事纠纷特邀调解员（以下简称家事调解员）接受人民法院的委托，在立案前、案件审理过程、执行阶段，主持当事人调解，充分保护当事人利益，尽量促使当事人达成调解协议。

第二条【选任程序】家事调解员由妇联、司法局、民政局、共青团、关工委等单位和组织各推荐1—3名，经法院审核后聘任，聘期为3年。

第三条【选任条件】符合下列条件的被推荐人员，经人民法院审核，可以聘任为家事调解员：

（一）年满二十八周岁；

（二）身心健康、品行良好、公道正派；

（三）有服务奉献精神，热心家事调解工作；

（四）有一定的社会经验和阅历，具备较好的语言文字表达、判断分析和沟通协调能力。

上述人员中具有社会学、教育学、心理学、法学、婚姻家庭等方面专业知识或者基层家事化解工作经验的可优先选任；因犯罪受过刑事处罚或者被开除公职的不得担任。

第四条【委派】当事人可以在家事调解员名册中选择调解员，也可以在名册之外另行确定调解员调解家事案件。

当事人在3日内没有协商选出家事调解员的，由法院根据家事案件的性质，参考家事调解员的能力、专业、住所地、工作经历等因素，在家事调解员名册中指定。

人民法院委托家事调解员进行调解时，应当出具委托调解函。委托调解函正文应当载明案件基本信息、调解期限、承办法官联系方式等内容。家事调解员应在收到函件3日内提交《同意担任家事调解员确认书》，不同意担任的，应提供书面说明不适宜担任的理由。

第五条【回避】家事调解员有下列情形之一，应当回避，当事人也有权以口头或者书面方式提出回避申请：

（一）是本案当事人或者当事人、代理人的近亲属的；

（二）与本案有利害关系的；

（三）与本案当事人、代理人有其他关系，可能影响调解公正开展的；

（四）违反规定会见当事人、代理人，或者接受当事人、代理人的请客送礼的。

人民法院对回避申请应当及时作出决定，并以口头或者书面方式通知当事人。

第六条【调解规范】家事调解员从事调解工作，应当合法、客观、公正、尽责，严格遵守廉洁纪律和回避规定。

（一）不得损害当事人合法权益；

（二）不得接受当事人请托或接受不正当利益；

（三）对其知悉的个人隐私和其他秘密，负有保密义务；

（四）可以依据公序良俗、乡规民约、社区公约等对家事案件进行调解；

（五）态度平和恳切，平等、宽容地对待当事人，以适当方式进行劝导，并提出公平、合理的调解方案；

（六）获知当事人遭受家庭暴力、合法权益遭到损害等情形时，应当及时向人民法院报告，同时可向其他相关职能部门、救助机构报告；

（七）接受人民法院及推荐单位的监督。

第七条【调解场所】家事调解员可以在人民法院调解家事纠纷，也可以在妇女儿童活动中心中的妇女援助中心或妇联、司法局、民政局、共青团、关工委等成员单位的调解场所进行。考虑到案件的实际情况，必要时经人民法院同意也可在其他适当场所进行。家事调解员应当提前告知当事人调解的时间和地点。

第八条【调解期限】家事调解员应当在1个月内完成调解工作，1个月内没有达成调解协议的，除经双方当事人同意继续调解的以外，应当终结调解程序。诉前委托调解的，人民法院应当及时立案。

第九条【司法确认】人民法院在立案前委托调解的，当事人在家事调解员主持下达成调解协议的，可向人民法院申请司法确认。家事调解协议应当载明以下事项，并由家事调解员在调解协议上签名：

（一）当事人的基本情况；

（二）当事人的请求；

（三）纠纷的基本事实；

（四）调解协议的具体内容。

人民法院在立案后及案件审理过程中委托调解的，当事人在家事调解员主持下达成调解协议的，由人民法院制作调解书。

第十条【名册管理】人民法院对聘任的家事调解员实行名册管理。家事调解员名册应当载明受聘人员姓名、出生年月、政治面貌、工作单位、推荐单位、联系方式等内容，并附个人简历。家事调解员名册确定或变更后，应当向社会公开。

第十一条【培训和考核】人民法院应当定期组织家事调解员参加业务和技能培训。

人民法院应当定期对家事调解员进行考核。对于成绩突出的，予以奖励表彰；对于不当履行职务的，立即停止其工作，并视情形对其作出批评、通报，不再列入下一届家事调解员推荐人选；情节严重的，取消其家事调解员资格。

第十二条【经费保障】家事调解员完成调解工作后，由人民法院或有关单位发放相应补助或奖励。具体标准和方式由人民法院会同相关单位另行确定。

第十三条【施行】本规程自公布之日起施行。

泉州市中级人民法院

2019 年 6 月 17 日

泉州法院家事调查员工作规程

为促进家事案件公正、高效审理，妥善处理家事纠纷，加强家事调查队伍专业化和工作规范化建设，结合全市两级法院开展家事审判实际情况，制定本规程。

第一条【职责】在家事案件审理过程中，家事调查员接受人民法院的委托，依据法官的指示和要求，对家事案件中的特定事项进行调查，并向法院提出调查报告或者陈述调查意见，根据案件情况出庭接受双方当事人的质询。

第二条【选任程序】家事调查员由妇联、司法局、民政局、关工委等单位和组织各推荐1—3名，经法院审核后聘任，聘期为3年。

第三条【选任条件】符合下列条件的被推荐人员，经人民法院审核，可以聘任为家事调查员：

（一）年满二十八周岁；

（二）身心健康、品行良好、公道正派；

（三）有服务奉献精神，热心家事调查工作；

（四）有一定的社会经验和阅历，具备较好的语言文字表达、判断分析和沟通协调能力。

上述人员中具有社会学、教育学、心理学、法学、婚姻家庭等方面专业知识或者基层家事化解工作经验的可优先选任；因犯罪受过刑事处罚或者被开除公职的不得担任。

第四条【家事调查的范围】根据家事案件审理需要，家事调查范围主要包括：

（一）当事人的性格、教育、工作、经历和身心状况；

（二）当事人的婚姻状况、感情经历、家庭关系、家事纠纷产生的背景；

（三）未成年人的生活、学习、身心、抚养状况；

（四）当事人的财产情况；

（五）老年人的生活和赡养状况；

（六）人民法院认为需要调查的其他事项。

第五条【委派】人民法院委托家事调查员进行调查时，应当出具委托调查函。委托调查函正文应当载明案件基本信息、调查事项、完成期限和承办法官联系方式等内容。家事调查员应在收到函件3日内提交《同意担任家事调查员确认书》，不同意担任的，应提供书面说明不适宜担任的理由。

第六条【回避】家事调查员有下列情形之一的，应当回避，当事人也有权以口头或者书面方式提出回避申请：

（一）是本案当事人或者当事人、代理人的近亲属的；

（二）与本案有利害关系的；

（三）与本案当事人、代理人有其他关系，可能影响调查公正开展的；

（四）违反规定会见当事人、代理人，或者接受当事人、代理人的请客送礼的。

人民法院对回避申请应当及时作出决定，并以口头或者书面方式通知当事人。

第七条【调查规范】家事调查员从事调查工作，应当合法、客观、公正、尽责，严格遵守廉洁纪律和回避规定。

（一）不得损害当事人合法权益；

（二）不得接受当事人请托或接受不正当利益；

（三）对其知悉的个人隐私和其他秘密，负有保密义务；

（四）获知当事人遭受家庭暴力、合法权益遭到损害等情形时，应当及时向人民法院报告，同时可向其他相关职能部门、救助机构报告；

（五）接受人民法院及推荐单位的监督。

第八条【调查方式】家事调查员可以采取下列方式进行调查：

（一）与当事人、近亲属及其他有关人员面谈交流；

（二）以适当方式征询八周岁以上的被抚养子女对抚养及探望的意愿；

（三）走访当事人居住的社区、所在单位、被抚养人的学校等；

（四）人民法院许可的其他调查方式。

进行家事调查，一般应有2名家事调查员在场。

第九条【调查报告】调查报告应于接受调查委托之日起一个月内完成或人民法院要求的期限内提交。如在指定期限内确实难以完成调查事项和调查报告的，可以向人民法院申请延期。人民法院根据调查报告制作情况，可以要求进行补充调查或者重新调查。

调查报告内容应当包括：人民法院委托的调查事项，调查的时间、地点、方式、完成情况及未能完成的原因。调查过程中收集的有关材料、形成的调查笔录，应当列为附件一并提交。家事调查报告原文，应当归入案件卷宗。

家事调查报告及附件中的笔录等材料，需要作为证据使用的，应当整理后提交当事人进行法庭质证。当事人对家事调查的过程、方式等有异议的，人民法院可以要求家事调查员出庭说明情况或者进行书面说明。

第十条【名册管理】人民法院对聘任的家事调查员实行名册管理。家事调查员名册应当载明受聘人员姓名、出生年月、政治面貌、工作单位、推荐单位、联系方式等内容，并附个人简历。家事调查员名册确定或变更后，应当向社会公开。

中级法院聘任的家事调查员，可以受理两级法院在审理家事案件中的调查委托。基层法院聘任的家事调查员，一般受理该辖区内的法院在审理家事案件中的调查委托。

第十一条【培训和考核】人民法院应当定期组织家事调查员参加业务和技能培训。

人民法院应当定期对家事调查员进行考核。对于成绩突出的家事调查员，予以奖励表彰。对于不当履行职务的，人民法院立即停止其工作，对其提交的报告等不予采纳，并视情形对其作出批评、通报，且不再列入下一届家事调查员推荐人选；情节严重的，取消其家事调查员资格。

第十二条【经费保障】家事调查员完成调查工作后，由人民法院或有关单位发放相应补助或奖励。具体标准和方式由人民法院会同相关单位另行确定。

第十三条【施行】本规程自公布之日起施行。

泉州市中级人民法院

2019 年 6 月 17 日

泉州法院未成年人权益保护代表人工作规程

为妥善处理涉少纠纷，以未成年人利益最大化为原则，维护未成年人的合法权益，加强未成年人权益保护代表人队伍专业化和工作规范化建设，结合全市两级法院司法实践，制定本规程。

第一条【职责】在部分涉少案件审理过程中，未成年人权益保护代表人接受人民法院的指派，依据法官的指示和要求，以未成年人利益最大化为原则，独立就未成年人重大利益事项发表意见，维护未成年人的合法权益。

第二条【选任程序】未成年人权益保护代表人由妇联、司法局、民政局、共青团、关工委等单位和组织各推荐1—3名，经法院审核后聘任，聘期为3年。

第三条【选任条件】符合下列条件的被推荐人员，经人民法院审核，可以聘任为未成年人权益保护代表人：

（一）年满二十八周岁；

（二）身心健康、品行良好、公道正派；

（三）有服务奉献精神，热心未成年人工作；

（四）有一定的社会经验和阅历，具备较好的语言文字表达、判断分析和沟通协调能力。

上述人员中具有社会学、教育学、心理学、法学、婚姻家庭等方面专业知识或者未成年人工作经验的可优先选任；因犯罪受过刑事处罚或者被开除公职的不得担任。

第四条【适用范围】在下列案件中，人民法院根据案件需要指派未成年人权益保护代表人：

（一）离婚案件中，当事人存在家庭暴力行为，对未成年人身心健康造成较大影响；

（二）抚养纠纷、变更抚养关系纠纷，申请撤销监护人资格、申请变更监护人等监护权特别程序案件；

（三）未成年人人身受到伤害的案件，包括：生命权、健康权、身体权纠纷、医疗损害责任纠纷、机动车交通事故责任纠纷、教育机构责任纠纷、提供劳务者受害责任纠纷、用人单位非法雇佣未满十六周岁的未成年人引起的劳动争议、工伤保险待遇纠纷等案件；

（四）未成年人财产权益受到侵害的纠纷；

（五）未成年人致人损害的案件；

（六）涉及外来工子女、留守儿童权益的民事案件，其法定代理人及其他成年亲属无法通知；

（七）未成年人犯罪或侵害未成年人的刑事案件；

（八）其他需要指派未成年人权益保护代表人的案件。

第五条【履职范围】根据案件需要，未成年人权益保护代表人享有以下权利：

（一）调查、取证。调查未成年人的生活、学习情况，弄清未成年人的真实意愿和心理状况，提交给法院采取何措施符合未成年人利益最大化的报告，为重新指定监护人、直接抚养义务人的确定等事关未成年人重大利益事项作出书面报告。

（二）开庭。享有庭前阅卷、参加庭审等诉讼权利，在审判过程中不受干预、以未成年人利益最大化原则独立发表意见。

（三）心理疏导。疏导理顺未成年人情绪，化解心理危机，帮助修复家事案件未成年人与其家人的感情，避免侵权案件中对未成年受害人精神损害的扩大。

（四）协助执行。联系合适探视地点，协助探视，推动解决探视执行难问题。

（五）监督。督促父母履行教育义务，防止离婚诉讼期间父母怠于履行义务导致未成年子女辍学等。

（六）保护。对未成年人正在遭受的家暴或者侵害，提请相关部门申请人身安全保护令。

（七）其他因维护未成年人的合法权益须行使的权利。

第六条【指派】人民法院指派未成年人权益保护代表人开展工作时，应当出具指派未成年人权益保护代表人工作函。指派工作函正文应当载明案件基本信息、指派事项、完成期限和承办法官联系方式等内容。未成年人权益保护代表人应在收到函件3日内提交《同意担任未成年人权益保护代表人确认书》，不同意担任的，应提供书面说明不适宜担任的理由。

第七条【回避】未成年人权益保护代表人有下列情形之一，应当回避，当事人也有权以口头或者书面方式提出回避申请：

（一）与本案有利害关系的；

（二）与本案当事人、代理人有其他关系，可能影响工作公正开展的；

（三）违反规定会见当事人、代理人，或者接受当事人、代理人的请客送礼的。

人民法院对回避申请应当及时作出决定，并以口头或者书面方式通知当事人。

第八条【工作规范】未成年人权益保护代表人从事委托工作，应当合法、客观、公正、尽责，严格遵守廉洁纪律和回避规定。

（一）不得损害未成年人合法权益；

（二）不得接受当事人请托或接受不正当利益；

（三）对其知悉的个人隐私和其他秘密，负有保密义务；

（四）获知未成年人遭受家庭暴力、危害未成年人合法权益等情形时，应当及时向人民法院报告，同时可向其他相关职能部门、救助机构报告；

（五）接受人民法院及推荐单位的监督。

第九条【未成年人利益最大化报告】未成年人利益最大化报告应于接受委托之日起一个月内完成或人民法院要求的期限内提交。如在指定期限内确实难以完成委托事项和报告的，可以向人民法院申请延期。人民法院根据实际情况，可以要求进行补充调查或者重新调查。

未成年人利益最大化报告内容应当包括：人民法院委托的事项，履职的时间、地点、方式、完成情况及未能完成的原因，涉及未成年人重大利益事项的建议及其理由。履职过程中收集的有关材料、形成的调查笔录，应当列为附件一并提交。未成年人利益最大化报告原文，应当归入案件卷宗。

未成年人利益最大化报告及附件中的笔录等材料，需要作为证据使用的，应当整理后提交当事人进行法庭质证。当事人对调查的过程、方式等有异议的，人民法院可以要求未成年人权益保护代表人出庭说明情况或者进行书面说明。

第十条【名册管理】人民法院对聘任的未成年人权益保护代表人实行名册管理。名册应当载明受聘人员姓名、出生年月、政治面貌、工作单位、推荐单位、联系方式等内容，并附个人简历。名册确定或变更后，应当向社会公开。

中级法院聘任的未成年人权益保护代表人，可以受理两级法院在审理家事案件中的指派。基层法院聘任的未成年人权益保护代表人，一般受理该辖区内的法院在审理家事案件中的指派。

第十一条【培训和考核】人民法院应当定期组织未成年人权益保护代表人参加业务和技能培训。

人民法院应当定期对未成年人权益保护代表人进行考核。对于成绩突出的未成年人权益保护代表人，予以奖励表彰；对于不当履行职务的，人民法院立即停止其工作，对其提交的报告等不予采纳，并视情形对其作出批评、通报，且不再列入下一届未成年人权益保护代表人推荐人选；情节严重的，取消其代表人资格。

第十二条【经费保障】未成年人权益保护代表人完成委托工作后，由人民法院或有关单位发放相应补助或奖励。具体标准和方式由人民法院会同相关单位另行确定。

第十三条【施行】本规程自公布之日起施行。

泉州市中级人民法院
2019 年 6 月 17 日

洛江区反家庭暴力工作协调小组成员单位职责（节选）

为有效预防和制止家庭暴力，切实维护家庭暴力受害人的合法权益，建立平等、和睦、文明的婚姻家庭关系，促进“平安洛江”建设，成立洛江区反家庭暴力工作协调小组。根据相关法律法规及文件精神，制定洛江区反家庭暴力协调小组工作机制及成员单位工作职责。

一、协调小组

……

二、成员单位工作职责

（一） 区委政法委

协调推动、指导全区反家庭暴力工作，积极争取党委、人大、政府、政协的支持，推动反家庭暴力联动机制建设。

1. 指导、协调、督促各单位开展反家庭暴力工作。

2. 推动整合救助资源、拓宽救助渠道，建立政府救助、社会帮扶和司法援助的救助保障机制。

3. 将预防和制止家庭暴力工作纳入全区社会治安综合治理和工作考核范畴。

（二） 区法院

1. 设立反家庭暴力合议庭，统一审理涉家庭暴力纠纷案件，合议庭成员由接受过反家庭暴力业务培训或具有相关学识、经验的法官或人民陪审员组成。

2. 法院在审理家事案件过程中，发现可能存在涉嫌家庭暴力犯罪的，应当将有关材料移送公安机关，或者告知受害人提起自诉。

3. 全面开展人身安全保护令工作。当事人因遭受家庭暴力或者面临家庭暴力的现实危险，向法院申请人身安全保护令的，法院应当受理。当事人是无民事行为能力人、限制民事行为能力人，或者因受到强制、威吓等原因无法申请人身安全保护令的，其近亲属、公安机关、妇联、村（居）民委员会、救助管理机构可以代为申请。

人身安全保护令的申请应当以书面方式提出，情况紧急或申请人书写确有困难的，可以口头申请，由法院记入笔录。人身安全保护令以裁定形式作出。法院受理申请后，应当在七十二小时内作出人身安全保护令或者驳回申请；情况紧急的，应当在二十四小时内作出。

人身安全保护令可以包括下列一项或多项内容：

（1）禁止被申请人殴打、威胁申请人或申请人的亲友；

（2）禁止被申请人骚扰、跟踪、接触申请人及其相关近亲属，特别禁止与可能受到伤害的未成年子女进行不受欢迎的接触；

（3）人身安全保护令生效期间，一方不得擅自处理价值较大的夫妻共同财产；

（4）有必要的并且具备条件的，可以责令被申请人暂时搬出双方共同的住处；

（5）禁止被申请人在距离下列场所200米内活动：申请人的住处、学校、工作单位或其他申请人经常出入的场所；

（6）必要时，责令被申请人自费接受心理治疗；

（7）为保护申请人及其特定亲属人身安全的其他措施。

法院作出人身安全保护令后应当将裁定书送达申请人、被申请人、公安机关、居（村）民委员会，必要时可抄送妇联组织、被申请人的工作单位；紧急情况下可以通过口头或电话等其他方式将裁定书内容告知申请人、被申请人、辖区的派出所，并将情况记录在案。

人身安全保护令的有效期不超过六个月，自作出之日起生效。人身安全保护令失效前，法院可以根据申请人的申请撤销、变更或者延长。

4. 当事人申请法院调查取证，经审查符合条件的，法院可以直接取证，也可以签发调查令，由其代理人到相关部门调取。

5. 法院审理涉及家庭暴力案件，应当考虑家庭暴力案件的特殊性、隐蔽性，全面审核认定下列证据材料的证明力：

（1）公安机关报警、接警、出警记录和告诫书；

（2）公安机关处理家庭暴力案件的调查笔录；

（3）妇联、人民调解委员会、社区、村委会、庇护所等处理家庭暴力的录音、记录或出具的书面证词及其他书证；

（4）受害人的治疗病历、身体损伤的伤情鉴定意见书；

（5）受害人陈述；

（6）家庭成员、邻居、同事或其他无利害关系人的证人证言；

（7）家庭暴力的照片、录音、录像等资料；

（8）未成年子女提供的与其年龄、智力及精神状况相当的证言。

6. 被申请人违反人身安全保护令，尚不构成犯罪的，法院应当给予训诫，可以根据情节轻重处以一千元以下罚款、十五日以下拘留。

7. 法院审理涉及家庭暴力案件，可以结合案件实际情况进行调解，调解不成的应及时判决。受害人提起损害赔偿要求的，应当依法予以审查处理。

8. 监护人实施家庭暴力严重侵害被监护人合法权益的，法院可以根据被监护人的近亲属、居民委员会、村民委员会、民政部门等有关人员或者单位的申请，依法撤销其监护人资格。如检察院提出《民事支持起诉意见书》，应通知检察院参与诉讼。

9. 法院应当依法对家庭暴力受害人缓收、减收或者免收诉讼费用。

10. 定期前往辖区大中小学、公安、妇联、医院、庇护所、人民调解委员会等机构，提供性别平等、家庭暴力知识和相关法律知识培训，以提高整个社会预防和应对家庭暴力的能力。

（三）区检察院

1. 对公安机关提请批准逮捕或者移送审查起诉的家庭暴力犯罪案件及时审查，区分不同情况依法作出处理。对于罪行较重、社会影响较大、且受害人不谅解的，依法应当追究刑事责任，符合逮捕或起诉条件的，应依法及时批准逮捕或者提起公诉。对于罪行较轻、主观恶性小、真诚悔过、人身危险性不大，双方当事人达成和解的，可以依法作出不批准逮捕、不起诉决定。

2. 加强对家庭暴力犯罪案件的监督，认为公安机关应当立案侦查而不立案侦查的家庭暴力案件，或者受害人认为公安机关应当立案侦查而不立案侦查，向检察院提出控告的家庭暴力案件，经审查符合立案条件的，应当要求公安机关说明不予立案的理由。检察院审查后认为不予立案的理由不能成立的，应当通知公安机关依法立案，公安机关应予立案。

3. 对法院在审理涉及家庭暴力案件中作出的确有错误的判决和裁定，检察院应当依法提出抗诉。

4. 监护人因监护侵害行为被提起公诉的案件，检察院应当书面告知未成年人及其临时照料人有权依法申请撤销监护人资格。对于暴力伤害未成年人，严重损害未成年人身心健康，而相关单位和人员没有提起诉讼的，检察院依据《关于依法处理监护人侵害未成年人权益行为若干问题的意见》，书面建议当地民政部门或者未成年人救助保护机构向法院申请撤销监护人资格。

5. 开展反家庭暴力知识宣传和培训。

（四） 区公安分局

1. 应积极履行职责，在基层派出所设立家庭暴力案件报警点，及时受理该类案件报警求助，严格落实首接责任制，做到快速接警、快速处警、依法取证、及时救助，不得以家庭纠纷等为由拒绝、推诿、拖延办理。

2. 家庭暴力情节较轻，依法不给予治安管理处罚的，要兼顾维护受害人合法权益和维护家庭团结，对加害人予以批评教育，告知其应承担的法律责任及相应的后果，必要时发出《家庭暴力告诫书》，防止事态扩大。告诫书应当包括加害人的身份信息、家庭暴力的事实陈述、禁止加害人实施家庭暴力等内容。公安机关应当将告诫书送交加害人、受害人，并通知居（村）民委员会。

3. 公安机关对情节特别轻微的，符合调解条件的案件，在查清事实、分清责任的前提下，可以进行调解处理。经调解，当事人达成协议的，不再处罚；未达成协议或者达成协议后不履行的，应依法对违反治安管理行为人进行处罚。加害人经批评教育后拒不改正，再次实施家庭暴力且受害人不同意调解的，应当依法从重处罚。

4. 家庭暴力受害人提起民事诉讼需要公安机关出具相关证据材料的，应当及时提供帮助。

5. 如果受害人需要提起离婚诉讼的，公安机关应当告知受害人可以向法院申请人身安全保护令。公安机关应当协助执行法院作出人身安全保护令（即裁定书）。

6. 社区民警应当关注有暴力倾向的居民，告知其家庭暴力行为可能承担的法律责任及相应后果，同时向居民发放告知卡，告知其相应的权利和求助渠道。

7. 开展反家庭暴力知识宣传。

（五） 区司法局

1. 指导家事纠纷人民调解组织。指导区妇联设立的妇女儿童权益纠纷人民调解委员会，指导基层人民调解组织调处家事纠纷。

2. 引导法律援助中心优先为符合条件的家庭暴力受害人提供法律援助。鼓励和支持法律服务机构对经济确有困难又达不到法律援助条件的受害人，酌情减收或免收法律服务费用。

3. 开展与反家庭暴力有关的法律法规宣传。

（六） 区民政局

1. 可以单独设立临时庇护场所，协助妇联、公安机关、司法行政等部门为自愿接受救助的家庭暴力受害人提供求助服务。

2. 为符合条件且自愿受助的家庭暴力受害人提供不超过十天的庇护。

3. 庇护期间，为受庇护人免费提供符合食品卫生条件的食宿和心理安抚等人文关怀。

4. 对受庇护人的联系方式或行踪等相关信息予以保密。

5. 在婚姻登记处开展反家庭暴力等妇女维权法律知识宣传。

（七） 区妇联

1. 负责联络、协调各部门反家庭暴力工作。

2. 积极开展预防和制止家庭暴力的宣传工作，依托“12338”妇女维权热线开通反家庭暴力专线，健全维权工作网络。

3. 依托区妇女援助中心、区妇女儿童权益纠纷人民调解委员会、区妇女援助速问平台、区巾帼维权预警志愿服务队，接受当事人维护妇女儿童权益方面法律知识的咨询，对家庭暴力纠纷预防和处置提出意见和建议。

4. 认真接待受害人投诉，告知受害人享有的权利和救济途径，指导受害人及时收集和保存证据、申请伤情鉴定或人身安全保护裁定；对加害人进行批评教育，告知家庭暴力的违法性和可能承担的法律责任。

5. 接受纠纷双方的书面申请，对维护妇女儿童合法权益纠纷，组织双方当事人进行调解，制作调解笔录、调解文书。达成调解协议的，可根据需要向法院申请效力确认；对未达成调解协议的，应当告知受害人向公安机关报案或向法院提起诉讼。

6. 推荐人民陪审员参与家庭暴力的案件审理，依法维护妇女儿童合法权益。

7. 建立村（社区）家事调解室、维权工作站等维权服务点。及时细致排查发现婚姻家庭矛盾纠纷的苗头和线索，做好化解稳控。

8. 协调督促有关部门及时、公正地处理家庭暴力案件，保护家庭暴力受害妇女儿童的合法权益。

三、工作机制

1. 建立联席会议制度。……
2. 建立信息共享机制。……
3. 落实专门知识培训。……

四、工作保障

1. 保障工作经费。……
2. 建议工作台账。……
3. 深入开展调研。……
4. 加大宣传力度。……

上述的家庭暴力，是指家庭成员及家庭成员以外共同生活的人之间以殴打、捆绑、残害、限制人身自由以及经常性谩骂、恐吓等方式实施的身体、精神等侵害行为。家庭暴力主体包括：配偶、子女（养子女）、父母（养父母），以及有抚养、扶养、赡养关系或者共同生活的继子女和继父母、兄弟姐妹、祖父母、外祖父母、孙子女、外孙子女、儿媳（女婿）、公婆（岳父母）、曾有配偶、同居、恋人等亲密关系。

中共泉州市洛江区委政法委员会

2019 年 4 月 30 日

德化县人民法院关于建立家事纠纷诉前化解机制的实施方案（试行）（节选）

为进一步深化家事审判方式和工作机制改革，建立和完善家事纠纷多元化解机制，强化家事纠纷的诉前化解、源头化解力度，有效促进家庭和睦、社会和谐，根据有关法律、司法解释以及《最高人民法院关于进一步深化家事审判方式和工作机制改革的意见（试行）》（法发〔2018〕12号文件）等规定，制定本实施方案。

一、总则

1. 指导思想。……

2. 主要目标。……

二、工作机构

3. 调解组织。牵头成立家事纠纷多元化解中心，并将办公室设置在家事审判办公场所内，充分利用家事审判现有办公条件，营造温馨、和睦、以“和”为主旋律的家事纠纷诉前化解氛围。

4. 调解队伍。由家事审判法官、特邀调解员、家事调查员、网格员，以及司法局、妇联、民政局、社区居委会等相关单位和部门推荐的品行良好、公道正派、热心调解工作并具有较强沟通协调能力的人员组成，建立相对固定的家事纠纷调解员名册。

三、工作原则

5. 合法自愿原则。……

6. 不公开调解原则。……

7. 当事人亲自到场原则。……

8. 侧重情感修复原则。……

四、工作范围

9. 主动申请。当事人主动向多元化解中心申请诉前调解的，可向立案庭或多元化解中心递交书面申请书或起诉状（详见附件一、附件二）。

10. 受理范围。下列家事纠纷可在立案登记前引导当事人申请诉前调解：

（1）未经诉前调解的首次起诉离婚纠纷；

（2）离婚后财产纠纷；

（3）继承纠纷；

（4）抚养、扶养、赡养纠纷；

（5）监护权、探望权纠纷；

（6）同居关系析产、子女抚养纠纷；

（7）分家析产纠纷；

（8）家庭成员间损害赔偿纠纷；

（9）其他当事人同意或者法院认为可诉前调解的家事纠纷。

11. 除外情形。下列案件应直接予以登记立案，不再安排诉前调解：

（1）婚姻效力认定纠纷；

（2）身份关系确认纠纷；

（3）申请人身安全保护令；

（4）其他根据案件性质属于不能进行调解的纠纷。

五、工作规则

12. 诉讼辅导告知。对符合诉前调解条件的家事纠纷，立案庭应在登记立案之前向当事人释明诉前多元化解工作机制，发放《诉前调解建议书》（详见附件三），引导当事人选择非诉、多元调解方式解决纠纷。

当事人同意诉前调解的，应当在《诉前调解建议书》上签名确认。立案庭应在三个工作日内将相关案件材料移送给家事纠纷多元化解中心。

当事人不同意诉前调解的，立案人员应当按照正常程序办理立案手续。

13. 造册建档。由家事纠纷多元化解中心负责对家事纠纷诉前调解案件进行登记，对调解结案和调解未结案进行分类统计，记录案号、案由、立案时间、当事人名称、诉讼标的、调解人员、结案时间等，并对相关卷宗完成归档工作。

14. 及时通知。家事纠纷多元化解中心应自收到案件之日起七日内通知另一方当事人。另一方当事人同意诉前调解的，应到庭签署《诉前调解建议书》；不同意诉前调解，或逾期不到庭的，应引导当事人办理立案手续，案件转入诉讼程序。

15. 及时调解。双方当事人确认选择诉前调解的，应由家事调解员尽快安排时间进行调解。对双方争议不大、法律关系明确、基础事实清楚的案件，可由一名家事纠纷调解员单独进行调解。

对双方争议较大、情绪对立明显等纠纷，可由二人或二人以上家事纠纷调解员联合进行调解，也可由家事纠纷调解员邀请人大代表、政协委员、人民陪审员、基层法律服务工作者，以及其他具有社会、人文、法律、教育、心理、婚姻家庭等方面的专业知识的人参与调解。

16. 调解期限。诉前调解原则上以一次调解为限；自收到当事人诉前调解申请书之日起三十日内无法达成一致调解意见的，应结束调解。

17. 固定调解过程。调解应当制作调解笔录，载明调解的日期、地点、调解人员、记录人员、调解经过及结果等事项（详见附件四、附件五）。当事人核对笔录无误后，由当事人及调解人员、记录人签名确认。

18. 终结调解情形。诉前调解过程中出现下列情形之一的，应当结束调解，并优先立案：

（1）无法在规定期限内达成调解协议的；

（2）当事人仅就部分诉讼请求达成调解协议的；

（3）一方当事人明确表示不再进行调解的；

（4）一方当事人下落不明需要公告或者直接送达确有困难的；

（5）双方对事实争议较大，需要提供充分证据证明，但举证出现重大障碍，无法及时排除的；

（6）出现诉讼中止等阻碍程序正常进行的情形；

（7）其他无法继续进行调解的情形。

19. 调解达成协议。

（1）经调解解除婚姻关系的，可以引导当事人向民政局登记离婚，或者经立案登记后，由家事法官出具调解书、离婚证明书，诉讼费减半收取。

（2）经调解维持婚姻关系的，经当事人同意，可以对双方当事人适用一定期限的冷静期。对在冷静期内出现足以导致夫妻感情彻底破裂的新情况、新理由的，一方当事人可直接向法院起诉离婚。对冷静期结束后双方未能真正和好的，一方当事人可再次申请诉前调解，或直接立案起诉。冷静期内双方感情修复状况可作为离婚诉讼中是否判决准予离婚的重要考量因素。

（3）对离婚以外其他家事纠纷达成的协议，具有民事合同效力，当事人可以选择登记立案后，由家事法官出具相应的民事调解书，该调解书经送达双方当事人后具有法律效力；或申请司法确认，由法院裁定赋予调解协议强制执行的效力。

一方当事人不履行上述民事调解书或裁定书所确认的义务，另一方当事人可以向法院申请强制执行。

20. 免受理费。通过诉前调解结案的案件，不收取案件受理费。

六、工作制度

21. 家事调查制度。在家事纠纷调解过程中，根据具体需要可由家事调查员对当事人的基本信息、情感发展、争议事由、当地风土人情等事项进行调查，并由家事调查员参与调解，以便把握争议焦点，促进调解成功率。

22. 联合调解制度。加强与人民调解、司法调解、行政调解、行业调解等调解组织的对接，鼓励、支持相关调解组织加入家事纠纷多元化解。比如，基层法庭诉讼服务中心可就近引导前来起诉的当事人到“德化县瓷都调解中心”进行诉前调解，为当事人提供便捷高效的诉前调解工作，促成家事纠纷的就地化解、及时化解。

23. 心理疏导制度。诉前调解过程中，发现当事人情绪激动、波动较大等需要心理疏导的，应建立心理疏导档案，由具有心理咨询师资格的法官、妇联工作者等及时介入，提供情绪宣泄、情感庇护、正向指引等心理服务“套餐”，引导理性、客观对待婚姻家庭纠纷，帮助身心真正回归家庭。

24. 诉调对接制度。在诉前调解过程中发现案情复杂需要转入诉讼程序的，积极做好诉讼引导、证据收集等工作，做好诉调无缝对接。依托“智慧办案系统”加强家事纠纷诉前调解案件信息化档案建设，加强对诉前调解工作的智能化分析、数据生成，促进家事纠纷诉调对接无纸化、信息化、智能化。

七、附则

25. 加强宣传。……

26. 经验总结。……

27. 本实施意见自公布之日起试行。

德化县人民法院

2019 年 3 月 6 日

第五章　多元合力：泉州家事纠纷社会治理格局的构建

2017年泉州市“妇女援助中心”为民办实事项目建设实施方案

为深入贯彻党的十八届六中全会精神，贯彻落实党的群团工作会议、市十二次党代会和省十二次妇代会精神，坚持以人为本，依法维护保障妇女的合法权益。市委、市政府把“妇女援助中心”列入2017年为民办实事项目，并定由市妇联牵头，协同综治办、公安局、人民检察院、人民法院、司法局等部门协同实施，在全市范围内重点扶持建设13个“妇女援助中心”。根据泉委办〔2017〕2号文件要求，现制定如下方案：

一、项目建设目标

在市直机关及各县（市、区）各建立1个“妇女援助中心”。“妇女援助中心”与泉妇〔2016〕71号文中要求建立的“泉州市妇女维权服务中心”并轨运行，统一名称为“妇女援助中心”。中心以维护妇女合法权益为宗旨，为广大妇女（特别是弱势妇女群体）提供专业化、社会化、人性化公益性援助服务。

二、项目实施步骤

项目实施时间1年，从2017年1月至2017年12月，具体分为以下步骤。

（一）建设阶段（2017年1月—2017年6月）

1. 合理选址。每个县（市、区）建设1个“妇女援助中心”，要求有专门的独立办公场所，建议尽量与妇女儿童活动中心等妇联公共活动场所相结合或利用现有其他资源进行共享。

2. 设施配备。每个“妇女援助中心”要有桌椅、电脑、电话等办公辅助设备；有接访室和心理辅导室，有条件的地方可以考虑安装监控设备。牌匾由市妇联统一制作。

3. 运行团队。“妇女援助中心”要有专门的管理小组，由妇联领导担任组长，指定专人负责管理，确保每个“妇女援助中心”至少配备1名相对专职的工作人员，负责日常运行。团队包括1名以上的律师、1名以上的心理咨询师以及1名以上的家事纠纷金牌调解员。同时综治办、公安局、人民检察院、人民法院、司法局尽可能派员参与，鼓励采取政府购买公共服务。

4. 管理机制。妇联具体负责“妇女援助中心”的日常管理和运行，建立健全各项工作机制和管理、服务等规章制度。上墙内容包括：工作制度、服务范围以及值班人员头像、简介等。日常管理包括做好来访来电的登记、值班人员的管理、人员安全管理、财务审计管理、物资档案管理等。

5. 活动内容。“妇女援助中心”的服务对象为本辖区的妇女。服务内容包括接听12338热线电话，处理家事纠纷，以及适时组织法制宣传活动，针对个案延伸心理关怀、妇女救助、反家暴维权、调解家庭矛盾等多元服务。咨询时间可选择在周一至周五上午8：00—12：00，每天至少一名专业人员值班接访，为辖区妇女提供法律、心理等公益性服务。

（二） 检查督导 （2017年7月—2017年9月）

项目领导小组组织成员深入各“妇女援助中心”，及时了解“妇女援助中心”管理运行与服务活动开展状况。检查内容包括：妇女受援情况，机构建设与运行情况，人员团队与能力建设，部门参与程度等。

（三） 整改提高 （2017年10月—2017年11月）

各项目点针对检查督导中发现的问题进行整改，规范“妇女援助中心”的日常管理，确保其正常运行。

（四） 年底考评 （2017年12月）

针对“妇女援助中心”所开展的日常工作，从服务妇女、组织活动等方面进行项目检查评估，总结经验，提升项目水平，发挥项目示范引领作用，宣传推广做法。

三、职责分工

1. 妇联：参与涉及妇女权益法律法规的执法检查与监督，开展有关妇女权益问题的调研，积极向各级党委、人大、政府反映妇女权益问题；协调有关部门共同处理侵害妇女权益的重大案件，推动“两法”“两纲”的实施。

2. 公安局：严厉打击伤害、强奸、绑架、卖淫、嫖娼、拐卖等侵犯妇女合法权益的违法犯罪活动；充分履行公安机关在预防和制止家庭暴力工作中的职责，将家庭暴力报警纳入“110”出警工作范围，依法依规及时处理家庭暴力中涉及违法犯罪的案件。

3. 人民检察院：加强对侵害妇女刑事案件的审查批捕和起诉工作，加大对涉及妇女权益各类案件的监督力度，保障案件的依法公正审理；积极做好预防犯罪工作，及时向有关单位提出检察建议，切实保护妇女合法权益。

4. 人民法院：指导和监督各级法院依法审理涉及妇女权益的各类案件；积极推荐具有一定法律知识和维权工作经验的妇联干部提请人大常委会任命为人民陪审员；积极支持妇联人民调解员参与涉及妇女合法权益的矛盾纠纷的调解工作，加强人民调解与诉讼调解的衔接工作；建立健全家事审判庭和妇女维权合议庭，全面维护妇女的合法权益。

5. 司法局：发挥法制宣传职能，加大有关妇女法律、法规的宣传普及力度；建立和完善妇女法律援助站，切实为经济困难、贫弱残的妇女提供法律援助和帮助；指导基层司法所或人民调解组织做好婚姻家庭纠纷、家庭暴力等案件的调解、疏导工作，促进家庭和谐，邻里和睦。

四、工作要求

1. 强化领导。为保障项目顺利推进，成立泉州市“妇女援助中心”项目建设领导小组，加强对“妇女援助中心”建设工作的领导、协调，使“妇女援助中心”建设取得实效。领导小组办公室设在市妇联，各协办单位要指定专人负责推动项目的落实。

2. 落实责任。各责任单位要切实发挥作用，各司其职，创新载体，多措并举，为项目实施提供保障，该项工作将纳入综治考评。各项目点要组织制订实施方案和年度计划，做到目标明确、责任清楚，确保来访件件有落实。

3. 保障资金。2017 年市“妇女援助中心”项目建设拟投入市级经费共 130 万元，主要由市委、市政府为民办实事项目提供，各协办单位要对项目建设点有所倾斜、优惠。各项目点要做到专款专用。县（市、区）要配套 5 万元资金投入，并充分挖掘当地各种资源，特别是社会力量参与项目建设，以保证项目点的后续运作及发展。

4. 探索创新。项目所在地的县（市、区）妇联要进行积极探索，大胆创新，既要发挥传统工作手段引导妇女，又要发挥整合资源的优势联合部门，最大限度激发社会活力，最大限度增加妇女援助中心的作用，实现维权服务重心下移、关口前移。市妇联将及时发现典型，培树典型。

泉州市妇联　泉州市综治办
泉州市公安局　泉州市人民检察院
泉州市中级人民法院　泉州市司法局
2017 年 2 月 17 日

附件 1（略）

附件 2（略）

附件 3

泉州市“妇女援助中心”项目建设评分表

考核评估项目	考核评估内容及标准	分值	自评分	总评分
设施配备（3 分）	1. 有明显的“妇女援助中心”的标识、有专门独立的办公场所	0.5		
	2. 有配备齐全的办公辅助设备（如桌椅、电脑等），有条件可以考虑安装监控设备	0.5		
	3. 建立健全各项工作机制和管理、服务等规章制度	0.5		
	4. 同级综治办、公安局、人民检察院、人民法院、司法局派员参与	0.5		
	5. 团队配备一名以上律师、心理咨询师、金牌调解员等工作人员，鼓励政府购买服务	1		
组织管理（3 分）	1. 确保“妇女援助中心”日常管理和运行到位。日常管理包括做好来访来电的登记（有花名册、签到本等）、值班人员的管理、人员安全管理、财务审计管理、物资档案管理等	1		
	2. “妇女援助中心”有专门的管理小组，由妇联领导担任组长，并指定专人负责管理，确保 1 名相对专职的人员负责“妇女援助中心”日常运行	1		
	3. 制定了“妇女援助中心”建设方案、工作计划及工作总结	0.5		
	4. 有详细的分工安排，做到目标明确、责任清楚，确保来访件件有落实	0.5		
服务工作（3 分）	1. 工作环境温馨和谐，值班人员热情为来访来电的弱势群体提供维权援助服务，无偿向妇女儿童提供法律、心理咨询服务	1		
	2. “妇女援助中心”每年至少要开设一至两次有关普法宣传、心理咨询等讲座、培训	1		
	3. 不定期通过微信、QQ 群、短信群发、宣传材料发放等方式，向社会宣传“妇女援助中心”；鼓励开设“妇女援助中心”微信公众号并定期更新	1		
加分项目（1 分）	1. 县（市、区）对“妇女援助中心”进行配套投入	0.5		
	2. 开展富有本地特色的主题活动，并探索总结出适合本县（市、区）行之有效、便于推广的工作经验、做法或活动载体等	0.25		
	3. 大力宣传“妇女援助中心”，工作得到《泉州晚报》等主流媒体或得到全国、省级报刊、网站报道	0.25		
总得分		10		

泉州市中级人民法院、泉州市妇女联合会关于泉州市家事审判援助中心一体化建设框架合作协议

为贯彻妇女权益保障法、婚姻法、未成年人保护法等相关规定，妥善化解各类婚姻家事纠纷，实施乡村振兴战略，助力农村跨越发展，根据相关法律规定，结合泉州市各级人民法院和妇联的工作实际，特制定本协议。

一、机构设置

第一条 泉州市中级人民法院、泉州市妇女联合会（以下简称妇联）共同对全市各级家事审判庭及妇女援助中心工作情况进行考评，并采用座谈会、研讨会、联合调研等形式，交流工作经验和做法，加强对新情况、新问题的研究，探讨解决审判、调解工作中存在问题的对策和方法。

第二条 全市各级人民法院成立家事审判庭、全市各级妇联成立妇女援助中心，分别负责处理婚姻家事纠纷的调解、宣传及其他配合工作。

二、工作原则

第三条 全市各级法院、各级妇联组织在调处婚姻家事纠纷时，应坚持依法维权、调解优先、公正高效、多方协作、促进和谐的原则。

三、工作职责

第四条 各家事审判庭应履行以下工作职责：

1. 判决调解。各家事审判庭负责本辖区家事纠纷判决、调解工作，并对各级妇联家事纠纷调解工作进行业务指导。

2. 司法确认。各家事审判庭负责对各辖区内家事纠纷调解协议进行司法确认。

3. 沟通交流。各家事审判庭负责就家事纠纷的信息交流、案件调解、典型案例、法律宣传等工作与各级妇联沟通。

第五条 妇联的工作职责

1. 调处纠纷。各县（市、区）和有条件的基层妇联应成立妇女援助中心，受理并调解婚姻家事纠纷，提供法律帮助，协助法院调处家事纠纷；同时经常深入农村、社区，及时了解本辖区内维护妇女儿童合法权益工作动态，对发生家事纠纷的，应及时掌握、提前介入，及时化解矛盾。

2. 接受委托调解。各级妇联应接受并完成法院的委托调解工作。

3. 接受家事调查。各级妇联应根据法院家事调查函的要求，指派和协助家事调查员做好家事调查工作。

四、衔接、配合工作

第六条 家事审判庭在审理家事纠纷时，可以邀请妇联、家事调解员协助诉讼调解。妇联在接到协助诉讼调解邀请函后，应指派人员协助调解。家事审判庭也可以邀请妇联组织工作人员、家事调解员、家事调查员旁听依法公开审理的家事纠纷案件。人民法院可以优先选聘符合条件的妇联工作人员担任人民陪审员。

第七条 妇女援助中心在调解婚姻家事纠纷过程中，可就相关法律问题向家事审判庭咨询，接受咨询的家事审判庭应予配合，提供法律帮助，并进行必要的业务指导；妇女援助中心在遇到疑难、复杂或者法律理解、适用问题时，可以邀请家事审判庭协助调解，家事审判庭接到妇女援助中心协助调解邀请后，应及时指派审判人员到场协助妇联调解。协助调解的审判人员在必要时，应就双方争议事项涉及的法律问题向当事人释明，做好法律解释、宣传工作。

第八条 各级家事审判庭与妇女援助中心应加强协调和配合，共同做好婚姻家事纠纷法律宣传活动，提升妇女、儿童、老人等弱势群体的维权意识。

第九条 各家事审判庭和各级妇女援助中心应不定期组织本辖区家事调解员、调查员、各乡、镇、街道及村、居妇联的培训工作，提升负责妇女儿童维权工作人员的法律水平。

泉州市中级人民法院

泉州市妇联

2018 年 4 月 11 日

泉州市委政法委　泉州市中级人民法院
泉州市司法局　泉州市妇女联合会
关于建立村（社区）级家事纠纷
调解室的实施方案

家庭是社会的细胞，婚姻家庭关系和谐稳定直接影响到社会安定团结。做好婚姻家庭矛盾纠纷化解工作，是构建和谐社会的必然要求，为贯彻落实党的十九大提出的防范化解重大风险工作要求，健全平安建设社会协同机制，从源头上提升维护社会稳定能力和水平，不断增加人民群众获得感、幸福感、安全感。结合我市妇女儿童维权工作实际，积极探索创新有效的社会治理体系和办法，现就建立村（社区）级家事纠纷调解室提出如下实施方案。

一、指导思想

以习近平新时代中国特色社会主义思想为指导，围绕建设更高水平的“平安泉州”的总体要求，深入贯彻落实社会主义核心价值观，坚持发展“枫桥经验”，建立运用人民调解方式处理婚姻家庭纠纷的工作格局，发挥妇联、司法行政部门的职能优势，推动婚姻家庭矛盾纠纷化解在早、化解在小、化解在基层，最大限度地维护我市家庭、社会和谐稳定，为建设“五个泉州”营造良好环境。

二、工作目标

创新完善立体化、信息化社会治安防控体系，创新组织群众、发动群众的机制，各村（社区）妇联成立家事纠纷调解室，充分吸纳当地专业人员（婚姻家庭关系、法律、心理、社会学等）、楼长、小组长以及妇联专、兼职副主席、执委等参与矛盾纠纷化解，依托综治网格化信息平台，从基层抓好落实，确实预防和化解妇女儿童权益纠纷，促进家庭健康稳定发展，维护全市社会安定、稳定、和谐。

三、调解原则

（一）在当事人自愿、平等的基础上进行调解；

（二）依据妇女儿童法律法规政策和有关法律法规进行调解；

（三）尊重当事人的诉讼权利，不得因调解而阻止当事人依法通过仲裁、行政、司法等途径维护自己的权利；

（四）坚持无偿服务，家事纠纷调解室调解矛盾纠纷不收取任何费用，不得获取其他不正当利益，不得泄露当事人的个人隐私。

四、工作内容

村（社区）级家事纠纷调解室工作范围主要包括：

（一）深化“平安家庭”创建，发挥妇联的牵头作用，推动综治协管员、网格员、人民调解员、妇女代表、调解志愿者等对“平安家庭”未达标户全面开展入户走访。

（二）妇联组织要以“建设法治泉州巾帼行动”“三进一到”“举办幸福婚姻大讲堂”等活动，多形式多层面做好法治宣传和家庭美德教育工作；党委政法委负责加强预防化解婚姻家庭纠纷工作的组织协调、督导检查和考核评估；司法行政部门要加强村（社区）公共法律服务，发展家事纠纷调解志愿者队伍，发挥“一村（社区）一法律顾问”作用，为群众提供方便、高效的法律服务，进一步增强群众通过法律途径解决纠纷、维护权益的意识。人民法院负责本辖区家事纠纷的判决、调解协议司法确认工作，对调解工作进行业务指导，加强与妇联协调和配合，就家事纠纷的信息交流、案件调解、典型案例、法律宣传等工作建立沟通协调机制。

（三）以防范婚姻家庭纠纷激化引发命案为重点，着重对婚姻关系发生变动的、抚（扶、赡）养关系发生变动的、发生遗产继承的、离婚诉讼中认定夫妻共同债务的、两地分居的、招婿的、有留守妇女儿童的、有家暴隐患的、有同居行为的、有情感纠纷的、有邻里纠纷的家庭及已向有关部门反映婚姻失败、情感失和、家庭暴力、生活困难等突出问题的个人进行拉网排查和跟踪化解。

（四）对反映因婚姻家庭纠纷引发的同一事项多次重复登记、时间跨度较长的人员以及进京到非接待场所、扬言或可能滋事扰序、可能采取过激极端行为的信访重点人员进行全面梳理排查化解。

五、调解职责

（一）组织开展涉及婚姻家庭权益纠纷的排查，及时掌握纠纷信息，做好预防工作。

（二）接受纠纷双方的书面申请，对婚姻家庭纠纷及其涉及妇女儿童权益的民事纠纷进行调解。

（三）接受当事人有关婚姻家庭权益方面法律法规知识的咨询。

（四）及时报告婚姻家庭纠纷和调解工作情况，对婚姻家庭纠纷的预防和处置提出意见和建议。

（五）结合调解工作，开展相关法律法规及政策的咨询和宣传教育工作。

六、调解程序

（一）根据纠纷当事人的申请受理调解，当事人没有申请的，也可以主动调解，但当事人一方明确拒绝调解的除外。当事人申请调解纠纷，可以书面申请，也可以口头申请。

（二）家事纠纷调解室对当事人申请调解纠纷案件，对符合条件的，应在三日内受理调解，一个月内调结，做好纠纷调解登记。对不符合条件，不予受理的，应当向当事人说明理由。

（三）根据调解纠纷的需要，家事纠纷调解室可以指定一名或数名调解员进行调解，也可以由当事人选择一名或者数名调解员进行调解。调解员应认真做好调解前的准备工作。

（四）家事纠纷调解室在调解纠纷前，应当以口头或者书面形式告知当事人调解的性质、原则和效力，以及当事人在调解活动中享有的权利和承担的义务。

（五）家事纠纷调解室在调解纠纷中，应当依据法律法规政策等有关规定，根据纠纷的不同情况采取多种方式进行调解，充分听取当事人的陈述，开展耐心、细致的说服疏导工作，在当事人平等协商、互谅互让基础上提出纠纷解决方案，帮助当事人自愿达成调解协议，有效化解纷争。调解纠纷过程中，发现纠纷可能激化的，及时采取有针对性的预防措施，必要时应及时向当地公安机关或者其他有关部门报告。调解不成的，应当终止调解，并依据有关法律、法规的规定，告知当事人可以依法通过仲裁、行政、司法等途径维护自己的权利。

（六）经家事纠纷调解室或调解员调解达成调解协议的，人民调解委员会可以制作调解协议书。当事人认为无须制作调解协议书的，可以采取口头协议方式，调解员应当记录协议内容。调解协议书由当事人各执一份，调解机构留存一份，并报上一级妇联一份。

七、工作要求

各县（市、区）、乡镇（街道）和村（社区）要创造条件解决调解场所，并按有关文件要求将家事纠纷调解室工作经费纳入部门预算，兼职调解员实行“一案一补”“以案定补”，专职调解员实行最低工资加“一案一补”“以案定补”，保障人民调解委员会工作的顺利运转。要建立健全学习、例会、疑难复杂纠纷讨论和信息报送等制度，对排查出来的婚姻家庭纠纷风险隐患实行“双向报告”制度，即向当地司法行政部门报告，同时向上一级妇联组织报告；村（社区）若发生因婚姻家庭纠纷引发的命案，案件情况必须立即向辖区党委政府报告。辖区党委政府、公安局应在案发三日内向所在县（市、区）政法委书面报告处理情况，并抄送同级妇联和司法局，不得漏报瞒报。每月 25 日填报排查化解情况及有关数字（详见附件），由村（社区）向所在乡镇（街道）上报，乡镇（街道）统计后向县（市、区）妇联上报，县（市、区）妇联再汇总至市妇联。司法行政部门要加强对家事纠纷调解室的业务指导、密切配合、相互支持，及时把不利于家庭平安、社会稳定的矛盾纠纷化解在基层，创造稳定和谐的社会环境。

泉州市委政法委　泉州市中级人民法院
泉州市司法局　泉州市妇女联合会
2019 年 6 月 17 日

附件： 1. 婚姻家庭纠纷大排查大化解责任清单
2. 婚姻家庭纠纷风险隐患问题清单
3. “平安家庭”未达标户走访帮扶情况表
4. 向有关部门反映婚姻家庭方面有突出问题的个人问题清单
5. “重点人员”排查化解攻坚情况明细表

附件1

婚姻家庭纠纷大排查大化解责任清单

填报单位（盖章）：　　　　　　　　　　　　　　填报时间：　年　月　日

	姓名	职务	电话	手机	邮箱/QQ/微信
第一责任人					
分管领导					
工作人员					
工作人员					

说明：按照市、县（市、区）、乡（镇）、村（社区）的级别，由下一级妇联向上一级妇联上报。

附件 2

婚姻家庭纠纷风险隐患问题清单

填报单位（盖章）：　　　　填报时间：　年　月　日

序号	所属地	问题简述	表现类型	评估级别	责任单位	责任领导	化解稳控措施	化解稳控状态	销号情况
1									
2									
3									
4									
5									

说明：1. 填报级别：按照市、县（市、区）、乡镇（街道）、村（居）的级别，由下级汇总后向上一级上报；2. 问题简述：主要填写内容包括姓名、性别、身份证号、现居住地、联系电话、主要婚姻家庭纠纷问题以及协调推动解决的过程结果等；3. 表现类型：按照“极端行为、集访与群体性事件、信访、舆情、违法犯罪、其他”填写；4. 评估级别：按已经或可能引发的事件后果，分为特别重大、重大、较大、一般四级；5. 责任单位、责任领导：按照属地管理原则，指填报单位所属地的妇联；6. 化解或稳控状态：按照“已化解、已稳控、正在化解”填写；7. 销号情况：风险隐患化解后，要在本表中注明已销号；8. 各县（市、区）妇联请按照规定时间上报市妇联权益部（邮箱：qzflqyb@163. com）。

附件3

“平安家庭”未达标户走访帮扶情况表

填报单位（盖章）：　　　　　　　　　　　　　　　　填报时间：　年　月　日

序号	未达标家庭情况	所属地	问题类型	走访情况	帮扶转化措施	责任人	备注
1							
2							
3							

说明：1. 填报级别：按照市、县（市、区）、乡镇（街道）、村（居）的级别，由下级汇总后向上一级上报；2. 未达标家庭情况：主要填写内容包括户主姓名（某某家庭）、现居住地、家庭成员情况、未达标的主要原因；3. 所属地：填写到镇街；4. 问题类型：按照违反“七无一好”标准即“无涉毒、无涉赌、无涉黄、无家暴、无邪教、无拐卖、无纠纷，安全防范好”情况，填写未达标家庭问题类型；5. 走访情况：主要填写走访时间、走访人员、了解近况、查明原因、疏导情况；6. 帮扶转化措施：填写主要帮扶措施以及帮扶后转化情况；7. 责任人：指牵头婚姻家庭纠纷排查化解工作的当地妇联组织；8. 各县（市、区）妇联请按照规定时间上报市妇联权益部（邮箱：qzflqyb@163. com）。

附件4

向有关部门反映婚姻家庭方面有突出问题的个人问题清单

填报单位（盖章）：　　　　填报时间：　年　月　日

序号	反映人	性别	家庭住址	身份证号或出生日期	联系电话	反映部门	反映事由	表现类型	评估级别	责任单位	帮扶领导	帮扶措施	化解或稳控状态
1													
2													
3													

说明：1. 填报级别：按照市、县（市、区）、乡镇（街道）、村（居）的级别，由下级汇总后向上一级上报；2. 反映部门：有向多部门反映的，要一并填写具体部门；3. 反映次数：有向多部门反映的，要分别填写次数；4. 反映事由：指婚姻失败、情感失和、家庭暴力、生活困难等事由；5. 表现类型：舆情、信访、矛盾纠纷、其他；6. 评估级别：按已经或可能引发的事件后果，分为特别重大、重大、较大、一般四级；7. 责任单位、帮扶领导：确定牵头婚姻家庭纠纷排查化解工作的当地妇联组织为责任单位，根据评估级别，确定由村（社区）“两委”干部和乡镇（街道）挂点领导或由两名及以上县乡、县直部门干部为帮扶领导；8. 各县（市、区）妇联请按照规定时间上报市妇联权益部（邮箱：qzflqyb@163. com）。

附件 5

“重点人员”排查化解攻坚情况明细表

填报单位： 填报时间： 年 月 日

序号	人员情况				排查情况		年内信访情况		责任领导	工作专班	化解方案	化解时限	进展情况
	信访人姓名	身份证号	所属地	诉求概述	排查来源	异常行为	正常访（次数）	进京到非接待场所（次数）					
1													
2													
3													

说明：1. 填报级别：按照市、县（市、区）、乡镇（街道）、村（居）的级别，由下级汇总后向上一级上报；2. 所属地：具体到乡镇；3. 排查来源：从“中央交办”“省内交办”“市县自查”3 个选项中选取；4. 异常行为：从“进京到非接待场所”“长期重复信访”2 个选项中选取；5. 年内信访情况：填写每月申报时间期间内，信访人正常上访及进京到非接待场所次数；6. 工作专班：请详述专班构成人员情况；7. 进展情况：请记录历次专题研究、实地走访等工作情况及化解稳控情况；8. 各县（市、区）妇联请按照规定时间上报市妇联权益部（邮箱：qzflqyb@163. com）。

打造“亲和睦诚”特色家事审判名片，鲤城法院建成“家事文化馆”

近年来，鲤城法院以“亲和睦诚”为理念探索家事审判改革，审理的家事纠纷典型案例获央视《今日说法》《庭审现场》《夕阳红》等媒体栏目报道，该院先后被授予“全国法院家事审判工作先进集体”“全国巾帼建功先进集体”等国家、省、市级荣誉。7月15日，鲤城法院建成全国法院首家家事文化馆，面向社会公众开放展览，进一步延伸家事审判功能，让家事审判走向社会、回馈社会，开馆后已吸引了各方媒体、游客前来“打卡”。7月17日，“学习强国”平台将家事文化馆开馆消息刊载于首页《推荐》栏目，《福建日报》、福建省电视台、《泉州晚报》、泉州电视台等媒体均对此刊发报道。

一、融特色：突出“鲤韵”文化特色

一是融入闽南风情。该院积极利用空置用房开展建设，原有建筑为房龄较早的闽南旧平房，占地650平方米。该院将在原有平房结构基础上，进行整体加固和防水改造。聘请泉州闽台缘博物馆古建专家团队开展建筑、布展、美学指导，将危旧平房内外装修改造为红砖石窗的闽南古厝，在院子内装饰钢结构山墙、刻纸花灯、砖雕，整体设计洋溢闽南风情。二是融合家事主题。该馆围绕家事文化主题，设置三个展厅：“家庭家事”展厅展示泉州传统婚姻文化、宗族文化、家居文化；“家风家教”展厅展示族规家训、乡规民约、革命领袖家风；“家事法律”展厅展示古代以来婚姻家事立法历程、新中国成立以来家事审判立法历程、“一带一路”沿线国家婚姻趣闻。三是融汇鲤城特色。向市民征集展览实物，展出老鲤城居民婚礼嫁妆、家训族谱、结婚证、分家析产阄书等家事文化实物，富有鲤城特色和时代特征，引发游客共鸣。

二、聚合力：延伸多元调处机制

一是延伸巡回审判。馆内设立“多功能厅”，配齐审判桌椅、电脑、打印机等审判设施设备。家事少年庭将该馆作为巡回审判点，选择典型案件在此开展巡回审判。以“亲和睦诚”理念为引导，在审判中开展亲情教育、家风教育，着力帮助当事人弥合亲情，实现法德相融、情法交汇。二是延伸纠纷调处。在馆内兼设家事纠纷服务站，配备氛围温馨的调解功能区，开展预约调解、诉讼指导服务。将家事预约调解、家事调查阵地向前延伸至社区，以家事文化馆为中心，辐射三个家事纠纷服务站、四个定点调解室，形成家事纠纷“半小时纠纷化解圈”。三是延伸多元联动。依托家事文化馆延伸案后回访、救助帮扶等机制。与区妇联、公安、司法局等部门联合设立妇女援助流动工作站，实行法官定时驻站，心理辅导师、律师定期接访。

三、重传承：弘扬法德相融之道

一是扩大家事审判影响。将家事文化馆作为重要载体，积极宣传法院家事审判改革成效。设置家事审判改革专栏，配备体感电子书、影音设备，循环播放该院家事审判典型案例。该院自主编撰《亲和睦诚——家事审判鲤城样本》《讲好家事法治故事》等书籍，向游客赠阅。二是推进家事法治宣传。依托家事文化馆开展家事法律普法讲座、公开审判活动。福州大学、华侨大学等高校在馆内举办模拟法庭。区司法局将该馆申报省级法治宣传教育基地，区妇联将该馆定为普法培训基地。三是传承优良和美家风。承接鲤城区各类家风家教主题文化活动，吸引辖区内各中小学、团体前来参观。水门社区主动推荐居民担任驻站义工，讲解鲤城好家风。区文明办将该馆申报市级“家风家训馆”。

四、兴文脉：助力古城文旅发展

一是助力古城焕新。该馆所在街巷环境较为杂乱，该院与区妇联、海滨街道联合将该馆所在街巷进行改造，将鲤城家风故事上墙，建设为家风家教示范巷，以家事文化馆为中心辐射出家风家教文化片区，提升整体街区品位。二是助力古城文旅。该馆全面向社会公众开放，指定专人担任讲解员，每日举办两场定时讲解。与周边市舶司遗址、八卦沟、家风家教示范巷有机融合，打造古城文旅新亮点。该馆现已列入泉州廉政旅游路线，同时积极与市古城办、区文旅局对接，加入古城文化旅游路线，为各类古城骑行、徒步活动提供服务。三是助力“海上丝绸之路”申遗。该馆址所在水沟巷历史悠久，周边尚有海上丝绸之路遗址市舶司、八卦沟。该馆积极配合泉州海丝申遗工作，结合海上丝绸之路文化，展出泉州作为海上丝绸之路起点，与海上丝绸之路沿线国家通婚、文化融合历史。

鲤城区人民法院

2020 年 3 月

鲤城区人民法院家事纠纷服务站工作指导意见

为进一步深化家事纠纷多元化解决机制，维护家庭、婚姻、亲情关系的稳定，全力化解家事矛盾，本院联合鲤城区妇联在伍堡社区、新门社区等社区设立家事纠纷服务站，现将家事纠纷服务站的服务方式、内容、工作流程等制定如下。

一、服务方式

由家事审判庭法官、家事调解员直接挂点家事纠纷服务站，为家事纠纷当事人提供各方面的法律服务，预防家事案件发生。

二、服务内容

1. 开展以反家暴、构建和谐家庭为主旨的普法宣传；
2. 提供家事纠纷方面的法律咨询；
3. 协助妇女、儿童、老人等依法维护合法权益；
4. 为家庭暴力的受害人提供帮助，协调相关部门予以救济；
5. 直接或协调社会力量开展家事纠纷多元化调解工作；
6. 为有需要的当事人提供诉讼指引；
7. 对符合条件的当事人协调联系法律援助；
8. 邀请法官参与家事纠纷的诉前调解；
9. 协助诉讼案件承办法官开展家事纠纷调解工作及协助家事调查员开展调查工作；
10. 为家事纠纷当事人提供心理疏导；

11. 协助有关部门开展社区矫正、帮扶、回访工作；
12. 协助法院做好裁决后家事纠纷的息诉息访工作。

三、服务流程

家事纠纷服务站服务流程

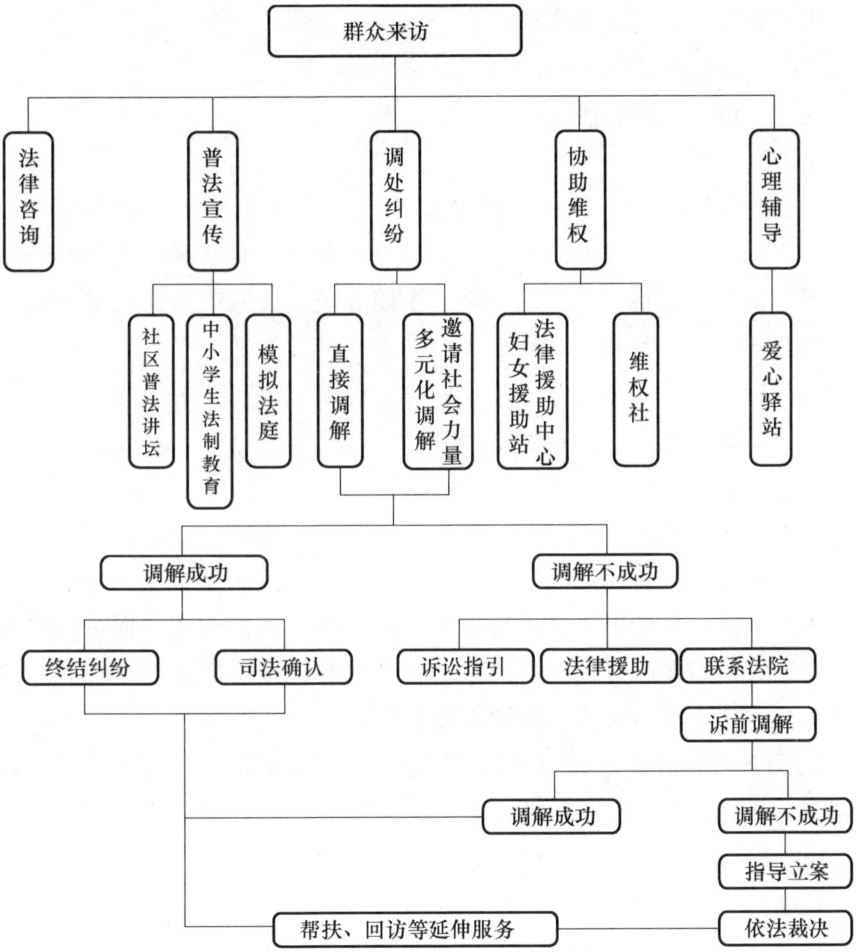

鲤城区人民法院
2016 年 3 月 8 日

洛江区妇女儿童维权共建协议

甲方：洛江区妇女联合会

乙方：洛江区法院

丙方：洛江区检察院

丁方：仰恩大学

为充分发挥妇联、法院、检察院、高校的资源优势，增进妇联、法院、检察院与高校间的交流与合作，努力实现“整合资源、优势互补、共同发展”的共赢目标，甲、乙、丙、丁四方经过友好协商，决定开展“妇女维权四方共建”活动，现就有关合作事宜签订协议如下：

一、共建内容

1. 建立共建联席会议制度。每年至少召开一次联席会议，四方要主动加强联系和沟通，研究解决妇女儿童维权工作中的热点难点问题，把妇女儿童维权工作融入全区平安建设工作大局，制订合作方案，促进妇女维权工作开展。组织实施合作项目，总结合作经验，逐步建立起高校教学研究与法学、司法、社会实践联系的重要渠道。

2. 服务教学实践。利用法院在仰恩大学设立的巡回法庭审判点，针对历年来的侵害妇女儿童的案例，组织选派实务经验丰富的法官担任实务导师，总结维权工作经验，为仰恩大学学生实习提供专题调研的素材；区法院、检察院、妇联积极创造条件，为仰恩大学的学生提供社会实践平台。

3. 服务妇女儿童维权工作。一是每年确定调研课题由仰恩大学牵头，形成调研文章，征求四方综合意见，积极做好维护妇女儿童权益优秀案例、文章的推荐评选；二是每季度参与援助中心专家门诊，整合四方资源，利用“三八”维权周、6·26 国际禁毒日、12·4 国家宪法日等重要时间节点，在乡镇（街道）、村（社区）维权站开展专家门诊，为辖区妇女在婚姻家庭、邻里纠纷、赡（抚）养等方面提供法律帮助；三是每季度到区、镇援助中心开展特色活动，发挥各自优势，确定主题开展维护妇女儿童权益活动；四是积极参与援助中心速问平台工作，推送发布虐待伤害、拐卖、性侵妇女儿童及家暴、婚姻家庭等典型案例，通过以案释法、普法平台普及妇女儿童权益的理念意识；五是深化家事审判调解工作衔接，充分发挥妇联家事调解员化解家事纠纷和促进和谐的作用，进一步做好家事调解工作；六是依托法学院巡回法庭开展“以案释法”活动，提高妇女群众学法、守法的意识和依法维权的能力，使妇女群众更加直观地掌握家庭婚姻的相关法律知识；七是针对被害人系妇女或儿童的案件，及时启动救助制度，积极为其提供法律咨询和帮助，加强对侵犯妇女儿童权益犯罪案件的综合治理及被害人全面救助保护，对妇女儿童权益受损，但又不能、不敢或者不便诉诸法院的，检察机关依法支持其提起诉讼；八是利用巡回法庭，组织妇女群众现场观摩侵害妇女儿童案例，普及维权意识。

4. 开展志愿者服务活动。定期开展被害人家庭及贫困妇女儿童结对关爱帮扶活动，并做好被害人家庭后续关爱工作；依托仰恩大学法律援助工作站开展妇女法律援助工作，联合检察院开展“刺桐花护童”行动，举办“预防性侵”讲座，在村（社区）维权站开展《幸福婚姻大讲堂》《以案释法》讲座、进村入户宣传等志愿活动；四方充分利用在仰恩大学设立的巡回法庭审判点、“青少年心理辅导中心·语润工作室”、各乡镇（街道）妇女援助中心等平台，为妇女、儿童提供维权、普法宣传、行为矫正、法律咨询、联系法律援助、心理咨询、心理辅导等服务。检察院、法院、仰恩大学每周指派专人积极为区妇女援助中心提供法律、心理咨询、调解等服务。利用洛江区家庭心理帮扶中心（仰恩大学心理咨询室），整合检察院、法院、仰恩大学资源，扩大服务范围，进村入户帮助受侵害的妇女儿童开展心理疏导、心理调适等志愿服务，营造健康、和谐的良好社会环境。

5. 整合资源，优势互补。区妇联、法院、检察院根据工作需要可聘任仰恩大学教师进行专业咨询，仰恩大学针对区妇联、法院、检察院在妇女儿童工作中遇到的重大疑难问题、新类型案件进行法理论证，提出咨询意见供参考。

二、共建要求

1. 四方应秉承真诚合作、各尽其责、资源互通、成果共享、互利双赢的原则，实行密切合作，相互取长补短，共同探索实践，以推动妇女儿童维权工作、法学理论研究与司法、社会实务工作的紧密结合。

2. 实现资源共享。四方应互相交流婚姻家庭、邻里纠纷、财产分割、赡（抚）养权、儿童侵害等信息，共建信息资源共享平台，为妇女儿童提供更好的服务。

3. 广泛开展交流。以理论热点和实务难点为主要内容，组织常规性的婚姻家庭、邻里纠纷、财产分割、赡（抚）养权、儿童侵害等论题辩论、案例研讨活动，经常性组织形式多样的知识竞赛、文体联谊、经验交流等活动，提高维护妇女儿童合法权益的能力。

三、共建机制

四方建立协调机制，就有关合作事宜进行磋商。设立联络员，甲方由彭彩虹作为联络员，乙方由孙玫芳作为联络员，丙方由赖雪琼作为联络员，丁方由杨勤作为联络员，负责日常合作事宜的沟通与落实。四方应尽最大的努力回应各方的建议。

本协议书壹式肆份，甲乙丙丁各执壹份。

本协议书于甲、乙、丙、丁签字盖章之日起生效。

共同遵守本合同所列条款，未尽事宜由四方协商解决。

洛江区妇女联合会　洛江区人民法院

洛江区人民检察院　仰恩大学

2019 年 5 月 8 日

泉州市泉港区人民法院设立党员女法官工作室实施方案（试行）（节选）

为贯彻落实党的十八大和十八届三中、四中、五中全会和习近平总书记系列重要讲话精神，深入开展“三型”基层党建工作，发挥先锋党员模范作用，同时积极应对新形势下家事纠纷案件数量持续增长、案情渐趋复杂的特点，妥善处理各类家事纠纷，保障审判质效，强化人民法院对妇女、儿童、老人等弱势群体合法权益的司法保护力度。根据全区组织工作会议精神和区委组织部《关于深化“党员冠名服务品牌”创建　推进“三型”基层党建工作》的通知，经院党组研究，决定设立党员女法官工作室，现结合我院实际提出如下意见。

一、工作目标

贯彻一个指导思想。……

明确两个宗旨任务。……

二、机构设置和人员配备

（一）党员女法官工作室设置及工作职责

党员女法官工作室以优秀党员代表叶绿萱法官冠名，亮出党员身份，提升工作质量，整合、协调、指导民事审判第一庭和南埔人民法庭审判资源力量，配齐法官助理、书记员等辅助性人员。主审法官负责工作室的任务分工及其他工作安排、工作指导，主持工作室所审执案件的办理、裁判文书制作审核及签发。工作室布置环境优雅、装修舒适，营造温馨、和谐、包容、理解的氛围，淡化对立、消极情绪，有助于当事人情绪的缓解，以包容、宽和的心态处理各种家事纠纷。

（二） 家事案件审判合议庭的定位

民事审判第一庭的家事审判庭和南埔人民法庭的家事调解室，主要负责审理涉及婚姻家庭、继承纠纷和妇女儿童权益纠纷等作为党员女法官工作室支撑的案件，对涉及妇女儿童权益类纠纷法律咨询、诉前调解及婚姻家庭类案件的审理工作开启全程绿色通道和法律帮助。

（三） 合议庭组成人员的配备

家事案件审判合议庭成员应具备丰富的家事纠纷审判经验、社会阅历和人生经验，着重选择综合素质高、业务能力强、调解经验丰富的人员组成。法院应定期对家事案件审判合议庭成员进行家事案件审判业务、调解方法、心理疏导等方面的培训。

从妇联、未成年人教育机构或类似处理家事纠纷的陪审员中选任家事案件陪审员。在审理家事纠纷时，可根据案件需要，邀请人民陪审员参与案件审理。

（四） 其他辅助人员

从社区、妇联、司法所等人员中选任家事调查员，接受法院的委托，对离婚子女抚养等问题进行调查，出具调查意见，供法院审判参考。

从社区、妇联、司法所等具备处理家事纠纷工作经验的人员中选任家事纠纷特邀调解员，协助法院调解家事纠纷。

家事调查员与家事调解员按地域就近原则协助家事审判合议庭进行调解工作。

根据具体案件的需要，聘请具备心理咨询师资格的人员对当事人、未成年人进行心理辅导帮助。

（五） 经费保障

……

三、工作内容

（一） 审理原则

1. 调解原则。……

2. 保密原则。……

3. 保护弱势群体利益原则。……

（二） 工作制度

1. 诉讼引导指导。编写制定党员女法官工作室诉讼引导指南，对当事人在起诉、应诉、答辩、举证、调解、执行等方面进行引导和释明。

2. 调查取证制度。法官要根据当事人的申请或依职权进行调查取证，确保案件审理的质量，有必要时应委托专业调查员进行调查。

3. 反家暴制度。对遭受家庭暴力的当事人依法发出“人身保护令”，避免当事人受到二次伤害。

4. 巡回审判工作制度。家事案件审判合议庭可以根据当事人的请求或根据案件的具体情况，到当事人住所地或其他地方进行巡回审判。

5. 大调解工作制度。与社区、妇联、司法所建立化解家事纠纷共建机制，畅通诉调对接机制，通过委托调解、协助调解、案件回访等方式，构建家事纠纷大调解工作制度。

6. 案件回访工作制度。对审结的家事纠纷，法官工作室工作人员应通过电话、邮件或到当事人家庭、工作单位等方式进行案件回访，也可以联合社区、妇联工作人员进行回访，了解当事人的生活近况和司法需求，进行必要的判后答疑工作，及时发现并化解潜在的矛盾纠纷。

7. 精神帮助制度。根据案件需要，邀请具备心理咨询师资格的人员对当事人、未成年人进行心理辅导帮助。

8. 延伸司法服务制度。通过与社区、妇联、司法所配合，定期或不定期地进行家事纠纷法律咨询活动，提供司法服务。

四、工作要求

1. 提升服务意识。……

2. 强化责任意识。……

3. 加大宣传力度。……

泉港区人民法院

2016 年 9 月 27 日

泉港区人民法院家事探索
——叶绿萱法官工作室情况简介

一、工作概况和主要成效

家庭是社会的细胞，其和谐稳定关系社会的和谐稳定。在价值多元、私权意识不断增强的当下，家事纠纷逐年增多，近 3 年我院共受理家事纠纷案件 1327 件，平均增长率 8. 49% 。2018 年至今我院受理家事纠纷案件 560 件，案件类型主要包括离婚、抚养、探视、同居关系、离婚后财产分割等。

为妥善处理好家事纠纷案件，推动家事审判改革，用司法温情留住家的温馨，2016 年 9 月，泉港法院挂牌成立首个家事女法官工作室，主要审理涉及婚姻家庭、继承等家事纠纷案件，强化对妇女、儿童和老人等弱势群体合法权益的司法保护力度，维护婚姻家庭和谐稳定。

二、主要做法

（一）打造温馨法官工作室。设立体现“家庭化”特点的茶桌式、客厅式的工作室，舒缓对抗心理、治疗心理伤害。始终坚持“化解纠纷、调处矛盾、维护权益”的宗旨，采用“劝、批、谈、教”模式以及庭前调解、庭下沟通、邀请妇联家事调解员参与等多种方式，以温情化解家事纠纷。

（二）变重视审判诉辩、分割财产利益为重视修复感情。积极探索“四到位”工作机制。一是诉讼引导到位。将家事法官工作室工作职责、联络员联系方式和意见建议办理流程等制度公布上墙，由联络员负责向当事人引导和释明诉讼调解方面的疑问，结合案情“释法”“普法”，并初步

“诊断”婚姻状况、家庭关系情况，贯彻家事案件调解优先原则，分流“危机”婚姻至调解程序，“死亡”婚姻且诉前调解无法达成协议的至诉讼程序。二是诉调对接到位。与乡镇、村委会、妇联、司法所建立化解家事纠纷共建机制，打造社会多元合力，前移家事纠纷化解关口，聘请了跨多个行业的16名家事调查员、调解员，通过委托调解、协助调解、特邀调解等方式，构建家事纠纷大调解工作制度。同时，通过委托调查员深入调查尽快全面掌握当事人家庭情况，权衡利弊，找到调解的着力点。在审判卷宗外对调解员的调查、询问、调解记录则单独装订成卷。三是审判延伸工作到位。通过电话、邮件或实地走访等多种方式进行案件回访、判后答疑，及时发现并化解潜在矛盾纠纷，达到法律效果与社会效果的统一。经常性与妇联、司法局等合作开展家事法律咨询活动，为群众处理“家务事”提供专业的法律意见建议，让法治精神落到每户家庭。四是司法便民服务到位。注重保护隐私，避免二次伤害。2018年1月，在全市首推附有法官寄语的《离婚证明书》，更加全面保护当事人身份利益、人格利益、情感利益，避免了“隐私曝光”的尴尬，用充满温情与期望的话语，规劝离婚双方当事人分手后解怨释结，互道珍重，让“港法”温度蕴于审判内外，取得了较好的社会效果。

三、经验提升

婚姻家庭的和谐幸福，是人民群众美好生活需要最基础最重要的组成部分。家事法官工作室在家事审判中，将变重视审判诉辩、分割财产利益为重视修复感情理念贯穿始终，继续打造诉调衔接、司法为民服务、普法教育宣传三位一体的工作平台。

（一）重情感，力化解。打造温馨工作室，能够舒缓当事人的情绪、卸下当事人的心防；优秀的家庭文化教育，则能启迪当事人对婚姻、家庭、亲情、人伦等价值的正向认知。将家规族训等写入文书或诉讼材料，让当事人在家事诉讼过程中有机会亲身感悟传统文化和本土文化的精神力量，从而找回初心、追求良善，既有利于家事纠纷及时有效化解，更能引领家风、民风、社风上扬。

（二）借科技，重合力。加强多渠道延伸解纷服务，突破时空限制，联合社会多方力量，借助“大家庭”之力，多元化解“小家庭”纠纷；同时，提供多样化调解流程，“线上＋线下”相结合，既可线下与当事人面对面调解，也可借住微信平台通过工作室对外微信号线上调解。

（三）创机制，巧断案。针对泉港正处于大发展、大搬迁阶段，就愈加复杂的离婚财产分割、分家析产、共有物分割等纠纷，特别涉及“房票”新型纠纷，适时引入财产诚信申报机制，庭前送达《家事案件财产申报表》，要求当事人如实申报家庭财产，并告知法律后果，努力遏制家事诉讼中的不诚信行为，尽力做到财产分割在法律上的公平，更追求客观事实上的公平。

泉港区人民法院

2020 年 2 月

石狮市人民法院　石狮市妇女联合会
石狮市公安局　石狮市司法局
关于构建家事纠纷维权一体化工作机制的实施意见（节选）

为贯彻落实《中华人民共和国妇女权益保障法》《中华人民共和国未成年人保护法》《中华人民共和国老年人权益保障法》《中华人民共和国反家庭暴力法》，充分发挥法院、妇联、公安局、司法局在处理家事纠纷工作中的职能作用，依法保障未成年人、妇女、老年人的合法权益，维护婚姻家庭和谐稳定，促进社会和谐健康发展，现结合本市工作实际，制定本意见。

一、工作目标

……

二、工作原则

1. 重预防原则。……
2. 重修复原则。……
3. 重保障原则。……
4. 重和谐原则。……

三、职责分工

妇联：牵头抓好家事纠纷维权一体化基地建设；主持召开家事纠纷维权工作联席会议；参与涉及妇女儿童权益法律法规的执法检查与监督，开展有关妇女儿童权益问题的调研；协调有关部门共同处理侵害妇女儿童权益的重大案件；组织辖区各级妇联组织做好家事纠纷接访引导等工作。

人民法院：组建家事专业审判庭，依法审理各类家事纠纷案件；积极推荐具有一定法律知识和维权工作经验的妇联干部提请人大常委会任命为人民陪审员；支持和指导人民调解员参与家事纠纷的调解工作，加强人民调解与诉讼调解的衔接工作，全面维护妇女儿童的合法权益。

公安局：严厉打击伤害、强奸、绑架、卖淫、嫖娼、拐卖等侵犯妇女合法权益的违法犯罪活动；充分履行公安机关在预防和制止家庭暴力工作中的职责，构建家暴预防和处置工作平台，将家庭暴力报警纳入“110”出警工作范围，依法依规及时处理家庭暴力中涉及违法犯罪的案件。

司法局：发挥法制宣传职能，加大有关家事法律、法规的宣传普及力度；发挥一站式法律援助机制的作用，切实为经济困难、贫弱残的家事纠纷当事人提供法律援助和帮助；指导基层司法所或人民调解组织做好婚姻家庭纠纷、家庭暴力等案件的调解、疏导工作，促进家庭和谐，邻里和睦。

四、工作措施

（一）家事审判专业化

家事案件具有高度的人身性、社会性、情感性，以及较大的私密性等特点，要结合家事案件的特点探索建立专业化的审判方式和机制。

1. 审判机构专业化。优化配置家事审判资源，将“维护妇女儿童权益合议庭”升级组建为“家事审判合议庭”，专门审理、执行婚姻家庭纠纷、继承纠纷和涉及妇女儿童权益纠纷的案件，配套家事特色审判设施，突出“和”的理念，采用圆桌审判的方式，设置妻子、丈夫、父亲、母亲、儿女等席卡，营造温馨环境，缓解双方对立的情绪，有利于矛盾化解。

2. 审判人员专业化。构建“家事法官＋家事司法辅助人员＋家事陪审员”的家事审判专业化人员机制，选拔任用熟悉婚姻家庭审判业务，具有一定社会阅历，掌握相应社会心理学知识，热爱家事审判工作的法官担任家事法官，同时邀请妇联组织、心理咨询师、教育工作者等机构工作人员担任人民陪审员，聘用和培养专业家事审判辅助人员，协助家事纠纷案件审理。

3. 审判程序专业化。继续探索建立适合家事审判专业化程序，制定《家事纠纷诉讼指南》《家事案件审理规程》《家事案件心理疏导暂行规定》《探视权纠纷案件的审理规程》《当事人财产申报》《适用离婚冷静期处理离婚纠纷案件的规程》等配套制度和文书样式，落实家事调解员、调查员工作规程，制定家事纠纷案件诉讼要素表，努力推行家事纠纷类案裁判标准化。

（二） 家事调处社会化

结合石狮市“妇女援助中心”的建设同步建设家事纠纷维权一体化基地，充分调动社会力量广泛参与、多方协作。通过在基地内建设“多元调解纠纷平台”“家暴预防和处置平台”，广泛聘请心理专家运用心理疏导挽救危机婚姻，消除心理阴影，促使家庭生活回到常态，最大限度地保障弱势群体的合法权益。

1. 完善家事纠纷多元化解决。充分发挥法院与妇联联合建立的家事纠纷诉调对接工作机制作用，在诉前至诉中的各个阶段进行联动调解，实现优势互补，协调化解各类家事纠纷。加强整合婚姻家庭纠纷调解资源，聘请各镇办妇联主要负责人担任家事纠纷特邀调解员，各镇各村妇联干部担任家事调查员、联络员。依托妇联在妇女儿童活动中心的家事纠纷维权一体化基地，加强对家事纠纷处理的处置引导和心理疏导。进一步完善委托调解、协助调解、调解确认等制度，在法院立案窗口强化家事纠纷诉讼指引与提示，推行调解前置程序，引导当事人选择诉前联调和审前调解。法院受理家事纠纷后，可根据案件特点，在征得双方当事人同意或认为确有必要的情况下委托各级妇联主持调解。经各级妇联调解，纠纷各方达成调解协议的，应告知各方当事人申请司法确认的权利，各方当事人认为有必要并均同意的，可以共同向家事审判庭申请依法确认调解协议的效力。加强运用“当事人说事、耐心倾听，调解员说理、真心帮助，法官说法，公心断案”的“三说三心工作法”，力争有效化解家事纠纷。

2. 实行家事案件社会化观护。为进一步规范家事案件的审判，引入社会干预保护机制，与市妇联联合建立家事案件社会观护制度，制定《家事调查工作规则（试行）》，对适用家事调查的案件范围、家事调查员的选任、职责等作出明确规定，对适用家事调查制度案件的具体操作程序进行规范，并建立家事调查员名册。法院在审理过程中，结合案情复杂程度和案件审理的需要，可授权委托家事调查员，对矛盾激烈案件当事人的身心状况、家庭关系、经济状况、居住环境等特定事项开展有针对性的调查工作。家事调查员应自接到法院的委托调查函之日起30日内完成调查工作，调查工作结束后应制作相应的调查报告，帮助法官诊断案情、探明矛盾根源，为案件调解和判决提供参考。

3. 建立家暴防治网格化机制。市法院、妇联、公安局、司法局应共同构建家庭暴力预防和处理平台，加强对家庭暴力的预防、报告、反应、救助机制，力争实现民事诉讼强制措施与治安管理处罚措施的无障碍衔接。市妇联根据接访的妇女关于家暴的投诉、反映或求助，应当进行登记，委托居民委员会、村民委员会或妇委会联合派出所民警走访社区调查，如果有受伤照片、医疗机构的诊断证明、民警出警处理情况记录、调解笔录等，引导并支持妇女向法院申请人身保护令。公安机关对因家暴报警的，接警后应进行调查核实，不得以家务事拒绝记录，对确有家庭暴力构成违反治安管理的依法给予治安处罚，并通报妇联。家庭暴力情节轻微的，公安机关对加害人给予批评教育并记录在案。当事人直接向法院申请人身安全保护令的，法院立案后应向当事人、邻居、村（居）民委员会以及当地派出所核实，审核后及时出具裁定书。裁定书同时向村（居）委会、当地派出所送达，辖区派出所应保持警觉，协助履行。法院应当监督被申请人履行人身安全保护裁定。被申请人在人身安全裁定生效期间，继续骚扰受害人、殴打或者威胁受害人及其亲属、威逼受害人撤诉或放弃正当权益，或有其他拒不履行生效裁定行为的，人民法院可以根据民事诉讼法的相关规定，视情节轻重处以罚款、拘留。构成犯罪的，移送公安机关处理或者告知受害人可以提起刑事自诉，司法局应派人对受害人进行法律援助。

4. 注重心理咨询柔性化引导。调整、修复和治疗家庭关系，是家事纠纷处理的主要目标。由市妇联和市法院联合向市政府申请专项工作经费以购买社会服务的形式，在家事案件处理中介入心理咨询和心理干预。对矛盾双方对抗激烈、情绪波动较大的当事人，涉及未成年人权益保护以及持续时间较长的家暴受害人等，应当聘请具有丰富心理健康治疗和教学经验的教授专家，对家事纠纷中的人员全程做好心理疏导工作，找到矛盾根源、抚平创伤。对家暴施暴人，若发现仅是受传统思想影响而出现行为偏差，要积极进行心理干预，帮助其树立健康平等的婚姻家庭观。对涉及争夺子女抚养权的案件，委托心理咨询师对当事人及其子女进行心理测验，就子女适宜与哪一方生活形成调查或测验报告。

（三）家事解决人性化

家事纠纷不仅仅关系到财产利益，因其具有高度的人身属性，更关乎人格利益、人格尊严，在处理过程中要注意保护当事人的隐私，注意结案回访，为家庭疗伤，给予需要的人文关怀。

1. 试行离婚冷静期制度。为最大限度挽救危机婚姻，维护婚姻家庭关系的稳定性，试行离婚冷静期制度，在情理法之间设置一道缓冲带，有效避免司法的刚性介入，给予当事人更多的缓和空间，利于双方关系向好转变。对于诉至法院的离婚案件，法院要根据当事人之间的矛盾进行判断，若属于婚姻危机的，应当首先进行挽救。制定《离婚冷静期制度实施细则》，明确规定当事人双方都有主动积极调和婚姻矛盾的义务，离婚冷静期一般以 3 至 6 个月为限，在冷静期限内，双方应以实际行动努力修复夫妻感情，不得向法院提起离婚诉讼。

2. 建立回访帮扶制度。延伸司法服务触角，市法院联合市妇联、司法局，建立家事纠纷回访志愿者团队，吸纳心理咨询师、退休干部、社会贤达等加入。在法院对家事案件进行小结的基础上，根据情况判定是否需要进行调查回访，同时对回访中发现的问题，协调有关部门予以帮助化解。加强家事案件社会救助，依托妇女援助中心，发挥家事社工作用，针对经济困难、身患残疾、遭受家庭暴力等的妇女，给予诉讼指导、心理疏导、人身保护等帮助；对未成年人参与庭审的，由法律援助机构为其提供庭前、庭中、庭后的法律服务。

3. 推广离婚证明书制度。根据相关规定，由法院向解除婚姻关系的当事人出具离婚证明书。离婚证明书只包含案号、当事人基本信息、结婚及离婚时间，而不涉及当事人的其他信息，有利于保护当事人的个人隐私。同时将离婚证明书送民政局备案。

五、组织保障

1. 加强组织领导。……

2. 加强沟通协调。……

3. 加强宣传引导。……

附件1：家事纠纷维权一体化工作联席会议成员名单（略）
2：预防家暴处理平台联络人名单（略）
3：家事纠纷法律援助平台联络人名单（略）

石狮市人民法院　石狮市妇女联合会
石狮市公安局　石狮市司法局
2017 年 8 月 7 日

惠安县人民法院　惠安县司法局 惠安县妇女联合会 关于培植“惠女调解室”构建诉调对接解决机制工作实施方案（节选）

党的十八届四中全会对推进多元化纠纷解决机制改革作出了重要部署，明确要求“健全社会矛盾纠纷预防化解机制，完善调解、仲裁、行政裁决、行政复议、诉讼等有机衔接、相互协调的多元化纠纷解决机制”。我县“惠女调解室”厚植于惠女文化地域特色，扎根基层，贴近群众，传承“艰苦奋斗、尊重科学、无私奉献、拼搏创业”的惠女精神，发扬“半边天”独有的柔性一面，及时高效地化解了一大批基层群众矛盾纠纷，收到了良好的社会效果，深入践行了党的十八届四中全会关于推进多元化纠纷解决机制改革的精神，打出了我县“群众自治、自助解纷”的靓丽品牌。为更好发挥好、推广好“惠女调解室”品牌效应，推进构建更加多元、更高层次的多元化纠纷解决机制，提升我县社会治理水平，现结合我县工作实际，制定本实施方案。

一、指导思想

……

二、总体目标

按照“搭建多元平台、推进诉调对接、形成解纷网络”工作思路，构建多元化纠纷解决机制。……

三、工作措施

（一） 建立调解人才资源库， 搭建多元解纷平台

整合全县诉调资源，收集整理全县调解人员资料，分门别类进入调解人才资源库，挖掘专长进入不同解纷平台，努力做到各类矛盾纠纷全覆盖。

1. 人大代表、政协委员。加强与县人大、县政协的沟通联系，打造“代表委员工作室”，充分发挥人大代表、政协委员熟悉社情民意、社会威望高的优势，主动邀请人大代表、政协委员参与矛盾纠纷调解、诉调对接工作。

2. 惠女调解员。充分发挥“惠女调解室”优势做法，积极会同镇、村等有关部门共同做好惠女调解员的选聘、培训工作。挖掘基层调解力量，建立村（社区）调解员名册，大力发展惠女调解员队伍。因地制宜，充分发挥“名调解员”的示范带动作用，让“惠女调解室”落地生根、遍地开花。

3. 退休女性法官、检察官。建立以退休女性法官和其他女性法律工作者为主体的专职调解员，打造“法官工作室”平台，充分发挥政法队伍退休人员余热。

4. 女律师。强化与律师事务所沟通联系，建立女性律师调解员队伍，打造“律师解纷服务队”，鼓励律师履行社会责任。

5. 妇联干部。建立妇联组织三级调解网络体系，充分发挥妇联组织网络健全的优势，建立县、镇、村妇联干部、妇女代表参与多元化纠纷解决调解机制。

6. 行业调解员。主动与各行政机关、社会团体沟通联系，建立行业、专业调解组织网络，如交通事故人民调解委员会、医疗纠纷人民调解委员会、劳动争议人民调解委员会、公安派出所调解人员、劳动保障调解人员、商事调解员、雕艺建筑行业协会调解人员，推动企业、行业协会设立调解委员会，打造覆盖各行业、各部门的专业调解平台。

7. 镇村专职调解员。把各镇专职调解员队伍纳入调解专家库，充分发挥专职调解员行业和专业优势。

（二） 完善诉调对接工作机制， 促进平台无缝对接

着眼于满足人民群众多元司法需求，有效化解各类纠纷，在发挥司法

推动作用的同时，调动社会各界共同参与，通过完善诉调对接工作机制，让非诉调解及时对接法院诉调对接服务中心，对接司法确认法律效力，对接诉讼程序。

1. 建立部门联动的工作平台。依托惠安县人民调解中心，建立非诉调解与法院诉调对接服务中心衔接机制。整合包括惠安县司法局驻法院调解工作室的现有资源，邀请法院、妇联联合聘任的家事纠纷特邀调解员、家事调查员，“惠女调解室”等村（社区）非诉调解平台入驻法院诉调对接服务中心，在法院诉调对接服务中心设立律师志愿者岗位等，鼓励更多非诉调解平台提前介入调解纠纷，满足群众多元解纷需求，推动矛盾纠纷化解多种途径分流，及时调解化解矛盾纠纷。

2. 完善与行政机关的对接工作机制。加强与公安、卫生与计生、劳动保障等行政机关的衔接，协调指导相关调解工作，并与有关行政机关建立定期沟通联络机制。积极推动建立行政裁决制度和行政调解制度。

3. 完善与群团组织的对接工作机制。县法院成立家事纠纷、劳资纠纷、涉少纠纷、涉外涉侨纠纷等专业审判团队等，加强与工会、妇联、侨联、共青团等群团组织的沟通联系，通过召开联席会议、开展法律培训等，建立起涉及特殊群体纠纷的化解工作机制，充分发挥工会、妇联、侨联和共青团组织自身优势，帮助特殊群体化解纠纷。

4. 健全与行业组织对接工作机制。鼓励和支持在医患纠纷、劳动争议、交通事故、物业管理、征地拆迁、消费者权益保护、环境保护等领域，建立健全相关纠纷的专业调解组织，并在调解程序制度建设上予以指导支持，促进行业自治的纠纷解决平台建设，尽可能使更多的社会矛盾在行业机制内化解，减少社会冲突，维护社会稳定。

5. 规范与商事组织的对接工作机制。主动与商会、行业协会沟通联系，积极推动建立商会、行业协会调解组织，强化对商事调解组织的指导，完善商事调解规则和对接程序，充分发挥商事调解员专业化、职业化的优势，及时化解各类商事纠纷。

6. 建立非诉调解与诉讼程序对接机制。对于经过非诉调解平台先行调解的纠纷，探索建立无争议事实记载机制，对调解不成的矛盾纠纷中双方认可的事实予以书面记载固定，纠纷进入诉讼程序后，对无争议事实不再进行法庭调查，提高诉讼效率。健全完善诉讼与非诉讼纠纷解决衔接机制，加强与行政机关、仲裁机构、人民调解组织或其他具有调解职能的组织协调配合，推动在程序安排、效力确认、法律指导等方面的有机衔接。

（三）构建诉调对接服务网络，发挥多元解纷合力

按“属地管理、分工负责、联动调处”的原则，在全县建立起横向覆盖各部门、各行业，纵向覆盖市、镇、村三级诉调对接服务网络体系。

1. 在县法院成立诉调对接服务中心，作为全县多元化纠纷解决机制建设中诉调对接工作的指挥协调部门，其主要工作职责是：组织协调全县诉调对接服务工作；纠纷解决的引导及释明；负责民商事纠纷在立案前委托或者立案后委托调解、邀请调解；调解协议的审查确认及指导人民调解。

2. 在各镇人民调解委员会设立诉调对接服务站，由各镇调委会主任兼任负责人，负责组织协调各镇调解组织、调解人员调解工作。

3. 在各村（社区）委员会设立诉调对接服务点，负责基层诉调对接工作。

四、保障机制

（一）坚持党委领导

……

（二）完善教育培训，建设职业化调解队伍

……

（三）健全诉调对接工作规范

研究制定诉调解对接工作运行流程图，进一步规范诉调对接工作，提高工作效率。

1. 当事人发生纠纷时，可以选择直接向住所地诉调对接服务点申请解决，各服务点的联络员应当登记受理并通知村（社区）调解员或挂钩社区法官组织调处。调处过程中，可结合纠纷的具体情况，邀请调解人才资源库人员协助调解。服务点调解人员调处不成的，可将纠纷上报诉调对接服务站或诉调对接服务中心组织人员再次调处。

2. 对于尚未立案的各类纠纷，当事人直接到诉调对接服务中心申请解决的，服务中心应按属地管理和就近调处的原则，对于家庭、邻里纠纷矛盾的，诉调对接服务中心可以委托当事人住所地的惠女调解室负责调解，

对于涉及专业性行业性纠纷，可以委托交通事故人民调解委员会、医疗纠纷人民调解委员会、劳动争议人民调解委员会负责调解；也可以按照职责或经当事人申请后，委派调解人才资源库的人员进行调解。对于已经立案的案件，经双方当事人同意，或人民法院认为确有必要的，可以委托调解人才资源库的人员进行调解，也可以按照有关规定邀请符合条件的组织或者人员与审判组织共同进行调解。

3. 对行政管理活动中发生的各类矛盾纠纷，特别是征地拆迁、重大市政工程建设等引发的涉及社会稳定的群体性纠纷、诉调对接服务中心要积极配合行政机关依当事人申请或者依职权进行调解，充分发挥其行政管理职能作用。

4. 对达成调解协议的，诉调对接服务部门可根据纠纷情况和当事人的要求，指导当事人申请司法确认、申请撤诉或者由人民法院经过审查后制作调解书。当事人不同意调解或在商定、指定期限内不能达成调解协议的，诉调对接服务部门应及时将案件转交诉讼服务中心登记立案、及时审判。开庭前从事调解的法官原则上不参与同一案件的开庭审理，但当事人同意的除外。

5. 调解一般应在三十日内完成，经各方当事人商定，可以延长调解期限。调解结束后，有关机关或者组织应当将调解结果书面向诉调对接服务中心备案。

（四）构建纠纷预警排查机制

在各基层村（社区）组织、行业组织设立矛盾纠纷信息员，负责所在地、所在企业、行业纠纷隐患的排查、登记、反馈、联络工作。一旦发生矛盾纠纷要立即向诉调对接服务点反馈，并协助诉调对接工作人员做好相关调解和联络沟通工作，尽量将矛盾纠纷化解在萌芽状态。

（五）落实调解案件补贴保障

……

惠安县人民法院

惠安县司法局

惠安县妇女联合会

2017 年 7 月 4 日

“家”的味道
——永春法院蓬壶法庭家事调解室工作情况简介

一、工作概况和主要成效

蓬壶法庭自2013年1月正式恢复对外办公以来，根据辖区案件中婚姻家事案件数量较大的特点，主动开展婚姻家庭纠纷化解工作，并实现了从“墟日法庭”到“杨法官”家事调解工作室，再到“阳光之家”家事调解室的不断传承升级。

（一）设立“墟日法庭”化解家事纠纷

新审判大楼落成前，蓬壶法庭利用办公地点设在蓬壶集市的便利条件，创设了家事纠纷品牌“墟日法庭”，设立“墟日法律服务角”，利用蓬壶镇墟日人流量集中的有利时机，积极开展婚姻法庭法制宣传、巡回调解活动，在集市现场调解家事纠纷，达到调解一件教育一片的法律效果。

（二）成立“杨法官”家事调解工作室多方化解矛盾

2016年3月，蓬壶法庭成立了首个以法官姓氏命名并具有独立品牌标识的调解工作室——“杨法官”家事调解工作室，立足家事纠纷的调解审判，联合各方力量化解矛盾，在调解室运作过程中，在成功调解了抚养、赡养、离婚等数十起家事纠纷的同时，还积极开展巡回法治宣传，结合反家庭暴力法实施契机，与县妇联、幼儿园等举办主题讲座，提升妇女及未成年人自我保护的法律意识及责任意识，着力用温情司法提升辖区内群众家庭的幸福指数。

（三）挂牌“阳光之家”家事调解室实现三全调解

2018年初，蓬壶法庭在对“杨法官”家事调解工作室工作进行总结思考的同时，决定深化推进该家事调解品牌，经过重新调整家事调解法官及外聘特邀调解员，挂牌成立“阳光之家”家事调解室，变“杨法官”调解为全庭全员多方合力调解，旨在通过家事法官的倾听、审理、疏导，化解涉案家庭人员心中的阴霾，修复受损家庭关系，让涉案家庭人员的生活重见阳光。

二、主要做法

（一）建立专业家事纠纷调解队伍

为调解工作室选配优秀法官、法官助理、书记员以及选聘司法所调解员、妇联调解员组成家事纠纷调解团队，充分发挥年长法官审判经验丰富、社会阅历广的优势，发挥青年法官、法官助理易于接受新理念、勇于创新的优势，发挥特邀调解员熟悉风土人情、同群众情感亲近的优势，不断促进家事审判、调解方式的改革创新。

（二）审理家事纠纷“三步走”

家事案件审理以弥合亲情、消除对立为目标，以强化调解“三步走”化解家事纠纷为主要工作举措。首先是将庭前调解作为审理前置程序。庭前调解主要为“倾听”，家事法官认真倾听各方家庭人员对案件的理解和观点，在家事调解室的轻松氛围中“面对面”谈心，消除家庭人员的顾虑，掌握家庭人员的真实心理状态。其次是诉中的邀请调解和联合调解。邀请社会力量介入协助调解，根据案件类型邀请司法所、妇联、学校特邀调解员协助开展诉讼中的调解。最后是法官调解。设立“阳光之家”家事审判庭，避免家庭人员对簿公堂而加深隔阂，允许家庭人员在庭审的任一阶段向法庭提出调解方案。

（三）设立“阳光之家”家事调解室实现五大功能

1. 倾听

司法服务始于倾听，在调解家事纠纷过程中，无论在诉前、审前，还是开庭后，都需要耐心倾听家庭人员的心声，并善于总结，才能准确把握当事人的诉求，法官的认真倾听，是对当事人诉讼权利的充分尊重，能够让当事人打开心扉，助调解事半功倍。在“阳光之家”家事调解工作室成立后，共接待家事纠纷当事人100余名，其中，经过法官倾听、开导，45名当事人收回诉状，当场决定不立案。

2. 启示

调解室内准备有关亲情、家庭和睦、尊老爱幼等不同类型公益短篇，在接待当事人时，按照案件类型选择相应短片，让当事人在温馨舒适的环境中体会家庭和谐的美好画面，给当事人内心输入正向的能量，唤起其对幸福生活的向往。

3. 调解

调解室的温馨环境为法官、调解员提供了一个与家事案件当事人有效沟通的平台，蓬壶法庭家事法官创设了先听后劝的“共情”调解法，通过耐心倾听，充分了解案情、知晓当事人真实意愿后，换位思考，将心比心为涉案家庭人员制定专属调解协议书。调解室成立以来，已成功调解离婚纠纷、抚养费纠纷80余件。

4. 庭审

在常规的家事案件审理中，调解不成后，家庭人员双方即分坐原、被告席位，庄严肃穆的法庭氛围，削弱了家庭人员之间的温情，为此，蓬壶法庭专门设置了“阳光之家家事审判庭”，庭审中，当事人名称用“家庭人员”代替“原、被告”让家庭人员“近距离、面对面”进行庭审交流，避免增加双方隔阂。在原告郭某凤与张某树离婚纠纷一案中，家事法官庭前调解时发现案件有和好可能，便引导当事人直接在“阳光之家”家事审判庭开庭，在法庭辩论阶段，被告出具其当庭书写的保证书，取得了原告的谅解，双方调解和好。

5. 疏导

家事法官自主学习《婚姻心理学》《家庭心理学》等心理学书籍，引入心理疏导机制，帮助涉案家庭成员化解心结、改变心态，减轻心理压力和舒缓不良情绪，尤其对判决离婚未成年子女，结合案件具体情况，由选任的专业咨询师在判前或判后进行心理辅导，减少婚姻解体给未成年人造成的伤害。

三、经验提升

蓬壶法庭依托有经验法官的婚姻家事纠纷调解经验，积极培育、带动年轻法官的参与，完成了从一名法官单打独斗开展“墟日法庭”法律服务，到现在由老、中、青年法官群策群力，共同探索家事纠纷调解新方式的“阳光之家”家事调解室。该调解室的创立，体现了蓬壶法庭历任法官审判、调解经验的传承，法官们用自己的“阳光心态”，为一个个陷入阴霾的家庭带来阳光。在王某桂诉林某军离婚纠纷一案中，家事法官在调解过程中体会到夫妻双方对婚生女均有难以割舍的感情，创新尝试了约定婚生女共同抚养的调解协议，调解协议达成后，法官不定期对婚生女生活状况进行回访，确保婚生女健康成长，巩固调解成效。

“阳光之家”家事调解工作室的做法获得了各方赞誉，辖区群众亲切地称为“这里有‘家’的味道”，市妇联主席庄灿霞带队到调解室开展专题调研，泉州市电视台《法治连线》频道做了专题报道，泉州中级人民法院将该调解室列为司法特色亮点工作向全市推广。

永春县人民法院

2020 年 2 月

德化县建立家事纠纷多元化解机制实施方案（节选）

为进一步建立和完善家事纠纷多元化解机制，广泛凝聚社会合力共同化解家事纠纷，推动家事纠纷多元化解、源头化解、综合化解、依法化解，有效促进家庭和睦、社会和谐，推动更高水平“平安德化”建设，结合我县实际，特制定本实施方案。

一、指导思想

……

二、目标任务

……

三、工作措施

（一）建立多元化解体系

要积极建立完善“党委领导、政府负责、社会协同、公众参与、法治保障”的家事纠纷社会化治理体制，细化职责分工，规范工作制度，以全县建立的四级网格化服务管理体系为依托，建立“网格化+家事调解”垂直网络和“联动化+部门协作”横向网络，城乡统筹协同服务，深化“网格化+妇女维权服务”等创建活动，推动建立司法、行政和社会相结合的多元纠纷化解机制，共同落实家事纠纷多元化解职责。

（二）强化信息平台融合

要主动融入县委、县政府的决策部署，结合“智慧德化”建设，对接全县城乡社区网格化服务管理信息平台和单位热线电话、部门官网等公众诉求信息平台，以及网格员手持移动终端设备等各类信息服务平台，定期互通信息，共享共用有关家事纠纷化解的指导性文件、统计报表、信息简报等资料，打破各成员单位之间的“信息壁垒”，推进构建集约高效的“智慧型”家事纠纷化解模式。

（三）完善诉调对接机制

要加强线上线下联合宣传、联合调解、联合回访，纠纷不大的，可由村（社区）及妇联等部门介入化解，减少因“对簿公堂”而激化矛盾；纠纷较大的，可用对抗性弱的非讼行政调解、人民调解进行调处，加强特邀调解，消弭对立；纠纷进入诉讼的，由法院进行诉讼调解或裁判，实现基层自治组织调解、行政调解、人民调解和司法调解的“无缝衔接”，为当事人提供全方位、立体化的“一条龙”服务，严防婚姻家庭纠纷激化引发刑事案件。

（四）宣传普法同频共振

要创新宣传方式方法，以开展家庭矛盾纠纷排查调处、法律宣传咨询、平安信用家庭创建等活动为抓手，切实做好维权帮扶、心理修复等工作。充分运用传统媒体和微信公众号等新媒体，结合“12·4”法制宣传日、“三八”国际劳动妇女节和“11·25”国际反家庭暴力日等，重点宣传家事纠纷的救济渠道和有关法律法规等，大力弘扬中华民族传统美德，积极倡导文明进步的婚姻家庭伦理道德观念，从源头上减少家事纠纷。

（五）总结经验提升质效

要根据家事纠纷内在规律与特点，探索健全婚姻冷静期、家事调查、重大纠纷共调等制度，引导群众以理性合法的方式表达利益诉求、解决利益纠纷、维护合法权益。每年至少召开一次由各成员单位分管领导和相关人员参加的联席会议，总结工作经验，协调解决具体困难和问题，推动家事纠纷多元化解工作向纵深发展，形成办事依法、遇事找法、解决问题用法、化解矛盾靠法的良好法治环境。

四、职责分工

（一）县委政法委

1. 牵头成立德化县家事纠纷多元化解工作领导小组，指导、协调、督促各成员单位开展家事纠纷多元化解工作，推动建立完善家事纠纷多元化解机制。

2. 将家事纠纷多元化解工作纳入全县城乡社区网格化服务管理工作考核范畴，选任责任心强、公道正派、热心群众工作的网格员为家事调查员，构建“网格化＋家事调解”机制。

3. 推动救助资源整合，拓宽救助渠道，建立健全政府救助、社会帮扶和司法援助的救助保障机制。

（二）县法院

1. 在县法院挂牌设立“德化县家事纠纷多元化解中心”，协同县妇联在重点村（社区）设立“网格化＋家事调解”试点，探索设置家事纠纷调解前置程序，出台具体实施方案，引导当事人通过非诉途径解决纠纷。

2. 组建专门的家事案件审理团队，统一审理离婚、抚养、赡养、继承等家事纠纷案件，进一步完善财产申报、婚姻冷静期、心理疏导、人身安全保护令等机制，深入推进家事审判方式和工作机制改革。

3. 强化特邀调解工作，完善对特邀调解员的考评、培训、奖惩机制，有效调动特邀调解员参与家事调解的积极性，充分发挥调解员群众威望高、调解能力强等特点，加强家事纠纷诉前、诉中、判前的全程调解工作。

4. 根据具体案件需要，组织家事调查员对当事人的基本信息、情感发展、争议事由、当地风土人情等事项进行调查，找准家庭矛盾纠纷的争议焦点，协助做好诉前化解、诉中调解、诉后回访等工作。

5. 加强家事纠纷的诉讼辅导工作，详细告知当事人多元化解制度，建议当事人选择诉前调解，或者由法院委派社区、司法等组织进行调解，全面推行家事纠纷案件的诉前化解。

6. 组织“家事宣讲团”成员，充分利用妇女节、法院开放日等时间节点，定期进社区、进学校广泛宣传家事多元化解的新政策、新做法，努力唱响“家事好声音”。

（三）县公安局

1. 严格履行制止和反对家庭暴力职能，将反家暴工作纳入重要工作议程，及时受理家暴案件报警求助，快速接警、快速出警、依法取证、及时救助，对情节特别轻微的，要兼顾维护受害人合法权益和维护家庭团结，对施暴人予以批评、教育或出具告诫书，营造家暴“零容忍”氛围。

2. 在对家庭暴力出警过程中，对符合调解条件的案件，在查清事实、分清责任的前提下，可以先行进行调解，防止事态扩大，强化家事纠纷的源头化解。

3. 对家庭暴力受害人提起民事诉讼需要公安机关出具相关证据材料的，应当及时提供帮助。

4. 协助执行人民法院作出的人身安全保护裁定，在收到人身安全保护裁定后及时约谈受害人和施暴人，对施暴人予以警示并对其保持警觉，预防家庭暴力再次发生。若施暴人违反人民法院作出的人身安全保护裁定，应及时制止，控制施暴人，对涉嫌违法犯罪的，应依法给予治安处罚或追究刑事责任。

（四）县司法局

1. 充分发挥“世界瓷都大调解中心”的功能作用，为受到家庭暴力伤害等情况的家事纠纷当事人开通“绿色调解通道”，并加强与法院的诉调对接工作。

2. 加强与有关部门、行业和基层组织对接，指导基层人民调解组织调处家事纠纷，积极引导律师等社会力量参与家事纠纷多元化解工作。

3. 引导法律援助中心优先为符合条件的家事纠纷当事人提供法律援助，鼓励和支持法律服务机构对经济确有困难又达不到法律援助条件的受害人，酌情减收或免收法律服务费用。

4. 积极开展与婚姻家庭有关的法律法规宣传。

（五）县民政局

1. 设立“婚姻家庭辅导室”，对涉及离婚、子女抚养及财产分割纠纷的双方当事人开展调解，予以耐心地说服劝导，减少“冲动离婚”。

2. 指导离婚双方当事人签订合法有效的离婚协议书，对子女抚养、财产债务分割等条款约定不明或者不合法的情况，及时予以指出并引导补正。

3. 加强对困难当事人的帮扶救助，对生活困难符合救助条件的，可建议提出救助申请；加强对妇女、儿童等弱势群体的维权帮扶，协助妇联、公安机关、司法行政等部门为自愿接受救助的家庭暴力受害人提供救助服务。

4. 加强对离婚登记的调查研究，定期总结我县离婚登记中出现的新情况、新问题，加强信息分享对接，研究对策。

5. 在婚姻登记处开展婚姻家庭相关法律知识宣传。

（六） 县妇联

1. 协同县法院在重点村（社区）设立“网格化+家事调解”试点。

2. 加强妇女维权服务工作，认真接待来访群众有关婚姻家庭纠纷的投诉，及时组织双方当事人进行调解，制作调解笔录。达成调解协议的，可根据需要向法院申请效力确认；对未达成调解协议的，告知申请人民调解、司法调解等权利和救济途径，并加强指导收集证据、诉讼指引等。

3. 推荐热心妇女儿童权益保护工作并具有一定沟通协调能力的人担任人民陪审员、家事调查员或特邀调解员，加强联络、协调、培训等工作，积极推进家事纠纷多元化解。

4. 联合法院、司法局等部门，挑选一批具有心理咨询师资格的人组建家事纠纷心理疏导队伍，专门对因家庭矛盾产生困惑、消极、纠结、偏激等负面情绪的人进行心理疏导，引导积极、理性面对婚姻家庭问题。

5. 积极开展形式多样、内容丰富的幸福婚姻家庭大讲堂、“反家暴”等专项法制宣传活动，提升妇女依法维权意识。

五、组织保障

（一） 加强组织领导

成立由县委常委、政法委书记任组长，县法院院长、县委政法委副书记、县妇联主席任副组长，县法院、公安、司法、民政、妇联等相关部门负责同志为成员的德化县家事纠纷多元化解工作领导小组，下设办公室，挂靠在县法院，负责组织实施。各成员单位要制订具体方案，明确工作职责和要求，创新措施、狠抓落实，精心、有序、有效地组织开展相关工作。

（二） 加强培训教育

……

（三） 加强经费保障

……

（四）加强督促检查

县委政法委将家事纠纷多元化解工作纳入乡镇及有关部门党政主要领导平安建设（综治）工作考评重要内容，加大跟踪督办力度，定期、不定期组织有关部门对全县家事纠纷多元化解工作开展情况进行检查督导。各乡镇及有关部门要把家事纠纷多元化解工作作为加强和创新社会管理工作考核评价体系的重要内容，加强对家事纠纷多元化解工作的日常督查和业务指导。

德化县政法委　德化县法院
德化县公安局　德化县司法局
德化县民政局　德化县妇联
2019 年 3 月 6 日

第六章　以案释法：泉州家事案例裁判规则的诠释

夫妻共同债务的认定案例篇

近年来，夫妻共同债务的认定标准成为司法实践中的热点难点问题。为回应人民群众的司法需求，最高人民法院分别于2018年1月出台《最高人民法院关于审理涉及夫妻债务纠纷案件适用法律有关问题的解释》，2018年2月出台《最高人民法院关于办理涉夫妻债务纠纷案件有关工作的通知》，对婚姻法司法解释（二）第24条逐步修改完善，使之更加符合实质正义的要求。为此，中院家事审判团队针对近三年涉及夫妻债务认定的审判实践，在全市范围内开展深入调研，遴选出认定事实清楚、举证分配合理、适用法律正确、裁判结果公正、社会效果良好且涵盖类型多样的典型案例，既为提炼裁判规则，统一裁判尺度，也为回应社会关切、加强以案释法、引导公众行为。

案例1　夫妻一方未在借款合同签字，但在抵押合同签字，认定为夫妻共同债务

【简要案情】许某、吴某系夫妻。2012年11月6日，许某和典当公司签订房地产典当借款合同。同日，许某、吴某和典当公司签订房地产典当抵押合同，约定许某、吴某以共有房产作抵押，并办理典当抵押登记。典当期满后，许某签订6张续当凭证，该当期届满后5日内，许某未赎当也未续当。典当公司起诉请求许某、吴某偿还夫妻共同债务。

【审判】一审判决许某、吴某返还典当公司当金20万元、相应综合费及利息。若债务未能清偿，典当公司有权就抵押的房产经拍卖、变卖后所得的价款中优先受偿。

【法官评析】本案借款发生于许某与吴某婚姻关系存续期间，吴某虽未在典当借款合同上签名，但其在抵押合同上签名，表明其对本案借款知情且未提出异议，并自愿以夫妻共有房产向典当公司提供抵押担保，本案债务应视为系基于夫妻共同意思表示所负的债务，典当公司起诉请求许某、吴某偿还夫妻共同债务，应予支持。将本案债务认定为夫妻共同债务符合《最高人民法院关于审理涉及夫妻债务纠纷案件适用法律有关问题的解释》第1条的规定。

案例2　长期分居期间，夫妻一方对外大额借款，另一方不知情，认定为个人债务

【简要案情】2012年10月29日、30日，张乙在其与许某婚姻关系存续但已分居期间，向张甲借款共计400万元，张甲将借款转入张乙账户。张乙与许某于2013年间离婚。

【审判】一审判决张乙自行偿还借款及利息。后双方均未提起上诉，判决已生效。

【法官评析】张甲主张借款发生在张乙、许某夫妻关系存续期间，属夫妻共同债务。经审查，在张乙、许某离婚纠纷一案中，张乙自认2012年春节后双方一直处于分居状态，且陈述双方无共同财产、债权、债务。显然案涉借款发生在张乙、许某分居期间。经核实，自2012年春节至张甲转账案涉400万元及张乙2012年11月4日出具借据时，均超过9个月，通常在夫妻关系冷淡并长期分居的情况下，张乙借支债务不会告知许某，家庭正常开支也不可能在短短两天内借款400万元，亦无证据证明案涉借款发生期间，张乙、许某的家庭有大项开支需要或建置了价值相当的共同财产，张乙借款时也未告知张甲借款是用于家庭共同生活。故认定案涉借款是张乙个人债务。

案例3　夫妻一方在从事赌博等违法犯罪活动中所负债务，第三人主张权利的，不予支持

【简要案情】2013年11月4日，陈甲在与陈乙婚姻关系存续期间向许某借款30万元，后陈甲仅返还5万元。许某起诉请求陈甲、陈乙共同偿还。

【审判】一审判决陈甲、陈乙应偿还许某借款25万元及利息。泉州中级人民法院判决撤销一审判决，驳回许某一审诉讼请求，并将相关违法犯罪线索及材料移送公安机关立案查处。

【法官评析】二审审理中，泉州中级人民法院依法传唤夫妻双方、许某本人、证人到庭。证人陈述，陈甲与许某在晋江某酒店讨论借款用于开赌场。结合陈乙提交的谈话录音及证人证言，法院查明许某将诉争 30 万元经手借予陈甲，由陈甲用于在晋江某酒店开设赌场等相关活动，而许某作为出借人明知该借款用途，人民法院应当认定民间借贷合同无效。诉争借款虽发生于陈甲、陈乙婚姻关系存续期间，但借款用途违法，诉争借款属非法债务，依法不予法律保护。

案例 4　夫妻一方短期内对外多笔借款，且用于日常生活亦违反常理，认定为个人债务

【简要案情】2013 年 3 月 1 日至 2014 年 5 月 17 日期间，翁某在其与曾某婚姻关系存续期间向原告借款 18 笔，共计 205100 元，18 笔借款出借时间间隔极短，最短间隔时间为当天连续出借两笔。原告起诉请求翁某、曾某共同偿还。

【审判】一审判决翁某自行偿还借款及利息。后双方均未提起上诉，判决已生效。

【法官评析】夫妻共同债务推定规则并非无视夫妻共同债务的本质特征，而是在依本质特征难以认定时的一种法律推定，但仍应综合考虑债务的形成、举债的合意、借款的用途以及借款利益的分享等因素，综合判定债务性质。本案借款虽发生于翁某、曾某婚姻关系存续期间，但涉诉 18 笔借款出借时间间隔极短（最短间隔时间为当天连续出借两笔），违反常理且已明显超出日常共同生活所需，原告作为债权人在连续出借多笔款项时，应当对借款是否系夫妻共同意思表示或是翁某用于个人消费负有合理的注意义务，其完全可要求翁某、曾某作出明确的意思表示或共同实施该行为，现原告未能提供证据证实其已善意且无过失地相信翁某短时间连续借的 18 笔款项是用于翁某、曾某共同生活，本案债务应认定为翁某个人债务。

案例 5　夫妻一方非买卖合同相对方，未参与买卖行为，事后亦未追认，认定为个人债务

【简要案情】汪甲与汪乙系夫妻。汪甲多次向陈某购买皮革，2014 年 12 月 18 日经结算，汪甲结欠陈某货款 121 万余元并出具欠条，后汪甲仅偿还 2 万元，陈某起诉要求汪某夫妻共同支付货款及利息。汪甲的代理人在未经汪乙授权的情况下，与陈某达成汪某夫妻共同支付货款的调解协议，后汪乙申请再审请求撤销调解协议并认定本案债务为汪甲个人债务。

【审判】再审一审判决撤销原民事调解书，判决汪甲、汪乙共同支付货款及利息。泉州中院二审改判本案货款及利息由汪甲支付。

【法官评析】本案中买卖合同的当事人系汪甲与陈某，汪乙并非买卖合同的一方当事人，亦未在陈某与汪甲结算货款的结欠条上签字确认，陈某也未能提供证据证明汪甲、汪乙共同向其购买皮革，对陈某主张汪乙应与汪甲共同支付本案货款及利息损失的诉求，不予支持。汪乙关于其并非买卖合同的相对方，本案不应按夫妻共同债务处理的主张成立，予以支持。

本案判决将债务的负担是否基于夫妻共同意思表示的举证责任分配给债权人，既符合“谁主张谁举证”的民事诉讼原则，又符合合同相对性原则，同时也引导债权人在债务形成时应尽到充分的审慎注意义务，与《最高人民法院关于审理涉及夫妻债务纠纷案件适用法律有关问题的解释》的立法精神相符。

案例 6　夫妻一方能够证明另一方与债权人明确约定为个人债务，认定为个人债务

【简要案情】2016 年 5 月 10 日，颜某向郑某出具借条，载明尚欠郑某借款 18 万元、利息 129600 元。后郑某起诉请求颜某及其配偶陈某共同偿还借款及利息。颜某与陈某于 2008 年 1 月结婚，后于 2016 年 5 月协议离婚。

【审判】一审判决颜某偿还郑某借款 18 万元及利息。后双方均未提起上诉，判决已生效。

【法官评析】在《最高人民法院关于审理涉及夫妻债务纠纷案件适用法律有关问题的解释》尚未出台前，判断是否构成夫妻共同债务，需要夫妻一方举证证明另一方与债权人之间明确约定为个人债务。而在实务中，往往存在当事人举证不能的情况，因而一方当事人须承担共同偿还的责任。本案中，陈某向法院提交微信聊天记录证明郑某与颜某明确约定上述借款为颜某个人债务，郑某对该证据真实性无异议，法院据此认定上述债务不属于夫妻共同债务。微信聊天记录以电子数据的形式存在，我国民事诉讼法明确规定证据种类包括电子数据。在电子证据满足证据真实性、合法性、关联性的条件下，可以作为认定事实的依据。

案例 7　夫妻一方在婚姻关系存续期间以个人名义超出家庭日常生活需要所负债务，认定为个人债务

【简要案情】2017 年 8 月 9 日至 2017 年 9 月 20 日期间，苏某多次向郑某汇款，合计 50 万元，郑某分别出具其个人签名的两份借条给苏某收执。后苏某将郑某及其配偶涂某诉至法院，要求夫妻二人共同偿还借款 50 万元及利息。审理中，涂某陈述诉争 50 万元借款未用于家庭生活、生产经营、添置家庭财产等，并提供银行对账单、郑某写给涂某的信件等证据加以证明。

【审判】一审判决郑某自行偿还苏某借款 50 万元及利息。后双方均未提起上诉，判决已生效。

【法官评析】根据《最高人民法院关于审理涉及夫妻债务纠纷案件适用法律有关问题的解释》第 3 条的规定："夫妻一方在婚姻关系存续期间以个人名义超出家庭日常生活需要所负的债务，债权人以属于夫妻共同债务为由主张权利的，人民法院不予支持，但债权人能够证明该债务用于夫妻共同生活、共同生产经营或者基于夫妻双方共同意思表示的除外。"苏某作为主张夫妻共同债务成立的当事人，应当对该借款用途承担举证责任。本案涂某有固定收入，郑某在短期内向苏某借款达 50 万元，已超过家庭日常生活需要，苏某也未能举证证明诉争借款用于夫妻共同生活或共同生产经营，故认定本案借款为郑某个人债务。

案例 8　婚前大额借款购买房屋，婚后以个人名义再借款用于偿还，认定为个人债务

【简要案情】王某与孟某离婚纠纷一案，王某于婚前 2011 年 1 月向某公司借款 240 万元用于购买房屋，婚后于 2014 年 3 月向包某借款 240 万元用于偿还上述款项。王某与孟某于 2011 年 9 月办理婚姻登记。王某主张该笔借款为夫妻共同债务。

【审判】泉州中院二审认定上述 240 万元借款为王某个人债务。

【法官评析】关于王某主张的夫妻共同债务借款 240 万元及利息，在其与案外人包某的民间借贷纠纷案中证实案外人包某已主张该债务，该债务已在上述案件中进行处理，但孟某并未参与案件的审理，上述案件亦未认定该债务为夫妻共同债务。王某有责任举证证明该借款用于夫妻共同生活。根据另案民事判决书，2014 年 3 月 20 日，王某向包某借款 240 万元系用于偿还其婚前个人债务即 2011 年 1 月 28 日向某公司的借款 240 万元，且包某在与王某的民间借贷纠纷中，并未向孟某主张权利，王某未能举证证明 240 万元借款系用于夫妻共同生活，故应将该笔借款认定为王某的个人债务。至于案涉房产，当事人均表示由双方案外自行处理，予以照准。

维护妇女、老年人合法权益
案例篇

案例 1　保障老年人婚姻自由与重塑母女情

【简要案情】曾某系黄某独生女，黄某配偶于 1997 年去世。登记在曾某名下的一套房产，现由黄某居住使用。至 2017 年 4 月，曾某每月支付黄某 1500 元。后双方关系恶化，曾某不再支付赡养费，黄某诉至法院要求曾某支付赡养费。

【调解经过】曾某在领取应诉材料时情绪激动，法官多次组织双方进行庭前调解，因积怨太深，经多番劝阻并分开做工作，调解效果仍不理想。而后，曾某拒不到庭参加诉讼，依法缺席审理本案。判决容易，重塑亲情却不易。庭后，法官通过社区走访、实地调查及与曾某谈心谈话，了解曾某的心结竟是其母亲的第二段婚姻，曾某认为其母亲背叛了其父亲，始终心存芥蒂。法官再次组织双方进行调解，为双方当事人建立良性沟通，反复劝说双方反思在家庭关系中存在的问题，劝诫曾某的母亲也有追求幸福的权利，并从我国赡养老人的传统美德上引导双方当事人修复亲情。经过三个多小时的劝说，双方矛盾有所缓和。但因曾某已失业，且有一就读高中的孩子需要抚养，而黄某未享受退休养老保险待遇，亦无其他收入，双方无法再进行协商，鲤城法院依法作出判决，后双方均未提起上诉。

【法官评析】家事法官审理家事纠纷，并不仅仅是简单了结一起案件，而应集情、理、法于一体。子女对父母除经济上供养、生活上照料还有精神上慰藉的义务，照顾老年人的特殊需要，特别是应当尊重、支持老年人追求婚姻的幸福。本案虽未能达成调解，但宣判后，双方均表示服判。曾某表示会对母亲进行关心和照料，履行判决，并将套房让母亲住至百年。本案家事纠纷最终圆满地解决，母女情得到重塑。

案例2　保障离婚纠纷中归侨安置房权益分割与归侨老人及子女居住权

【简要案情】洪某（男）与吴某（女）婚后育有一女洪某某，现已成年。因吴某未能妥善处理与女儿及婆婆等人的关系，导致双方矛盾激化，洪某曾向法院起诉离婚，经调解未果判决不准予离婚。后双方感情仍未能修复，洪某再次诉至法院。经调解，吴某同意离婚，但要求分割夫妻共同财产。诉争房屋系政府专门为归侨侨眷建设的“侨居造福工程”房屋，已交房，但尚未办理房屋所有权证。

【调解经过】审理过程中，承办法官了解到洪某之母白某系越南归侨。诉争房屋系白某让渡了侨居造福工程政策性用房权益，由洪某选购诉争政策性用房。洪某母亲年迈多病，长期居住在该房屋由洪某女儿照顾。现白某已是癌症晚期，身体极其虚弱，经不起移动，也经不起儿子婚姻破裂的打击。承办法官启动“涉侨维权联络点”的多元纠纷调解机制，充分发挥涉侨调解员了解归侨政策和归侨侨眷情况的优势，邀请区镇两级侨联的涉侨调解员协助调解，同时联系街道侨居造福工程拆迁办、街道办、社区、房管处。经多方协调，在侨联的帮助下按照归侨政策为洪某取得了廉租房。双方因此达成离婚协议，该侨居房的安置权益归吴某所有，由吴某补偿洪某；吴某同意婚生女继续居住于该房屋、洪某的母亲继续居住在上述房屋至百年之后。

【法官评析】本案是一起涉及归侨侨眷的离婚案件。由于诉争房屋系政府安置归侨、侨眷的福利房，分割财产之后的相关转移登记手续的办理、差价的补偿、廉租房是否续租等问题均需相关单位协助解决。承办法官不为办案而办案，依托“涉侨维权联络点”这一平台，寻求政策、法律与情理的最佳契合点，借力调解，既解决夫妻涉侨共同财产的分割，又妥善处理成年女儿及生病婆婆的居住权，维护了华侨、侨眷的合法权益，做到案结、事了、人和。

案例3　调动多元化解，平息老年人赡养纠纷

【简要案情】王某昌2013年丧偶，2015年再婚，再婚时已有75岁。再婚对象为50岁的吴女士。子女对父亲王某昌的不满主要有以下几点：1. 王某昌再婚与丧偶时间相距较短，子女对王某昌有看法，不能接纳王某昌的配偶；2. 子女担心王某昌过世后吴女士与他们分财产；3. 王某昌要进行遗体捐献，子女情感上无法接受，不予配合。而王某昌对子女的不满主要有：1. 子女在其生病时未予探视照料；2. 子女未能尊重其捐献遗体的愿望并予以协助。王某昌遂起诉其三子女要求每人每月支付赡养费2000元，或将址于石狮市曾坑八七路944、966号楼下一楼一共三间店面的租金由王某昌收取。

【调解经过】家事法官指派调解员单独做王某昌的工作，对其晓以利害。人活到一定年纪，最重要的是血缘亲情。王某昌是退休老师，每月退休金6000余元，足够生活，子女各自成家也有孩子，家庭责任也重，要求每人每月2000元的赡养费过高。另外遗体捐献的情况，作为孩子们对这种新事物没有认识，也担心被人戴上不孝的骂名，情有可原，不必过于苛责，只能再通过其他渠道提高认识，不能操之过急。至于财产方面，既然王某昌与吴女士达成协议，即双方婚前的财产状况保持原状，不因婚姻关系而变化，就要好好跟子女沟通，必要的时候通过遗嘱的形式确立，打消孩子们的疑虑。

家事法官同时做三个子女的工作，给他们单独打电话，并约他们到法院见面。在沟通过程中，对他们进行相应的引导和教育，高龄父亲再婚，是件好事。父亲生病，在病床前多一个人照顾也多一份力量，现如今请保姆也要3000元—4000元，还不一定如意。教育他们应对吴女士表示应有的尊重，才符合基本的礼仪。数十通电话后，三个子女的火气明显小了许多。开庭前，家事法官联合社区法官到该社区召开协调会，邀请了居委会主任、当事人的四个堂亲、家事调解员参加。会上，老人的两个儿子向老人公开认错。双方就老人的居住情况、赡养费情况达成初步意向。庭审中双方达成协议，三个子女每人每月支付500元赡养费、两幢楼中各留一层交父亲管理使用，父亲保留一间店铺的出租收益权。其后，家事法官引导退休老人以遗嘱的形式安排好身后财产的归属以缓和矛盾，社区主任将协调社区聘用律师协助老人处理好遗嘱等法律事宜，子女也在父亲的遗体捐献协议书上签了字。

【法官评析】老年人再婚，特别再婚时间与配偶一方去世时间相距较短，子女们在情感上难以接受，难免在行为上进行抵触，比如，老年人生病不予看望照料，对再婚对象不礼貌等，由此激化双方的矛盾，进而担忧老年人身后的遗产处置问题。这类情况，主要须从关系利害上进行沟通，通过法律手段，如立遗嘱的方式安排好身后事，消除子女的顾虑，亲情才得以维系。

案例 4　落实判后帮扶，司法情暖人间

【简要案情】吴某（女）与王某育有一子吴某某，经诊断吴某某患有孤独症，须长期接受康复训练。吴某某每月培训费用2400元，政府每月给予每个儿童康复补贴1500元，每年最多补贴10个月，6周岁至14周岁，每月给予1200元的政府补贴，14周岁以后政府不再给予补贴。吴某因遭受王某的家暴侵害，提起离婚诉讼。石狮法院判决：准予吴某与王某离婚；吴某某由吴某直接抚养，王某向吴某支付吴某某抚养费、培训费用等。王某不服一审判决，提起上诉，二审法院作出判决：驳回上诉，维持原判。王某未支付抚养费及培训费，吴某向法院申请强制执行，经查，均未发现有财产可供执行。王某列入失信名单多日，也未能查到王某的踪迹，该案执行陷入困顿。

【帮扶经过】家有残疾的孩子，夫妻更应当携力共克艰难。但夫家竟因孩子残疾，甩手不负责任。本案审判过程中，吴某提出由王某及其家人帮助照看孩子，吴某外出打工维持生活和培训费用，王某及其家人并未同意。而吴某的母亲希望吴某过得更好，奉劝吴某放弃抚养残疾的儿子，甚至以断绝母女关系相威胁。吴某没能寻得一点精神上的安慰，面临如此无情的境遇，承办法官担心其对生活丧失信心，积极与有关部门沟通协调，石狮妇联给予了吴某5000元的扶助款。后案件经执行多日无果，吴某曾电话反映其已交不起租金。仅靠社会救助，只能救一时之急，不能救一世之穷，唯有解决吴某的工作问题，才能让吴某母子的生活有所保障。承办法官携同妇联、残联走访了解吴某某的居住生活情况、康复训练情况。吴某离婚后，为有利于孩子的康复培训，租住在离培训中心不远的30平方米左右房子，每月租金400元，房东见其困难主动减了100元。根据上述情况法院与残联为吴某介绍了一手工制作工作，虽在培训中心，但收入较低，不足以应付生活。后经联系残联为其介绍了一清洁工岗位，专门为残疾人家庭清洁，报酬100元/次，时间可自行安排，此后吴某每月有了2000元的稳定收入。经法院助力，又给予吴某3万元司法救助金。

【法官评析】法院与妇联、残联等多部门的联动帮扶，使吴某对生活重燃了希望。残联帮助吴某联系的清洁工工作，解决了吴某母子的后顾之忧。法院判后回访时，吴某表示感恩于法院、妇联、残联等部门的关爱，在照顾孩子、工作之余，积极参加残联举办的各项爱心活动，用自己所能回报社会。此时的吴某已凤凰涅槃，曾经对生活失去信心的受帮扶之人如今亦能自给自足，还能帮扶他人了。

保障未成年子女合法权益案例篇

泉州中院家事审判团队坚持以保障未成年子女身心健康为导向，积极深化与市县两级妇联的共建机制，探索建立与共青团、关工委、市爱心团队联动机制，拓宽爱心桥，织密未成年子女合法权益保护网。在家事案件审判中，无论是对欲离婚的父母双方调解和好，还是判定抚养权归属、抚养费支付、探望权行使，都将促进未成年子女利益最大化贯穿始终，尽可能保障未成年子女健康成长的必要条件、营造温馨的生活环境。

案例 1　二次起诉调解和好，儿女回归幸福家庭

【简要案情】徐某第二次向法院起诉请求与张某离婚，双方育有一儿一女，均在读小学。一审法院根据双方系第二次起诉离婚及分居事实判决准予离婚。张某不服提起上诉，请求改判不予离婚，徐某至二审庭审时仍离婚态度坚决。

【调解经过】二审庭审时，主审法官经过细心观察和调查了解发现，双方当事人育有一儿一女，均未成年且在读小学，儿女乖巧懂事感情好，若判决离婚，则家庭破碎，子女分离，子女的成长和学习生活将不可避免受到影响。从形式上看，本案虽符合判准离婚的条件，但从具体情况看，仍存在调解的空间，且唯有调解和好方能更好地保障未成年子女的权益。主审法官通过“三步调解法”，即茶桌调解法，让当事人忆往昔同学情（双方系初中同班同学）；通过将心比心法，引起徐某对子女的留恋；通过家事调解员现场调解法，消解双方的误解和猜疑。最终双方当事人面带笑容地达成调解协议，和好如初，表示会共同关爱子女，并当场与主审法官建立微信互动机制，愿意将子女的学习成长情况与法官定期分享。

【法官评析】离婚案件经常关注的是夫妻感情是否破裂，财产如何分割等问题，面向更多的是婚姻死亡后如何“收场”问题。若有涉及子女则

关注的是抚养权和探视权问题。未成年子女在离婚案件中往往成了案件处理的客体，被忽视了其作为主体存在及其内心渴望和未来成长。一桩婚姻的消亡很可能影响到未成年子女的一生，包括身心健康、情感交流能力、学习状态等问题。法官在处理离婚案件时，应多一份情怀与温度，更多地关注未成年子女的诉求及权益，让诉讼过程成为情感修复的过程，使当事人从相互拒绝、排斥到相互倾诉、沟通，让离婚的念头消除，让和好的笑容绽放，让未成年子女得到更多的关爱与温暖。

案例2　法院处理子女抚养问题，须对父母的品行等因素进行认真考察

【简要案情】2014 年 9 月，叶某与李某生育婚生子李某某。2016 年 4 月，叶某与李某在民政局协议离婚，双方约定婚生子李某某由李某抚养，抚养费由李某承担。本案审理中，法庭向家事调查员了解到，李某嗜赌，后经进一步调查证实：2016 年 8 月，李某因犯开设赌场罪被抓获，后被法院判处有期徒刑八个月，现已刑满释放，在外地工作。

【法院裁判】泉州中院二审认为，在抚养权归属问题上，人民法院应着重以能否让孩子有一个健康成长、快乐生活的良好环境为标准进行判断。就本案而言，一方面，叶某具有一定的经济能力、时间和精力照顾婚生子李某某，且李某某自 2016 年 9 月起即随叶某生活一年多，与周围亲人建立了较为亲密的亲情关系，对其健康成长并无不利影响。在未出现其他特殊情况下，若对此随意加以改变，将会对孩子的身心健康不利。再结合考虑李某曾因犯罪问题被判过刑，或多或少会对子女造成负面影响。故婚生子李某某判归叶某直接抚养为宜。原审判决未对李某存在赌博犯罪行为对婚生子李某某可能造成的负面影响进行考察而径行依双方离婚协议判决由李某抚养，明显不当，应予改判：婚生子李某某由叶某直接抚养，李某享有探视权。

【法官评析】抚养子女不仅限于提供良好的物质生活保障，父母自身的言传身教对于子女的心理健康及性格成长起着极为重要的作用，因此，法院在判决抚养权归属问题时，应对未成年子女的父母品性特征进行考察，对于存在不良品行、不良嗜好的父母一方，一般不确定为直接抚养人。

案例3　父母一方未根据离婚协议按期支付抚养费，未成年子女有权起诉要求按期支付

【简要案情】潘某甲（女方）与潘某乙（男方）于2011年4月生育婚生女潘某某。后潘某甲与潘某乙于2015年2月签订《离婚协议书》并办理离婚登记手续，《离婚协议书》约定“婚生女潘某某由女方抚养，男方每月支付女方1000元作为女儿的抚养费直至女儿满十八周岁为止”。之后，潘某乙并未支付抚养费。

【法院裁判】泉州中院二审认为，潘某乙系潘某某的法定抚养义务人，潘某某起诉请求潘某乙按照《离婚协议书》的约定支付其尚欠的抚养费主体适格。一审以合同相对性为由认定潘某某请求潘某乙支付抚养费的主体不适格属适用法律错误，依法予以纠正，改判如下：潘某乙应自2015年2月起每月支付潘某某抚养费1000元至潘某某年满十八周岁止。

【法官评析】父母不履行抚养义务时，未成年子女享有通过诉讼等方式要求父母付给抚养费的法定权利，法院对其诉权和实体权益均应予以保护。虽然本案《离婚协议书》有关抚养费条款的约定系潘某甲与潘某乙订立的，潘某某并非合同的相对人，但协议书中抚养费的约定涉及婚生女潘某某的法定权利，而潘某某正是主张抚养费的真正权利主体，其有权作为独立的诉讼主体，按照《离婚协议书》约定的数额向不履行抚养义务的潘某乙主张抚养费。

案例4　启动涉少联盟，保障未成年人利益

【简要案情】黄某（女）与郑某离婚纠纷一案，一审判决准许双方离婚，因婚生子向法庭表示如果父母离婚，想和母亲一起生活，一审判令婚生子由黄某直接抚养。郑某不服，提起上诉，请求婚生子由其直接抚养。二审中，郑某提交婚生子与其姑姑的通话录像，录像中，婚生子表示黄某告知其，如果不作出愿意跟随妈妈生活的意思表示，以后就见不到妈妈了。郑某申请法庭再次征询婚生子的意见。

【调解经过】黄某系第二次起诉离婚，郑某一审并未到庭，二审中，审判人员主持双方调解，黄某离意坚决，调解和好无效。双方均提出婚生子共同抚养的模式，合议庭遂给予双方当事人和解期限，告知双方就抚养的细节继续磋商。婚生子虽年满10周岁，但其意见较易受父母影响，即使再次征询其意见，也不易探究其真实的意愿。审判人员邀请了本院聘请的未成年人权益保护代表人及民政局儿童福利促进科的工作人员参与调查、调解。经查，婚生子现就读于郑某老家某小学四年级，二年级前就读于泉州某小学，黄某在泉州工作，郑某在上海工作，双方均未能较好地照顾婚生子，婚生子长期在郑某伯父家中生活。审判人员和未成年人权益保护代表人再次组织双方调解，促进双方良性沟通，向双方释明亲权系父母对未成年子女应尽的义务，而非双方所主张的抚养权，父母享有的权利仅仅是在履行抚养子女义务过程中衍生出的权利，且未成年人的健康成长离不开父母的垂范，父母教育远非隔代教育所能取代。双方均表示无论由谁直接照顾婚生子，均会亲力亲为，而非让亲友代为照顾。未成年人权益保护代表人根据婚生子的实际情况提出具体方案，促使双方对子女的就学及生活达成一致意见。双方均为子女着想，在审判人员和未成年人权益保护代表人劝说下，双方解开心结。最终，黄某同意给予郑某一定的考验期，视郑某的表现以考虑复婚，双方关系的缓和又极大保障了未成年人和谐健康的成长环境。

【法官评析】未成年人作为具有独立人格的权利主体，但长期以来，家事纠纷中缺乏其独立的发声机制，泉州法院率先在全省探索未成年人权益保护代表人机制。从儿童特质——依赖性和脆弱性出发，以儿童视角处理家事纠纷，确立未成年人优先和特殊保护的原则，建立未成年人的独立发声机制，以实现未成年人利益最大化。共同抚养有利于慰藉未成年人的情感，不至于造成其情感交流的障碍，有利于其人格的健全。本案家事纠纷最终得以圆满解决，为未成年人创造了稳定健康的成长环境，极大减少了父母离婚对其造成的影响，未成年人得到应有的爱护。

案例5　保障不直接抚养婚生子女一方的探视权的实现及未成年子女得到离婚父母双方的关爱

【简要案情】上诉人（原审原告）陈某妹与被上诉人（原审被告）林某海离婚纠纷一案，陈某妹一审诉请判决准予离婚；婚生女林某由其抚养，被告一次性支付抚养费；依法分割夫妻共同财产。被告林某海辩称，同意离婚，但婚生女应由其抚养，婚生女自出生后一直由被告及被告母亲抚养照顾，原告自婚生女满月后即回其娘家。一审法院认为，双方同意离婚及协商一致处理财产的方案，可予确认；从有利于子女身心健康、保障子女的合法权益出发，以及考虑婚生女现随被告生活的实际，以婚生女由被告抚养为宜。原告应负担婚生女必要的抚养费，每月按月支付 500 元，但原告享有探望婚生女的权利，被告有协助的义务，并作出相应判决。

陈某妹不服一审判决，针对婚生女的抚养权提起上诉，且上诉期间双方当事人围绕婚生女的抚养权和探视权意见分歧较大，矛盾激烈。上诉人一方面积极主张其具有抚养婚生女的优越条件，包括工作稳定、时间固定、父母可帮忙照料等，另一方面主张被上诉人具有赌博恶习、不具备抚养照顾婚生女的条件，婚生女随其生活的环境恶劣，不利于健康成长。

【调解过程】主审法官通过庭前阅卷，分别找当事人调查、谈心，深入了解双方当事人的年龄、工作状况、抚养条件，洞悉双方当事人的离婚心理状态、对婚生女的心态以及真实想法和担心所在。陈某妹在分居期间多次想回夫家探望婚生女，均遭到夫家人的拒绝和排斥，探视未果。其担心如果未取得女儿的抚养权，则其今后的探视权无法得到保障，从而造成与婚生女的隔阂、分离。主审法官发现，该案存在调解的空间和可能，而且只有通过做通双方当事人的工作，使双方能够心平气和地面对婚生女的抚养问题，才能真正保障探视权的实现，确保婚生女得到父母双方的关爱。经过主审法官的耐心沟通、劝解，并邀请律师参与调解，双方当事人最后达成调解协议，即婚生女由林某海直接抚养，陈某妹对婚生女享有每周末进行探视的权利，林某海必须予以协助，具体包括每月两个周末的周六、日由陈某妹接回其家中生活；每月两个周末的周六由陈某妹陪伴婚生女生活。如果林某海拒绝配合探视权的实现累计达到三次，则陈某妹可以此为由要求变更婚生女的抚养权。

【法官评析】该案的调解是对抚养权与探视权如何平衡与衔接的一个尝试。司法实践中，争夺孩子抚养权是离婚案件的一个热点和难点问题，而担心探视权的真正落实又是当事人争夺抚养权的一个动因。如何做到既从有利于未成年子女利益出发妥当判定抚养权的归属，又能确保未直接抚养一方的探视权的落实，是家事法官维权的应有之义。拒绝探视、阻却探视权的实现，究其实质，既是对未直接抚养一方的法定权利的不尊重，对法律和裁判的直接抵触，也是拒绝对方关爱未成年子女，不利于未成年子女的健康成长。就此而言，严重阻却探视权的行使，造成未直接抚养一方与子女的隔阂，甚至是隔绝，应该成为申请变更抚养权的事由，虽然立法上并未予以明确规定。主审法官从洞悉当事人的真实心理状态、有利于抚养权和探视权的真正落实和衔接考虑，积极主持调解，使双方当事人自愿达成调解协议，从而既达到维护未成年子女的合法权益，又有利于维护本案未直接抚养婚生女一方的陈某妹探视婚生女的权利。

案例6　严厉打击拐卖儿童犯罪，撑起法律“儿童保护伞”

【基本案情】1994年，马某某欲通过拐卖小孩赚钱，便先让冯某打听是否有人欲购买男婴。冯某从一妇女处得知有人要购买男婴后，便将此消息告诉马某某。1994年5月3日凌晨，马某某伙同何某到鲤城区江南镇斗南村“99间房”二楼被害人汤某某的租房，采用威胁、捂嘴等方式，强行抢走汤某某的儿子陈某及人民币35元。得手后，马某某、何某将陈某带到晋江市池店镇唐厝村高某某的租房，由高某某照看。随后，马某某、高某某带着陈某找到冯某，冯某便带马某某、高某某到晋江市罗山镇沙塘村上述妇女家中后离开。该妇女联系买家过来后，马某某、高某某谎称系陈某的亲生父母，将陈某以人民币7000元的价格卖给吴某某。得款后，马某某将人民币200元分给高某某。案发后被害人随即报警，鲤城区公安机关予以立案侦查。2016年12月，马某某、高某某、何某、冯某陆续被公安机关抓获。

【法院裁判】鲤城区人民法院经审理认为，马某某、何某以出卖为目的，使用暴力手段绑架儿童；马某某、何某又以非法占有为目的，采用暴力手段，共同劫取他人财物，二人的行为均已构成拐卖人口罪、抢劫罪，应予数罪并罚。高某某、冯某帮助出卖被拐儿童，二人的行为亦构成拐卖人口罪。公诉机关指控的犯罪成立。马某某、何某系主犯，高某某、冯某系从犯。据此依法判决：1. 马某某犯拐卖人口罪，判处有期徒刑十年六个月，并处罚金人民币5000元；犯抢劫罪，判处有期徒刑三年；决定执行有期徒刑十一年，并处罚金人民币5000元。2. 何某犯拐卖人口罪，判处有期徒刑十年，并处罚金人民币2000元；犯抢劫罪，判处有期徒刑三年；决定执行有期徒刑十年六个月，并处罚金人民币2000元。3. 高某某犯拐卖人口罪，判处有期徒刑三年零六个月。4. 冯某犯拐卖人口罪，判处有期徒刑二年。5. 责令马某某退出违法所得人民币6800元，高某某退出违法所得人民币200元，予以没收，上缴国库。泉州市中级人民法院二审维持一审判决。

【法官评析】

随着庄严的法槌落下，这起由鲤城区公安机关立案侦查后，坚持不懈追查，历时二十余年之久的拐卖儿童案件终于尘埃落定，被告人为其犯下的沉重罪行受到了法律应有的严惩。

拐卖儿童犯罪，作为一种侵犯儿童的人身自由权利与人格尊严的犯罪，不仅对被拐儿童的身心健康及其成长具有严重危害，也致使被拐儿童亲生家庭遭受挥之不去的骨肉分离之痛，在社会上极易引发恐慌情绪，社会危害性巨大。

惩治拐卖儿童犯罪一直以来都是我国打击刑事犯罪的重点，事关每一个家庭的和睦、每一个儿童的安全。本院“以事实为根据，以法律为准绳”对该起历时22年的拐卖儿童罪依法判决，彰显了鲤城区司法机关对此类犯罪严惩不贷的坚定决心，为“孩子们”撑起了法律的“保护伞”。

（2018年5月19日，中央电视台《今日说法》栏目以《鲤城悬案》为题报道了本案。）

其他婚姻家庭案例篇

案例1　割不断的母女情

【简要案情】原告张某与吴某系夫妻关系，双方生育一子（已死亡）、三女，吴某兰（1965年生）系两个原告之女，吴某系解放军180医院的退休职工、张某无业。原告夫妇原居住在180医院的职工宿舍，后该租房被拆迁，遂在市区各处租房居住，未与子女共住。吴某兰自本世纪初开始照顾吴张夫妇的生活起居、住院照料等。2017年6月，因原告夫妇年老体衰多病，吴某兰三姐妹为如何照顾原告夫妇发生争执，吴某兰遂拒绝继续照料吴张夫妇。之后，原告夫妇由吴某兰的姐姐、妹妹及嫂子三人共同照料。张某诉称，1997年左右，其将一个皮箱（内装6万元现金、1万元国库券、3万元存折）交给吴某兰保管，之后，其要求吴某兰返还，均遭到拒绝，请求法院判决吴某兰返还10万元。吴某诉称，其将退休工资存折交给吴某兰保管，自2004年5月至2017年6月，吴某兰代其领取退休工资430231元，之后，其要求吴某兰返还代领的工资，均遭到拒绝，请求法院判决吴某兰返还430231元。

【调解经过】本案系保管合同纠纷，看似简单的案件，因其涉及的血缘、亲情等家事因素，而审之不易。通过以鲤城法院立足于东亚文化之都泉州文化特质提炼的“亲和睦诚”审判理念为指引，充分运用鲤城法院创新的家事审判工作机制，最终化解当事人的纠纷。

其一以“亲”为念，柔性审判用法律更用真情。古语“清官难断家务事”，家事案件并非难在是非曲直的裁判，而难在其特有的情感色彩与人伦特点。针对本案，承办法官运用柔性工作法，按照“倾听陈述—安抚情绪—引导回忆—消除隔阂”四步引导，在立足于法律的基础上，以理劝导，以亲感化，以情疏解，促成当事人矛盾消融，彼此谅解。

其二以“和”为贵，多元联动解纠纷更解心结。若非矛盾积累到相当程度，当事人不会轻易选择诉讼，因此家事案件背后大多隐藏一定的“情感”纠葛，简单的就案办案，一裁了之，似乎解决了纠纷，事实上往往进一步激化了矛盾。为此，承办法官坚持和为贵的思想，引入多元调解力量参与，邀请了妇联副主席、街道关工委主任、社区主任、退休社区书记等在庭前、庭中、庭后参与调解，力促在解决当事人纠纷的同时，也化解当事人的心结。

其三以“睦”为要，营造家庭和美氛围。审理中，注重将当事人置于轻松、温馨的环境，同时适当地引入“家和万事兴”“尊老爱幼”等传统家文化美德背景，以营造和睦氛围，向当事人传递传统家庭美德，便于当事人交流互动，以激发双方感情的修复。

其四以“诚”为本，全程关怀延伸服务。以诚为本，以信为本，承办法官将对于当事人的诚意全方位延伸到整个审判过程的始终。通过审理过程中不间断实地走访与电话沟通，以及结案后回访和给予适当司法救助，让当事人感受法院对其的切身关怀。

【法官评析】根据民事诉讼证据规则“谁主张谁举证”，原告张某、吴某对本案争议焦点负有举证责任。通过原、被告的举证质证及庭审调查，并结合家事调查员的调查报告、法官的走访调查及庭前调解，原告张某、吴某的主张缺乏充分证据证明，无法得到法院的支持。然而考虑原告张某、吴某的身体状况及原、被告之间的特殊关系，本案不适宜采用判决方式结案，最终在多方力量参与及法官的努力下，两案历经一百多天，终以原告自动撤诉结案。

孟子曰：“人人亲其亲，长其长，而天下平。”家庭作为社会的基本细胞，家庭和谐了，社会也就平安昌盛。每一个家事纠纷的成功化解，亦是在为创造社会平安和谐贡献一份薄力。简言之，家事法官从事着简单而平凡的工作，但却有光荣的使命，家事法官终将以“家和万事兴”为己任，为每个幸福家庭的缔造和社会和谐而奋斗。

（该案例为CCTV-12《庭审现场》2018春节特别节目“家和万事兴”之《割舍不断的母女情》《夕阳红》栏目之《皮箱的秘密》报道的案件。）

案例2　再嫁难题

【简要案情】2001年7月19日，吴某与陈某登记结婚，自2008年10月

5 日起，陈某因患脑瘤一直卧床至今，婚后未生育子女，无共同财产。吴某于 2014 年 3 月 21 日提起诉讼，在本案审理过程中，于 2014 年 5 月 21 日向法院申请陈某无民事行为能力，2014 年 7 月 8 日法院作出判决宣告陈某为无民事行为能力人，但判决并未对其监护人进行指定，吴某去社区要求指定监护人，社区出具证明表示无法为陈某指定。综合考虑本案陈某父亲年事已高、不适宜作为陈某代理人，故法院指定陈某哥哥陈某某作为陈某代理人参加诉讼。在庭审中，陈某代理人陈某某辩称吴某所诉属实，但是否有共同财产其不清楚，因吴某照顾陈某多年，其能够理解吴某的苦处，吴某这几年确实不容易，所以同意吴某与陈某离婚。但希望吴某离婚后能够继续照顾陈某，陈某某称愿意继续承担原告、陈某离婚后租住房屋的租金、陈某每月的生活费人民币 1000 元及其需缴纳的医保费用。吴某对陈某的情况表示谅解，同意在离婚后继续与陈某生活并由吴某照顾陈某。本案在审理过程中，经人民法院主持调解，双方当事人自愿达成如下协议：1. 吴某与陈某自愿离婚；2. 离婚后，陈某继续随吴某居住生活并由吴某照顾。

【调解经过】

一、 彰显人文关怀， 充分保护了妇女的合法权益

本案中，吴某仅靠陈某家人一点微薄的救济维持基本生活，在独自照顾丈夫 6 年后，吴某在经济上陷入了绝境，身体也逐渐变差，并且吴某已经年逾 40 岁，尚没有子女。此时，吴某找到了一个知心爱人，愿意和她一起照顾病夫，她也不离不弃准备带着陈某一起出嫁。如果不允许吴某离婚再嫁，那么吴某接下来的人生，面对照顾病人的无尽操劳和老无所养的困境，必然是极为绝望。从人性的关怀上，必须促成这一案件的圆满解决，尽力保障吴某作为一个女人的生育权、婚姻自由权，给吴某追求爱情和自由的权利。然而，此时陈某的家人由于担心她不再照顾陈某，而拒绝担任代理人，甚至拒绝与法官沟通，使案件进入停滞状态。此时，更为紧迫的问题出现了，吴某已经怀有身孕，为了新生命的诞生，解决这一难题迫在眉睫。为了及时解除陈某的担忧，加快诉讼进程，法官几次主动到陈某家中，反复进行了大量劝说和调解，并为双方提出了解决问题最低成本的方案：即由双方在街道司法所的主持下，达成关于陈某的扶养协议，再由法院进行司法确认。提出这一方案后，陈某的家人最终同意认可调解，双方也达成了一致协议。

二、发挥司法智慧，让病人“病有所医”

陈某已丧失民事行为能力，但陈某母亲已经过世，父亲又年事已高，哥哥也明确表示不会照顾陈某。因此，在调解中，特别注重保障陈某作为一个病人享有的生存权和受扶养的权利，在调解协议中落实了病人在医疗、住房、照顾等方面的权益。在诉讼过程中，陈某因卧病在床每四个小时就要翻一次身，吴某无法长时间离开家中。考虑到案件的实际情况，该院启动了“跨域连锁直通”式诉讼服务平台，让吴某到就近的法庭、陈某代理人到院部，通过视频对接，进行远程视频调解。为了本案的解决，突破传统审判方式，采用了跨域审判的方法，集科技化与人性化于一体，最大限度保障当事人的诉讼权利，减少当事人的诉累，切实践行了司法为民的准则。结案后，合议庭还为经济困难的吴某、陈某申请了1万元司法救助金用于支付医疗费用。

三、弘扬和谐家风，让一家人握手言和

在调解过程中，始终秉持“以和为贵、以调为主”的办案思路，避免让双方在诉讼过程中发生冲突，为了实现这一效果，法官多次到社区、原陈某家中走访，以真情实感感化双方，鼓励双方迈出和解的第一步，最终让双方融化矛盾的冰雪，握手言和做回一家人。在结案后，法庭将双方请进了家事法庭调解室进行回访，在回访过程中，陈某父亲陈某业向法官表示，虽然双方曾经对簿公堂，但是现在吴某仍然称呼其为父亲；吴某也表示，现在双方的关系非常友好融洽。

【法官评析】本案是一起典型的家事纠纷案件，本案双方当事人从互相对立争吵，到握手言和，充分体现了家事审判工作的司法人文关怀，通过审判弘扬文明、和谐的家风的良好效用。这一案件的圆满解决，实现了法律效果与社会效果的统一，是弘扬社会主义核心价值观的重要体现。

（中央电视台《今日说法》2015年10月20日报道了本案的全部情况，引起了网友的广泛关注与讨论，获得了较高的社会评价。）

案例3　传统“联姻”习俗与现代婚姻制度冲突解决

【简要案情】赖某（女）与黄某（男）于2016年5月结婚，同年11月生育一子。赖某已于2017年3月起诉离婚，后经法院调解撤回起诉，因夫妻感情未修复，再次起诉请求判处离婚，并要求抚养婚生子。

【调解经过】主审法官邀请家事调查员开展庭前调查，了解到双方矛盾的根源在于孩子的姓氏问题。因赖某的父母只生育两个女儿，受传统“传宗接代”思想的影响，赖某与黄某的结合属于按农村习俗的“联姻”，双方婚前签订一份《婚约》，约定两人生育的子女不论男女，第一胎姓黄，入黄家族谱，第二胎姓赖，入赖家的族谱。第一胎是男孩。出生后，女方家长担心二胎不能生男孩，赖某便不认可《婚约》，要求孩子必须姓赖，两家人起了纷争。

要修复夫妻感情关键是先做通双方父母的思想工作。主审法官邀请具有丰富调解经验的社区工作人员参与调解，开展全程、全员调解。从法理、情理上对当事人进行释法明理，稳定双方父母情绪后，进一步向当事人释明传统婚姻习俗与现代婚姻制度的区别，改变双方把孩子当作“传宗接代”工具而互相争夺的想法，启迪双方应站在孩子的角度，客观、理性处理双方的夫妻感情、子女抚养等问题上。同时主审法官在心理舒缓室，运用自己掌握的心理学知识，帮双方进行一次有效沟通，误解烟消云散，夫妻破镜重圆。最终，双方一致同意孩子取名黄赖×，待第二个孩子出生则取名赖黄×。

【法官评析】该案涉及传统“联姻”习俗与现代婚姻制度之间的冲突问题，按现有法律规定，父母对子女都有取名的权利，如果双方感情确已破裂被判处离婚，因孩子未满2周岁，原则上应由赖某抚养。如此完全否认了《婚约》的约束力，黄某无法接受，间接的也是对孩子权益的侵害，双方矛盾无法得到化解。主审法官从双方当事人及其家属对“传宗接代”固有思想入手，引导他们从不同角度看待婚姻及子嗣，通过多元化解机制来最大化化解家事纠纷，保障未成年子女权益。

案例4　祖父母、外祖父母的“隔代探望权”应予适度保护

【简要案情】2016年2月15日，颜某某与曾某丙（系曾某甲之父，曾某乙之子）办理结婚登记手续，并与曾某乙、蒋某某（曾某乙之妻，曾某丙之母）共同生活，后生育婚生儿子曾某甲。曾某丙于2016年12月11日病故。2015年5月间，颜某某购买闽C5Y###号小型轿车，产权登记于颜某某名下。婚后，颜某某与曾某丙共同按揭偿还车辆贷款共计11期 * 3055元/期 = 33605元。曾某丙病故后，双方经常因家庭纠纷发生矛盾，曾某乙与蒋某某

于2018年2月将闽C5Y###号小型轿车的车轮拆卸后截留，拒不归还。颜某某向法院起诉，要求：曾某乙、蒋某某停止对闽C5Y###号小轿车的侵害，恢复原状，返还该车，赔偿交通费5000元；对颜某某与曾某丙夫妻关系存续期间缴纳的车辆按揭费用33605元依法分割。经调解，当事人自愿达成如下协议：曾某乙、蒋某某归还该车；颜某某支付23000元给曾某乙、蒋某某；曾某乙、蒋某某将该23000元存于曾某甲名下，曾某乙、蒋某某和颜某某共同管理该款项，自曾某甲读幼儿园开始作为学费花销；曾某乙、蒋某某对曾某甲享有探望的权利，曾某甲上学前探望时间为每周周一，曾某甲上学后探望时间为每周周六；具体的地点、方式由双方自行协商。

【调解经过】本案的案由虽为法定继承纠纷，但案件的导火索却是祖父母、外祖父母的隔代探望权问题。我国婚姻法虽将探望主体规定为离婚后不直接抚养子女的父或母，但在探望主体死亡或者丧失行为能力的情况下祖父母、外祖父母可否代替子女对孙子女或外孙子女进行探望未有明确规定。对此，法院对祖父母、外祖父母探望孙子女的请求不应一概否定，而应根据未成年子女利益最大化原则，根据案件具体情况予以确定。给予祖辈隔代探望权有利于营造良好的家庭氛围，有利于青少年的身心健康。失独老人探望孙辈与孙辈享有代为继承权利之法律原理相对应，也有利于慰藉长辈，属于对老年人进行精神赡养的范畴，体现法律的人文关怀，符合我国的传统家庭伦理和善良风俗，符合民众对法律的期待。

【法官评析】行使隔代探望权应遵循未成年人利益最大化原则，应当尊重未成年人意愿，尊重监护人意见，监护人与行使隔代探望权的祖辈应当相互体谅，共同协商具体的探望方式、频率，避免因隔代探望权的行使扰乱未成年人的正常学习、生活。隔代探望方式是否得当可参考婚姻法第38条及预防未成年人犯罪法第14条的规定，如其探望行为确对孙子女身心健康造成不利影响，可诉至法院，由法院判断是否应依法中止其隔代探望的权利，待该情况消失后应当及时恢复其隔代探望权。

（该案例刊登于《福建审判》2019年第2期。）

案例5　共同抚养模式的应用

【基本案情】苏某凤（原告）与丈夫陈某堤（被告）于2002年结婚，婚后于2003年生育了三胞胎女孩陈甲、陈乙和陈丙。三胞胎出生后不久，陈某堤就孤身到重庆打工赚钱，苏某凤则留在德化全职照顾三个女孩儿。现在孩子已经日渐长大，但两人长时间异地分居生活，导致夫妻感情逐渐疏远，直至彻底破裂。苏某凤遂于2017年8月向德化法院起诉离婚，并要求同时抚养三胞胎。

陈某堤在本案诉讼过程中表示同意离婚，也同意三胞胎随苏某凤共同生活，但受“传宗接代”思想影响，始终坚持要抚养三胞胎中的至少一个孩子，否则会有“后继无人”的嫌疑。苏某凤则坚决反对“拆分抚养”，因为三胞胎在本案诉讼期间，都自愿选择跟随母亲共同生活，同时也为自己未来的去向和生活异常敏感，也很没安全感，很担心法院判决自己由父亲抚养，三姐妹不能一起随母亲共同生活。

【法院裁判】根据婚姻法及相关司法解释的规定，父母离婚后对子女的抚养方式有两种，一是由父或母一方直接抚养、另一方间接抚养；二是由父母双方协商轮流抚养。但具体实践中，创新共同抚养方式，将父母对子女的抚养权利、抚养义务分开进行确认，更有利于消除父母的分歧对抗、抚慰子女的情感，促进纠纷有效化解，建议司法解释对此予以填补。

承办人在审理该案中，摒弃以往为了“结案”而把三胞胎拆分判给父或母的常规做法，力求兼顾父母双方的主张，并最大限度尊重子女意愿。经过深思熟虑，承办人大胆设计了共同抚养模式：一方面确认陈某堤、苏某凤对三胞胎享有共同抚养的权利，另一方面对父母如何承担抚养义务也进行了明确，即三胞胎继续随苏某凤共同生活，由陈某堤根据德化当地的消费实际，每月支付三胞胎的抚养费2000元。这一共同抚养方案同时兼顾了三方需求，即三子女极力想跟随母亲共同生活、母亲想亲自照顾三个孩子以及父亲要有孩子“传宗接代”的需求，一经提出就得到双方当事人的一致同意，并有效化解了双方纷争。

【法官评析】

一、 可行性： 共同抚养方式具有现实可操作性

本案审理中，突破现有法律规定及常规做法，创新采用共同抚养的方式，在对子女抚养争议较大的离婚案件中，具有一定的可行性和可操作性。

1. 合情：符合家事审判理念的转变。《最高人民法院关于开展家事审判方式和工作机制改革试点工作的意见》指出，转变家事审判理念、依法保护未成年人合法权益是家事审判改革的重要目标。随着家事审判改革深

入推进，如何最大化保障子女权益已经是司法实践的共识问题，这使得法官在审理涉及子女抚养权问题时愈加坚持“人和”的家事纠纷审判理念，也更具有创新的勇气和积极性，这也是共同抚养得以推进的现实基础。

2. 合法：符合现有法律的精神。父母对子女的抚养既是权利也是义务，两者虽相辅相成、不可分割，但并不等同，也不能混同。现行法律法规通过确认抚养权归属，将抚养义务、权利“统一打包处理”，未将两者进行区分、细化。而共同抚养将权利和义务进行分开认定，实际并未创新构建“新法”，仅是对法律在实践中的具体细化，并不违反法律精神。在三胞胎一案中，父母双方对三胞胎随苏某凤共同生活、由陈某堤支付抚养费这一抚养义务的承担方式并无异议，真正的争议焦点在于如何确定双方对子女的“抚养权利”问题，基于此将父母对子女的抚养权利、义务分别予以确认，恰好水到渠成。

3. 合理：有效保障子女权益最大化。法律侧重于强调父母对子女的抚养义务以最大化保障未成年子女权益，而因为父母离婚后，不再具有共同生活、共同抚育子女的现实基础，所以只能确定子女与直接抚养人共同生活、由间接抚养人支付抚养费等抚养义务的内容，这点可以从《最高人民法院关于人民法院审理离婚案件处理子女抚养问题的若干具体意见》极力规范子女应当“随母方生活”或“随父方生活”的有关规定中得到佐证。尽量明晰父母双方各自的抚养义务也是共同抚养的落脚点，共同抚养不仅明确父母的共同抚养权利，同时也强调三胞胎随苏某凤生活、陈某堤支付抚养费等内容，让父母双方对三胞胎的抚养义务落到实处，有效避免父母在共同抚养中推卸抚养义务。

二、 必要性： 共同抚养方式有助于促进纠纷化解

1. 回应当事人的司法新需求。随着法治文明的进步，父母在离婚时对子女的态度已经发生较大转变，不再一味地将子女等同于财产等权利客体进行争夺，反而越来越重视子女的人身权益，越来越尊重孩子的本身意愿。为此，父母在子女抚养问题上提出越来越多不可忽视、急须回应的司法新要求、新期待。例如本案，正是苏某凤、陈某堤对子女抚养问题的争议，才促使承办人创新共同抚养方式。

2. 最大限度抚慰子女情绪。共同抚养应以尊重子女意愿为基础。一方面，法律规定，父母双方对十周岁以上的未成年子女随父或随母共同生活

发生争执的，应考虑子女意见。另一方面，父母离婚会对子女的生活、学习乃至性格形成产生许多负面影响，也不可避免会对子女造成情感上的伤害，严重的将诱发未成年人犯罪。但共同抚养能减少子女产生“我从此没有爸爸或者没有妈妈”“爸爸妈妈不再爱我”等落差感、错觉，大力抚慰子女的心灵裂缝，最大限度降低父母离婚对子女的伤害。

3. 吸收特殊风土人情。在推进家事纠纷专业化审理过程中，大部分法院都建立了民意吸纳制度，以便在充分尊重当地的风土人情的基础上，实现法律与善良风土人情的融合。陈某堤的“传宗接代”想法并非个例，特别近几年来，随着计划生育政策的实施，独女户、二女户按农村习俗要求男方入赘、联姻的情况仍不少见，“421”式的家庭越来越多，在涉及这些问题的案件中，男女双方对子女的抚养争议都较为激烈，难以调和。这种情况下，法院如果作出子女由其中一方直接抚养的判决，往往会使当事人产生“抚养权归谁，孩子就归谁”的误解，激化双方的矛盾。共同抚养很好避开这个问题，不仅不会使当事人产生“孩子归一方”的错觉，反而明确了双方对子女的共同抚养权利，更能促进纠纷的有效化解。

[备注：本文被《人民司法》采用，详见《人民司法》2018 年 3 月第 8 期（总第 811 期）。]

案例 6　运用家事审判理念处置“情杀”刑事案件

【基本案情】周某某与妻子江某某、被害人程某某均在同一服装厂内上班，周某某与程某某系情人关系。2016 年 6 月 25 日，程某某为向周某某索要“分手费”，来到该厂保安室内与周某某吵闹，并与江某某发生打斗，后江某某被工友先行劝离。次日凌晨 0 时许，周某某为泄愤，用双手从背后用力掐住坐在椅子上的程某某的脖子，致程某某昏迷滑倒在地上。周某某误以为程某某已死亡，为隐藏程某某，周某某撬开保安室门外的一下水道井盖，将程某某抛入下水道内，将井盖盖上，用废烟盒堵住井盖上的两个通风口，再用一辆男士摩托车压住井盖。凌晨 2 时许，经江某某等人搜救及程某某苏醒后呼救，程某某被送往医院治疗。经法医鉴定，程某某的损伤程度构成轻伤二级。

2016 年 6 月 26 日，周某某主动投案，并如实供述罪行。在审理过程中，周某某家属向被害人支付赔偿款 10756 元，程某某撤回附带民事诉讼。

【法院裁判】鲤城区人民法院经审理后认为，周某某为泄愤，故意非法剥夺他人生命，其行为已构成故意杀人罪。公诉机关指控的犯罪成立。周某某的行为是犯罪未遂，在犯罪后自首，予以减轻处罚。鉴于本案的发生程某某有一定过错，案发后周某某的家属已全额赔偿程某某的经济损失，对周某某予以酌情从轻处罚。依法判决：周某某犯故意杀人罪，判处有期徒刑六年。宣判后，周某某表示服从判决。

【法官评析】当前，在社会转型和体制转轨的大背景下，人们的人生观、家庭观、婚姻观处于急剧变革之中，传统家庭“父慈子孝、兄友弟恭、夫妻和顺”的理念受到了极大冲击，“婚外情”这类现象屡见不鲜，而“婚外情”的存在成了威胁社会和家庭稳定的“隐性杀手”。

本案中，周某某和程某某都各有家庭，却发展成了情人关系。周某某的妻子和程某某的丈夫早已知晓两人之间的情人关系，不仅没有加以制止，或者采取其他积极手段解决问题，反而视而不见、听之任之，最终导致矛盾爆发，由家庭纠纷演变为刑事案件。对此，承办法官借助本院家事审判特色机制，运用“柔性审判”，从维护家庭伦理道德角度开展审判工作。在本院主持调解下，江某某全额出资赔偿了程某某的损失，并表示愿意和孩子一起等丈夫出狱团聚。江某某的上述行为，让周某某认识到了夫妻真挚感情的珍贵，表示自愿认罪认罚，痛改前非，出狱后将与妻子、孩子好好生活。在承办法官的疏导下，程某某在获得赔偿后，主动撤回刑事附带民事诉讼。通过科学运用本院家事纠纷“亲和睦诚”审判理念和有效工作机制，促使双方充分反思自己对于家庭责任的缺失，主动修复家庭关系，积极化解矛盾，案件得以妥善解决。

（2016 年 11 月 24 日，中央电视台《今日说法》以《妻子的感化》为题报道了本案。）

第七章　媒体视角：

家事审判泉州样本的审视与宣导

以德正心　以文教义　以案清风

——福建泉州法院匠心淬炼家事审判“泉州样本”

福建泉州，是我国首批历史文化名城、首个“东亚文化之都”，是闽南文化的核心区。“此地古称佛国，满街皆是圣人。”在这里，以和合、亲善、包容为精髓的文化积淀历久弥新，以家规祖训、衍派传芳、闽南俚语等为代表的本土家事文化资源丰富多彩。2015 年起，泉州两级法院设立家事审判庭，创新“家 + 闽南文化”特色家事审判机制——将修复性司法理念与中华传统家庭美德、闽南文化精髓等有机结合，通过以文教义、以德正心，传承善俗、传播美德，弥合裂痕、修复亲情，激励人们孝老爱亲、向上向善，有力促进家庭和睦、社会和谐。

“古早味”——有机植入家文化因子

在泉州人的心底，家，就是那流光溢彩的红砖瓦，婉转灵动的燕尾脊，精雕细刻的石鼓……走进泉州市中级人民法院家事审判法庭，一幢别具一格的闽南传统红砖古厝呈现眼前：红砖赤瓦、燕尾山墙、木雕石刻、窗花彩绘……“古早味”（闽南语是古旧的味道）扑面而来。

家是最安全最温馨的港湾。泉州两级法院精心打造古厝法庭，营造“家庭化”解纷场所，使当事人走进法庭，能够舒缓心绪、卸下心防。同时，遴选当地优秀家规族训、民间典故、先模事迹等素材，建设家事文化墙，编写家事文化导本，让当事人在诉讼中能够亲身感悟本土家教家风典故的力量，从而触动心灵、找回初心，重燃夫妻感情、重拾家庭责任、重绘美好愿景。

年已八旬的吴某，丈夫刚刚过世，却为丈夫留下的一套房，与丈夫前妻的两个儿子互不相让而诉至法院。一审依法判决后，两个继子不服上诉。泉州中院家事法官庄丽娜了解情况后，知道此案既要解“法结”，更要解“心结”。开庭之日，庄丽娜带着当事人及旁听的家属，一起走进法院家事文化长廊，以长廊上收录的泉州孝感巷、连理巷、礼让巷的典故耐心加以劝导。听完法官的话，吴某两个继子都表示深受触动和教育，愿意服判息诉，并承诺会好好赡养吴某直至其百年。

功夫茶——将温情注入家事审判

“来，先喝杯茶，我们好好聊一聊。”近日，泉州中院家事法官郑玲玲在审理一起离婚案件时，没有简单地坐堂办案。在查清案情后，她把双方当事人召集到茶桌边，给二人泡上一杯清香四溢的铁观音。

徐某与张某曾是初中同班同学，婚后育有一儿一女，儿女乖巧懂事、十分要好，双方也都十分疼爱子女。但徐某已第二次起诉要求离婚。从形式上看，本案虽符合判决离婚的条件，但难免造成家庭破碎、子女分离。考虑到双方仍存在调解和好的可能，郑玲玲法官开庭后将双方请到家事调解室，一边泡茶品茶，一边引导双方追忆昔日的同学生活，共话子女的成长趣事。一品一酌，一言一语，双方的误解和猜疑慢慢削减。最终，徐某和张某重归于好，表示会共同关爱子女，愿意将子女的学习成长情况与法官定期分享。

泉州是著名的茶乡，是铁观音的故乡，茶文化早已融入千家万户。泉州法院巧取茶文化中“礼让、友爱、和谐”的精髓，将“司法功夫茶”“茶桌调解法”引入家事纠纷化解，用共同品茗拉近距离、减少对立，以“闲聊”倾听诉求、舒缓情绪，借茶后回甘引导当事人共同回味情谊、珍视彼此，让泡茶、品茶的过程成为当事人从相互拒绝、排斥到相互倾诉、和解的过程，使家事诉讼程序成为情感修复的“疗程”。

念常情——兼顾传统婚姻家庭观念

家事审判的职能不仅是简单的分配财产和确认身份，还包括修复亲情、治愈情感等。泉州两级法院在家事审判中，注重把对当事人的保护，从身份利益、财产利益延伸到人格利益、情感利益，以对人的尊重、对情感的呵护、对传统的关照，为彻底化解疑难家庭纠纷、修复家庭成员心理创伤开出良方。

赖某的父母只生育两个女儿，后赖某与黄某结婚。受传统“传宗接代”思想的影响，赖某与黄某的结合属于按农村习俗的“联姻”。双方婚前签订一纸《婚约》，约定生育的子女不论男女，第一胎姓黄，并入黄家族谱；第二胎姓赖，入赖家族谱。但第一胎男孩出生后，女方家长担心二胎不能生男孩，就不认可《婚约》，要求孩子必须姓赖，黄某坚决不同意，两家人纷争顿起，赖某两次起诉要求离婚并由其抚养婚生子。

本案若简单下判，势必冲击联姻习俗和当事人传统观念，矛盾激化在所难免。德化县人民法院家事法官李平在审理中，耐心施法说理，引导双方当事人及其家属从不同角度看待婚姻及子嗣，改变把孩子单纯当作传宗接代工具而互相争夺的想法，并斟酌提出双方都可能接受的调解方案：第一个孩子取名黄赖某，待第二个孩子出生则取名赖黄某。经过人性化的调处，两家人最终接受该方案，同意和解，赖某和黄某夫妻也破镜重圆。

聚合力——同心构筑和谐家庭

婚姻家庭关系是基层社会治理的重要内容。泉州两级法院以多部门的配合、多主体的参与、多资源的利用，积极推动构建家事纠纷化解、家庭文明建设的社会化工作格局。

2016 年，泉州中院联合妇联、公安、司法、民政、社工等部门力量，成立妇女援助中心，提供热线咨询、值班接访、矛盾调处、反家暴等服务，借助“大家庭”之力，多元化解“小家庭”纠纷。不到一年时间，妇女援助中心已覆盖泉州 11 个县（市、区），泉州市政府并将其列入 2017 年为民办实事项目予以扶持。

2018 年初，泉州中院又与市县两级妇联合力推进家事审判援助中心一体化建设，在家事调查、纠纷调处、心理咨询、心理干预、联合维权等七大领域深入合作共建，使家事纠纷诉前、诉中、诉后化解实现无缝衔接，使家事审判职能从调处矛盾纠纷向源头预防、家事服务、建设和谐文明家庭延伸。一体化建设工作被列入 2018 年泉州市“社会化治理活动年”重点项目。

（撰写人：张文平，本文刊载于《人民法院报》2018 年 8 月 30 日第 004 版）

福建泉州创新“家＋闽南文化”特色家事审判机制

福建泉州是闽南文化的核心区，在这里，以和合、亲善、包容为精髓的文化历久弥新。2015年起，泉州两级法院设立家事审判庭，创新“家＋闽南文化”特色家事审判机制，将修复性司法理念与中华传统家庭美德、闽南文化精髓等有机结合，通过以文教义、以德化人，传承善俗、传播美德，弥合裂痕、修复亲情，激励人们孝老爱亲、向上向善，有力促进家庭和睦、社会和谐。

“古早味”家庭化审判场所 一杯“功夫茶”解心结

走进泉州市中级法院家事审判法庭，一幢别具一格的闽南传统红砖古厝呈现眼前：红砖赤瓦、燕尾山墙、木雕石刻、窗花彩绘……“古早味”扑面而来。

据泉州市中级法院相关负责人介绍，泉州中院精心打造古厝法庭，营造“家庭化”解纷场所。当事人走进法庭，就犹如身在家中，有助于缓解紧张、对立情绪。

在泉州中院指导下，泉州各县区相继建设各具特色的家庭化家事法庭，让身临其境的当事人能够触景生情，重燃夫妻感情、重拾家庭责任、重绘美好愿景。

“来，先喝杯茶，我们好好聊一聊。”近日，泉州中院家事法官郑玲玲在审理一起离婚案件时，并没有简单地坐堂办案。在调查了解基本情况后，她把双方当事人召集在一起，给二人泡上一杯清香四溢的铁观音。

徐某与张某育有一儿一女，均在读小学。儿女乖巧懂事，相互间感情很好。但徐某已第二次向法院起诉要求判决与张某离婚。从形式上看，本案虽符合判决离婚的条件，但难免造成家庭破碎、子女分离。郑玲玲法官从庭审中了解到，徐某与张某曾是初中同班同学，也都十分疼爱子女，双方仍存在调解和好的可能。为此，郑玲玲法官在开庭后将双方请到家事调解室，一边泡茶品茶，一边引导双方追忆昔日的同学生活，共话子女的成长趣事。一品一酌，一言一语，双方的误解和猜疑慢慢削减。最终徐某和张某重归于好，表示会共同关爱子女，愿意将子女的学习成长情况与法官定期分享。

泉州是著名的茶乡，是铁观音的故乡，茶文化早已融入千家万户，在茶桌上拉家常、在品茶中谈生意，是泉州人历久不变的生活习惯。泉州法院巧取茶文化中“礼让、友爱、和谐”的精髓，将“司法功夫茶”“茶桌调解法”引入家事纠纷化解，通过共同品茗拉近距离、减少对立，以“闲聊”倾听诉求、舒缓情绪，借“茶后回甘”引导当事人共同回味情谊、珍视彼此，让泡茶、品茶的过程成为当事人从相互拒绝、排斥到相互倾诉、和解的过程，让家事诉讼程序成为情感修复的“疗程”，把温情注入审判，让矛盾消于无形。

顾常情、聚合力同心构筑和谐家庭

泉州中级法院相关负责人介绍说，不同于一般民商事纠纷，家事审判的职能不仅是简单地分配财产和确认身份，还包括修复亲情、治愈情感等。泉州法院在家事审判中，注重把对当事人的保护，从身份利益、财产利益延伸到人格利益、情感利益，以对人的尊重、对情感的呵护、对传统的关照，为彻底化解疑难家庭纠纷、修复家庭成员心理创伤开出良方。

婚姻家庭关系牵涉广泛，是基层社会治理的重要内容。泉州两级法院在家事审判方式和工作机制改革中，十分注重多部门的配合、多主体的参与、多资源的利用，积极推动构建家事纠纷化解、家庭文明建设的社会化工作格局。

2016 年，泉州中院联合妇联、公安、司法、民政、社工等部门力量，成立妇女援助中心，提供热线咨询、值班接访、矛盾调处、反家暴等服务，借助“大家庭”之力，多元化解“小家庭”纠纷。不到一年时间，妇女援助中心已覆盖泉州 11 个县（市、区），泉州市政府并将其列入 2017

年为民办实事项目予以扶持建设。2018年初，泉州中院又与市县两级妇联合力推进家事审判援助中心一体化建设，在家事调查、纠纷调处、心理咨询、心理干预、联合维权等七大领域深入合作共建，使家事纠纷诉前、诉中、诉后化解更加无缝衔接，使家事审判职能从调处矛盾纠纷向源头预防、家事服务、建设和谐文明家庭延伸。

撰写人：张文平、郑良

本文于2018年8月21日刊发在新华社客户端

女性权益保护司法技术难题与对策构想
——以福建省泉州市为例

近日，泉州市中级人民法院在原有维护妇女儿童合法权益合议庭、反家暴合议庭为主要审判组织的基础上，创建专业化的审判机构——家事审判庭，更好地适应家事案件审理的需要。

相关调研显示，离婚案件中约有65%伴随着男方对女方的行为暴力或冷暴力，但身体侵害取证认证难；女性权益保护还面临离婚财产查证难、亲子权利保障执行难等司法技术难题。因此，加强女性权益的司法保护力度不仅依赖法院工作人员提高司法水平，更需要女性提高自我权益保护意识，以及社会各界形成“综合力量”。

女性权益司法保护是关系女性权利救济的重大问题。司法过程既反映了女性的社会地位、生活水平、享有与行使权利的现实状态，也能反映现行法律在落实女性权益方面的实际作用，透视女性权益保护的整体水平。为总结女性权益司法保护方面的经验与不足，武汉大学法学院“女性权益保护问题探究”实践团队不久前赴福建省泉州市进行了为期一周的实践调研，运用座谈、案例研究、统计数据分析等方法，对泉州市女性权益司法保护中遇到的问题与困难进行了较为全面的梳理，并有针对性地提出了进一步加强女性权益司法保护力度的对策构想。

女性权益保护司法技术难题

——离婚财产与共同债务查证困难

婚姻关系中，男方一般处于经济活动的优势地位，对家庭财产的来源、支出享有相对较高的支配权，不少男性在离婚时采取隐匿、转移财产及伪造共同债务的方式侵害女方权利。这些“共同债务”可能是因为非婚姻生活之需而外欠债务，例如赌博，甚至举债行为本身是在损害婚姻关系，例如包养情人等。但由于女方缺乏举证能力，无法提供线索，法院难以运用司法权力查证。

我们在采访泉州市某法官时，他就坦言，在沿海经济较发达的泉州，存在大量财务状况不透明的家族企业，这些企业的老板和妻子离婚往往会制造大量虚假债务，妻子不但分不到一分钱，还要和男方均摊债务，而法院在女方提供的证据不足的情况下，难以查证债务的真实性以保护女方的合法权利，由此，形成了即使有钱丈夫出轨妻子也不敢离婚的“闽南特色”。

——离婚后女方接受扶助权利和亲子权利保障执行难

调研中我们发现，虽然法院判决时尽量关注女性离婚后各方面的生活保障，但是女性离婚后生活质量下降仍然是一个普遍现象。部分女性离婚后本应享有判决确认的接受扶助权利，但如果男方逃避义务，女方很难提供男方经济来源的线索，由于社会征信体系不健全，法院很难有效执行男方财产，女方的判决权益可能落空。

同时，部分丧失亲子抚养权的离婚女性难以行使探视权。尽管法律对探视权问题作出了明确规定，但没有规定与之配套的权利保障机制。女方较之男方的生存能力和自我保护能力较弱，子女在判决归男方抚养后，一旦男方拒绝女方行使探视权，女方就很难实现这一合法权利。

——针对女性的身体侵害取证认证难

泉州市法院受理的离婚案件中，女方起诉的占到75%，同期受理的离婚案件中，约有65%伴随着男方对女方的行为暴力或冷暴力。家庭暴力具有私密性，常常是不升级、逐渐外化。除非妇女在遭受家庭暴力后立即寻求警方干预或取得社区援助、医疗机构救助，否则其受侵害的证据难以保留，一旦社区居民拒绝合作，取证认证工作将更加困难。

性骚扰则往往发生在私密空间及有限相对人之间，除了严重外化的情况，法院对这类案件很难认定证据。而强奸罪的受害女性往往羞于寻求公力救济，亦未留心保存身体受到侵害的证据，使得法院判定强奸罪也常存在证据方面的障碍。

解决女性权益保护司法难题的对策构想

——完善夫妻财产约定制度，庭审设置财产确认程序

从当事人举证的角度思考，夫妻双方应当在婚姻中对财产问题做好约定，既包括对积极财产的约定，也包括对消极债务的约定，并且以书面形式告知有利害关系的第三人。这不仅有利于保护第三人的合法权益，也可以防止婚姻关系当事人在发生纠纷的情况下因举证不能而带来风险。

从法院认证的角度思考，庭审应当设置财产确认程序。审判时应当通知债权人作为证人或者第三人参加诉讼，便于查清案件事实。法院在充分调查的基础上评判债权债务的发生、用途、债权人与债务人之间的关系、债务的合法性与真实性、举债的合理动机，询问相关债权人、证人，防止虚假诉讼的发生。

——离婚协议有关条款明确化，加强法制宣传工作

在抚养费和探视权问题的强制执行方面，我国没有完善的配套法律予以规范且缺乏强制性的执行体系，这种情况下，女方在与男方签订离婚协议时应当就有关条款尽可能多地与对方沟通，明确双方权利义务。

司法的作用分为两个层面，一是解决具体案件的权利义务分配问题；二是通过司法的过程及结果传导法治理念。法院在执行这类案件时，要展开细致的思想教育和法治宣传工作，使男方意识到女方的合法权益所在。妇联或青少年权益保护部门可以作为探视权案件执行时的协助单位，起到一定监督协助作用。

——增强女性自身自我保护意识，建立保护妇女身心联动机制

一方面，女性自身应该增强自我保护意识，破除思想顾虑，当自己的身体受到侵害时，应当勇敢维护自己的权益，及时主动进行取证，防止证据灭失，比如，保留文字证据，对双方的对话进行录音，对证人证言也要合法地加以固定，必要时还可以向用人单位、工会组织或妇女组织求助。

另一方面，司法、行政、妇联、工会组织等社会各界也应共同努力，形成救助受害女性的“综合力量”。具体措施包括：构建家庭暴力嫌疑者通报机制，当事人所在单位、妇联及其他社会组织相关机构一旦发现家庭暴力存在应当及时向家庭暴力防治委员会通报，做到及早发现、及早取

证、及早治疗；设立伤情检验中心，为遭受侵害的妇女提供伤情鉴定，为审理相关案件提供科学依据，同时做好相关隐私保密工作，保护受害女性的尊严等。

总的来说，加强女性权益的司法保护力度不仅依赖法院工作人员提高司法水平，更需要女性自身提高自我权益保护意识，以及女性权益保障有关部门、各类组织形成合力，共同促进女性权益保障事业的发展。

武汉大学法学院教授、江苏省镇江市中级人民法院副院长　孙　晋
武汉大学法学院硕士生　闵佳颖
本文于 2015 年 6 月 9 日刊发于《中国妇女报》B2 版

用心讲好家事法治故事
——泉州鲤城法院家事审判模式接地气、攒人气

闽南特色的红砖厝，五彩缤纷的花灯，暗含典故的古朴街巷，写着“家和万事兴”的对联……4 月 21 日，走进鲤城区人民法院家事诉调中心，仿佛走进了自家的老厝，感受到浓浓的“家”的味道。

“家事案件虽然属于传统的民事案件，但其明显不同于一般纠纷案件，处理起来难度大，真正案结事了难度更大。”该院副院长苏墨祥介绍说，今年以来，泉州鲤城区人民法院作为泉州家事审判庭试点对象之一，开始试点组建家事审判庭，集中审理婚姻家庭、继承纠纷等家事案件，探索具有自身特色的文都乡土家事审判模式，用接地气的方式讲好家事法治故事。

成立家事诉调中心　强化定分止争力量

李某与陈某均系再婚夫妻，两人再婚后共同生育一女甲，李某再婚前有一子乙，陈某再婚前有一女丙。现李某因病去世，陈某、甲、乙、丙 4 人为李某留下的 1 个店面和 4 套房产如何继承产生了争议。陈某为此到鲤城法院起诉。

该院杨法官了解情况后，邀请了区妇联杜女士作为本案特邀调解员协助调解，多次上门劝解当事人，并带着四位当事人走进鲤城法院普法长廊，边走边介绍泉州孝感巷、礼让巷的故事，最后进入了家事调解室。家事调解室温馨舒适的氛围一下子让当事人已经有所缓和的对立情绪消散无踪。通过法官和调解员的劝解，双方当事人握手言和，并就李某遗产的分割达成了协议。

记者了解到，鲤城法院通过自荐、推荐、考核程序，由 5 名家事审判

经验丰富、综合素质高、协调能力强并善于做群众工作的审判人员组成家事合议庭，并配备专门的书记员。与区妇联共同聘请16名家事调解员、调查员参与案件陪审和纠纷化解工作，囊括司法局、关工委、学校、妇联、社区等各行业领域，充实家事纠纷调处力量。

运用文都乡土理念　讲好家事法治故事

“刚到法院起诉时，收到法院送给我的《调解建议书》，里面写到‘说起家事，幸福的家庭合不起嘴，不幸福的家庭张不开嘴……’感觉心里的委屈一下子全部涌了上来。后来，我联系了调解法官，法官耐心细致地向我说了法院家事纠纷诉调的功能，我才有了和他（被告）调解的想法。”张某在签调解协议时说。

“亲、和、睦、诚”是鲤城法院提炼的价值理念，在该理念的指导下，运用现代司法机制协调家事纠纷，用生动的历史、严谨的机制，讲好家事法治故事。

2014年11月，原告张某（女方）因与被告黄某（男方）夫妻感情不和诉至法院。在审理过程中，主审法官发现，双方虽然夫妻感情已经淡化，但对儿子的爱却是发自内心的。法官遂从当事人儿子的角度着手，考虑到儿子年幼且此前主要由母亲照顾，劝解黄某放弃儿子的直接抚养权，并支付抚养费。

“不要夫妻千担粮，只要夫妻好商量，毕竟曾经同分一杯羹，孩子是你们的心头肉，要是真对簿公堂，对年幼儿子的心灵亦是一种伤害……”陈法官晓之以理，动之以情。看着坐在亲子区玩得正开心的儿子，张某和黄某陷入了沉思。最终，双方同意离婚。

完善诉调衔接机制　助力家事纠纷化解

“谢谢法官、谢谢所长、谢谢社区的工作人员，我们的事让你们费心了！”近日，当事人陈某原签署了调解协议后，拉着法官和司法所所长的手激动地说。

原告陈某原、陈某龙与被告陈某泰继承纠纷一案，陈某原与陈某泰系亲兄弟，陈某龙系两人的亲侄子，双方及各自的家人为继承祖业发生纠纷已近两年。在原告起诉至法院后，家事合议庭特邀常泰街道司法所所长谢立雄、五星社区主任王加平共同协助调解。

常泰街道司法所所长谢立雄、五星社区主任王加平常年在基层，对邻里纠纷、家事纠纷颇有经验。了解案件后，他们分别来到陈某原、陈某龙与陈某泰的家中，在闲话家常中，终于促使双方当事人互谅互让，最终达成调解协议。

为促进家事纠纷的调解，鲤城法院与区妇联共同设立了老城区、江南片区、鲤城法院三个家事调解工作室，通过定期坐诊、预约调解、上门调解等方式，与区妇联工作人员联动处理家事纠纷。

今年以来，鲤城法院共审结家事纠纷案件42件，家事调解员参与案件陪审、调解35件，调解结案31件，接受法律和心理咨询85人次。

家事法治故事还在继续。

撰写人：叶华南　蒋武庆

本文于2015年4月24日刊登于《福建法治报》第2版

附录　文书设计：

泉州家事审判配套机制改革

离婚案件起诉要素表

（××××）闽×××民××号

重要声明

1. 为了帮助您更好地参加诉讼，保障您的合法权益，特发本表。

2. 本表所列各项内容都是法官查明案件事实所需要了解的，您在本表中所填写内容属于您依法向法院陈述的重要内容，请您务必认真阅读，如实填写，如刻意回避关键性问题，一经核实，可能对您本人陈述的可信度造成影响，反而损害您实际享有的诉讼权利。您应如实陈述案件事实，不得歪曲事实，提供虚假证据，不得伪造证据，否则应当承担相应的法律责任。

3. 由于本表的设计是针对普通离婚案件，其中有些项目可能与您的案件无关，对于本表中与您案件无关的项目可以填“无”或不填；对于本表中勾选项可以在对应项打“√”；对于本表中有遗漏的重要项目，您可以在本表中另行填写。

请填写以下内容：

一、基本事实

1. 如何相识：媒人介绍□ 朋友介绍□ 自由恋爱□
其他____

2. 何时开始交往：

3. 按民俗举行订婚仪式：有□ 时间________________________无□

4. 按民俗举行婚礼：有□ 时间__________________________无□

5. 登记结婚时间：____

6. 何时开始同居生活：____________________________________

7. 生育子女：有□ 男□ 女□ 出生时间________________
无□

8. 婚初感情或生活状况：____

9. 有无争执或矛盾、什么时候开始：______________________________
____

10. 是否有协议过离婚、起诉过离婚及处理结果：__________________
____

11. 现状如何（包括是否分居生活及什么时候等）：________________
____

12. 双方的职业及收入状况：____________________________________
____

13. 其他必要事实：____

二、可准予解除婚姻关系的情形

1. 存在军婚情况：是□ 否□

2. 存在女方怀孕及妊娠情况：是□ 否□

3. 存在重婚或有配偶者与他人同居的情形：
是□ 男□ 女□
否□

4. 存在实施家庭暴力的情形：
是□ 男□ 女□
否□

5. 存在虐待、遗弃家庭成员的情形：
是□ 男□ 女□
否□

6. 存在赌博、吸毒等恶习屡教不改的情形：
是□ 男□ 女□
否□

7. 存在因感情不和分居满二年的情形：有□ 无□

8. 存在经人民法院判决不准离婚后又分居满1年，互不履行夫妻义务的情形：有□ 无□

9. 存在一方患有法定禁止结婚疾病的，或一方有生理缺陷，或其他原

因不能发生性行为，且难以治愈的情形：有□ 无□

10. 存在婚前缺乏了解，草率结婚，婚后未建立起夫妻感情，难以共同生活的情形：有□ 无□

11. 存在婚前隐瞒了精神病，婚后经治不愈，或者婚前知道对方患有精神病而与其结婚，或一方在夫妻共同生活期间患精神病，久治不愈的情形：有□ 无□

12. 一方欺骗对方，或者在结婚登记时弄虚作假，骗取《结婚证》的情形：有□ 无□

13. 存在双方办理结婚登记后，未同居生活，无和好可能的情形：
有□ 无□

14. 存在包办、买卖婚姻、婚后一方随即提出离婚的情形：有□ 无□

15. 存在虽共同生活多年，但确未建立起夫妻感情的情形：有□ 无□

16. 存在一方被依法判处长期徒刑，或其违法、犯罪行为严重伤害夫妻感情的情形：有□ 无□

17. 存在一方下落不明满二年，对方起诉离婚，经公告查找确无下落的情形：有□ 无□

18. 其他必要情况：____

____

三、子女抚养权

1. 子女的年龄及生活现状（即一直随谁生活、现随谁生活）：______

____

2. 父母双方对十周岁以上的未成年子女随父或随母生活发生争执的，该子女的意见：____

3. 两周岁以下的子女，是否存在可随父方生活的情形：

（1）母方患有久治不愈的传染性疾病或其他严重疾病，子女不宜与其共同生活的情形：有□ 无□

（2）母方有抚养条件不尽抚养义务，而父方要求子女随其生活的情形：有□ 无□

（3）因其他原因，子女确无法随母方生活的情形：________________

____

4. 对两周岁以上未成年的子女，是否存在可予优先考虑与一方生活的情形：

（1）已做绝育手术或因其他原因丧失生育能力的情形：有□ 无□

（2）子女随其生活时间较长，改变生活环境对子女健康成长明显不利的情形：有□ 无□

（3）无其他子女，而另一方有其他子女的情形：有□ 无□

（4）是否存在子女随其生活，对子女成长有利，而另一方患有久治不愈的传染性疾病或其他严重疾病，或者有其他不利于子女身心健康的情形，不宜与子女共同生活的情形：有□ 无□

5. 是否存在父方与母方抚养子女的条件基本相同，双方均要求子女与其共同生活，但子女单独随祖父母或外祖父母共同生活多年，且祖父母或外祖父母要求并且有能力帮助子女照顾孙子女或外孙子女的，可作为子女随父或母生活的优先条件予以考虑的情形：有□ 无□

6. 子女由自己抚养，如何要求抚养费及让对方行使探望权：________

____

7. 子女由对方抚养，自己如何承担抚养费及要求探望权：________

____

8. 其他必要情况：________________________________

____

四、财产、债权、债务处理

1. 夫妻一方所有的财产状况：

（1）婚前财产情况：________________________________

____

（2）一方因身体受到伤害获得的医疗费、残疾人生活补助费等情况：

____

（3）有遗嘱或赠与合同中确定只归夫或妻一方的财产情况：________

____

（4）是否有一方专用的生活用品：________________________

____

（5）其他必要事实：________________________________

____

2. 夫妻共同财产：

（1）现金________元或银行账户内的存款__________元

（2）房产。以男方□女方□双方□名义购于________（时间）位于__
_____________________________________的房产

①办理产权两证

有□ 产权证号_____________________________________

无□

②付清房款

有□

无□ 具体情况_____________________________________

③房屋价值_______________________________________

（3）车辆。购于____________（时间）车牌号为______的车辆：____
____

（4）股票、债券、投资基金份额等有价证券以及未上市股份有限公司的股份：____

（5）其他：____

3. 共同债权、债务状况：___________________________________
____

五、损害赔偿

1. 一方过错情况：

（1）重婚的情形：

有□ 男□ 女□

无□

（2）有配偶者与他人同居的情形：

是□ 男□ 女□

否□

（3）实施家庭暴力的情形：

有□ 男□ 女□

无□

（4）虐待、遗弃家庭成员的情形：

有□ 男□ 女□

无□

■您认为本表中有遗漏的重要项目：________________________________

____

____

____

■请您仔细核对后签章！

以上内容是我方对案件事实的如实陈述，本人（代理人）依法予以确认！如虚假陈述、歪曲事实，我方愿意依法承担法律责任。

本人（代理人）签章：

年　月　日

家事案件当事人财产申报表

（××××）闽×××民××号

权利义务告知

1. 填写本表请务必详尽、准确。如您的申报有欠详尽、准确，可能导致法院作出对您不利的判决。

2. 如果您被发现蓄意作出不真实陈述（包括但不限于隐瞒、虚构财产），在判决离婚分割财产时，法院可依法对您少分或不分，而且您可能会因此受到相应处罚。

3. 相关证据请与本表格同时在本院指定的举证期限内提交一式两份，本院将附卷一份，另一份送达对方当事人。

逾期申报和提交的，将视为放弃在本案中处理相关财产的诉讼请求。

4. 如表格空间不够，请另附纸张补充一并提交。

本人已阅读上述告知事项，并保证如实申报财产。

当事人签名：

日期：

当事人基本资料

姓名：	性别：	出生日期：
职业：	月收入：	结婚日期：

一、财产状况

（一）房屋（附产权证明）

编号	地址	权属登记情况（有权属证书的，注明编号）	取得时间和方式	面积	用途	估计现价
1						
2						
3						
4						
5						

以上房屋中，以按揭贷款方式购买的房屋情况：

A. 对应编号

购买日期：	买受人：
首期款（元）：	付款人：
按揭款（元）：	贷款人姓名/名称：
截至填表日期的按揭欠款（元）：	

B. 对应编号：

购买日期：	买受人：
首期款（元）：	付款人：
按揭款（元）：	贷款人姓名/名称：
截至填表日期的按揭欠款（元）：	

（二）土地（使用权）

编号	方位	权属登记情况	取得时间和方式	面积	用途	估计现价
1						
2						
3						
4						

（三）车辆（附行驶证）

编号	登记车主	现使用人	车辆类型	号牌号码	品牌型号	取得时间和方式	估价现价
1							
2							
3							
4							
5							

以上车辆中，以按揭贷款方式购买的情况

A、对应编号：

购买日期：	买受人：
首期款（元）：	付款人：
按揭款（元）：	贷款人姓名/名称：
截至填表日期的按揭欠款（元）：	

B、对应编号：

购买日期：	买受人：
首期款（元）：	付款人：
按揭款（元）：	贷款人姓名/名称：
截至填表日期的按揭欠款（元）：	

（四）银行存款（附最近12个月的流水记录）

编号	开户银行名称	账户号码	目前账户余额
1			
2			
3			
4			
5			
6			
7			

（五）股票、基金、证券等（附各项最近期的单据副本）

编号	名称	证券户口	现值
1			
2			
3			
4			

（六）人身保险

编号	保险详情	到期日	退保现金价值
1			
2			
3			
4			

（七）贵重私人物品（如珠宝首饰等）

编号	物品名称	取得时间和方式	购入值	估计现价	现使用人
1					
2					
3					
4					

（八）投资企业情况（附工商登记查询结果等证明材料）

编号	企业名称	注册时间	注册资本	所占份额	现总资产
1					
2					
3					
4					

（九）其他（政府津贴、农村集体组织红利等）

编号	名称	详情
1		
2		
3		
4		

二、债权债务情况

（一）债权

编号	债务人	金额	发生时间	备注
1				
2				
3				
4				
5				

（二）债务

编号	债权人	金额	发生时间	备注
1				
2				
3				
4				
5				

当事人签名：

附件证据列表：

编号	证据名称	对应财产编号或名称	复印件	份数
1				
2				
3				
4				
5				
6				
7				
8				
9				

提交人：　　　　　　　　　　　　接收人：

日期：　　　　　　　　　　　　　日期：

家事案件经济状况调查表

（××××）闽×××民××号

【填写须知】1. 你有责任和义务向法院全面、坦诚、明确地披露你及家庭的经济状况，以便法院就家庭财产分配、子女抚养问题作出合理安排。2. 本表未尽事宜，当事人可自行补充提供材料加以完善。3. 如蓄意作出不真实陈述（包括但不限于隐瞒、转移、虚构财产或债务）、提供虚假证据，你可能因此受到法院的相应处罚，同时法院在处理财产分割时，可判决你少分或不分财产。

一、职业状况：（应提供劳动合同、纳税明细、医社保缴交明细、工资明细等）

工作单位：______________________________

月均收入：______________________________

二、财产状况：

1. 不动产（含房屋、土地）

（1）地址：____________，购买时间：____________

首付：__________元，按揭贷款：__________元

产权状况：______________，估值：__________元

（2）地址：____________，购买时间：____________

首付：__________元，按揭贷款：__________元

产权状况：______________，估值：__________元

2. 车辆

（1）车牌号：____________，登记人：____________

品牌型号：__________，购买时间：____________

估值：____________元

（2）车牌号：__________，登记人：__________

品牌型号：__________，购买时间：__________

估值：__________元

3. 银行存款、股票、基金、债券、人身保险

（1）银行存款（填写人提交自己名下的账户至起诉之日前）

①开户行：____________________

账号：__________________ 余额：________ 元

②开户行：____________________

账号：__________________ 余额：________ 元

③开户行：____________________

账号：__________________ 余额：________ 元

（2）股票、基金、债券

①类别：__________证券账户：__________

实益份额：____________________

②类别：__________证券账户：__________

实益份额：____________________

③类别：__________证券账户：__________

实益份额：____________________

（3）人身保险

①保险合同号：__________保险公司：__________

投保人：__________被保险人：__________

受益人：__________保单金额：__________元

②保险合同号：__________保险公司：__________

投保人：__________被保险人：__________

受益人：__________保单金额：__________元

4. 贵重物品及价值（金银首饰等）

5. 其他财产

三、债权债务状况：（不包括房产按揭）

①债权人：______ 形成时间：______ 金额：______ 元

②债务人：______ 形成时间：______ 金额：______ 元

签字：______ 时间：______

不公开审理申请书

（××××）闽×××民××号

申请人：____

____

____

（写明性别、出生年月、民族、职业、家庭住址、联系方式等）

申请事项

请求将申请人与____________________一案不公开审理。

事实和理由

____

____

____

____

____

此致

__________人民法院

申请人：________

____年__月__日

家事纠纷心理疏导情况登记表

（××××）闽×××民××号

法院填写	当事人的基本情况	原告	（姓名、性别、出生时间、住址、工作单位）
		被告	（姓名、性别、出生时间、住址、工作单位）
	子女情况		
	双方婚姻基本状况	（认识经过、结婚时间、分居时间等）	
	诉讼请求		
	答辩意见		

同意接受心理疏导确认书

____________人民法院：

你院受理________与________之间的________纠纷，同意接受你院关于由__________（家事案件心理疏导协作单位）指派心理咨询师对双方进行心理疏导的建议，对双方存在的问题进行柔性劝解和引导，有效化解家庭矛盾。

签名：__________

____

____年____月____日

心理疏导工作联系函

（××××）闽×××民××号

______________（家事案件心理疏导协作单位）：

本院已经受理__________________ 纠纷一案。为积极引导当事人修复、重建婚姻家庭关系，化解家庭矛盾，促进社会和谐，经双方当事人同意，拟委托你方指派专业人员对其进行心理疏导。现将该案相关材料移送你方，请对当事人进行心理疏导后，将疏导情况反馈给我院。

特此委托

__________人民法院
____年____月____日

附：1. 案件基本信息登记表
2. 案件信息反馈表
3. 承办法官：__________
联系电话：______________

（本联系函一式两份，一份存档）

家事纠纷心理疏导情况信息反馈表

（××××）闽×××民××号

<table>
<tr><td rowspan="4">心理
咨询师
填写</td><td rowspan="2">第一次辅导</td><td>时间地点方式</td><td>时间：　　地点：　　方式：</td></tr>
<tr><td>情况反馈</td><td></td></tr>
<tr><td rowspan="2">第二次辅导</td><td>时间地点方式</td><td>时间：　　地点：　　方式：</td></tr>
<tr><td>情况反馈</td><td></td></tr>
</table>

家事纠纷特邀调解员工作联系函

（××××）闽×××民××号

______________：

本院已经受理________________纠纷一案。为积极引导当事人修复、重建婚姻家庭关系，化解家庭矛盾，促进社会和谐，根据《中华人民共和国民事诉讼法》第95条、《最高人民法院关于人民法院民事调解工作若干问题的规定》第1条、《最高人民法院关于进一步发挥诉讼调解在构建社会主义和谐社会中积极作用的若干意见》第11条以及《泉州市中级人民法院家事案件审理规程》规定，特委托你作为家事纠纷特邀调解员协助参与本案诉讼调解工作。现将该案相关材料送达你处，请对当事人开展调解工作，并应当____日内完成调解工作，同时将调解情况反馈给我院。

特此委托

附：承办法官：__________ 联系电话：______________

__________人民法院

____年____月____日

（本联系函一式两份，一份存档）

家事调查员工作联系函

（××××）闽×××民××号

______________：

您好！本院已经受理____________纠纷一案，为促进家事案件公正、高效审理，妥善处理家事纠纷，根据《泉州市中级人民法院家事案件审理规程》规定，特委托您作为家事调查员配合、协助参与本案家事调查工作。现将该案相关材料送达你处，请就委托调查事项开展具体调查工作，并应于接受调查委托之日起____日内完成委托调查事项，同时将调查情况反馈给我院。

特此委托

__________人民法院

____年____月____日

（本联系函一式两份，一份存档）

附：1. 案件基本信息登记表

2. 委托调查事项如下：____

____

____

____

____

3. 调查情况以提交调查报告书面形式予以反馈。调查报告应于接受调查委托之日按指定的期限提交，如在指定期限内确实难以完成调查事项和调查报告的，可以向人民法院申请延期。

进行家事调查，应有两名家事调查员在场。（家事调查员：　　　　联系方式：　　　　　　）

调查报告内容应当包括：人民法院委托的调查事项，调查的时间、地点、方式、完成情况及未能完成的原因。调查过程中收集的有关材料、形成的调查笔录，应当列为附件一并提交。

4. 承办法官：__________

联系电话：__________

离婚证明书

兹证明×××（姓名、性别、民族、出生年月、住址）与×××（姓名、性别、民族、出生年月、住址）的婚姻关系经本院（案号）民事判决（或民事调解）准予离婚，双方婚姻关系自××年××月××日起终止。

年 月 日

案件承办人（签名）： 签发人（签名）：

（本联存卷）

离婚证明书

兹证明×××（姓名、性别、民族、出生年月、住址）与×××（姓名、性别、民族、出生年月、住址）的婚姻关系经本院（案号）民事判决（或民事调解）准予离婚，双方婚姻关系自××年××月××日起终止。

年 月 日

（院印）

（本联送达当事人）

社会帮扶建议函

（××××）闽×××民××号

______________（写明诉后跟踪、回访、帮扶协作组织机构）：

我院在审理________与________之间的_____________纠纷一案过程中，发现___________________________（须诉后跟踪、回访、帮扶的简单案情）。为更好地维护当事人的合法权益，现建议你机构指派人员对________进行社会帮扶（走访回访或心理疏导等其他社会服务）。

特此函商

__________人民法院

____年____月____日

联系人：____________

联系电话：__________

（本建议函一式两份，一份存档）